MAYOR OF LONDON

伦敦市长交通战略

原著　英国大伦敦政府

翻译　公安部道路交通安全研究中心

Mayor's Transport Strategy

人民交通出版社股份有限公司
China Communications Press Co.,Ltd.

内 容 提 要

本书是英国大伦敦政府于 2018 年 3 月发布的“Mayor's Transport Strategy”中文译本，共分为挑战、愿景、健康街道和健康人民、良好的公共交通体验、新住宅区和工作机会、实现愿景 6 个章节。全书以大伦敦地区 2041 年实现绿色出行比例达到 80% 为核心战略目标，紧紧围绕“减少小汽车出行依赖”这一主题，从管理目标、部门职责、战略方案、技术方案等方面提出了 3 个发展战略、26 个政策建议和 108 项具体安排与规划。

本书全面阐述了大伦敦地区未来 20 多年的交通发展战略，可供规划、城建、公安交管、交通运输等部门的政府官员、规划设计人员借鉴使用，也可供从事城市交通规划与管理的研究人员参考。

图书在版编目（CIP）数据

伦敦市长交通战略 / 英国大伦敦政府著；公安部道路交通安全研究中心译 . — 北京：人民交通出版社股份有限公司，2019.3

ISBN 978-7-114-15289-4

Ⅰ . ①伦…　Ⅱ . ①英… ②公…　Ⅲ . ①交通运输发展—发展战略—研究—伦敦　Ⅳ . ① F515.613

中国版本图书馆 CIP 数据核字（2018）第 302922 号

Lundun Shizhang Jiaotong Zhanlüe

书　　名：伦敦市长交通战略
著 作 者：英国大伦敦政府
译　　者：公安部道路交通安全研究中心
责任编辑：刘　博
责任校对：张　贺
责任印制：张　凯
出版发行：人民交通出版社股份有限公司
地　　址：（100011）北京市朝阳区安定门外外馆斜街3号
网　　址：http://www.ccpress.com.cn
销售电话：（010）59757973
总 经 销：人民交通出版社股份有限公司发行部
经　　销：各地新华书店
印　　刷：北京虎彩文化传播有限公司
开　　本：880×1230　1/16
印　　张：12.75
字　　数：328千
版　　次：2019年3月　第1版
印　　次：2019年3月　第1次印刷
书　　号：ISBN 978-7-114-15289-4
定　　价：80.00元
（有印刷、装订质量问题的图书由本公司负责调换）

《伦敦市长交通战略》
翻译稿编委会

原著

英国大伦敦政府

翻译

褚昭明　闫星培　刘金广
朱建安　赵琳娜　巩建国
李金刚　朱新宇　成超锋

审校

戴　帅

译序

《伦敦市长交通战略》（Mayor's Transport Strategy）[1]系统阐述了未来英国大伦敦[2]地区在城市人口与交通出行量增长超过20%的情况下，如何有效减少市民对小汽车的依赖、实现道路交通流量下降，并为大伦敦地区乃至全国社会经济发展、人民健康宜居提供优异的道路交通环境。这对于现阶段我国城市道路交通现代治理能力水平提升具有重要的借鉴意义。

本书共分为6个章节，分别为挑战、愿景、健康街道和健康人民、良好的公共交通体验、新住宅区和工作机会、实现愿景。全书以“大伦敦地区在2041年实现步行、自行车和公共交通出行比例达到80%”为核心战略目标，紧紧围绕“减少对小汽车的依赖”的主题，从管理目标、部门职责、战略方案、技术方案等方面提出了3个发展战略、26个政策建议和108项具体安排与规划。

本书的主要贡献在于明确了大伦敦地区未来20多年的3大交通发展战略。一是“健康街道及健康人民”，坚持以人为本的理念，通过对街道和街道网络的规划设计，提供便捷且良好设计的人行道和自行车道，更高效地利用街道空间，提高货运管理水平，减少汽车出行，为步行、自行车以及公共交通方式提供公平的路权和便利。二是“提升公共交通体验”，通过塑造和发展公交网络、改进公共交通服务、给予优先通行权等方式，增加公共交通吸引力，促使私人交通出行向公共交通出行主导转型，削弱小汽车的主导地位。三是“重塑新的职住场所”，创建高密度、混合用地的区域，综合施策减少小汽车使用，结合健康街道和加强公共交通建设，构建以绿色出行为主导的交通模式。

在交通管理方面，本书还提出了“零伤亡愿景”目标及措施，在合理限制机动车出行、优化货运通行管理、调整道路拥堵收费、提高摩托车安全等方面也做了具体安排与说明。

本书为我们展现了大伦敦地区未来20多年的交通发展趋势和政策走向，为我国城市的交通规划

---

❶ 《Mayor's Transport Strategy》英文原稿的链接为：https://www.london.gov.uk/what-we-do/transport/our-vision-transport/mayors-transport-strategy-2018

❷ 大伦敦（Greater London）范围大致包含英国首都伦敦与其周围的卫星城镇所组成的都会区。行政上，该区域是在 1965 年时设置，其下包含了伦敦市（City of London）与 32 个伦敦自治市（London Boroughs），共 33 个次级行政区。大伦敦政府（Greater London Authority，简称 GLA）是英国伦敦的地方政府，管辖范围包括整个大伦敦地区，政府由一个直选产生的市长领导，并由一个 25 人的伦敦议会监督。

和管理提供了多角度的线索，拓宽了我们对交通发展的认知和视野。希望通过充分借鉴参考，能够帮助我国城市交通决策部门进一步深化适用于我国的城市道路交通发展战略理念，以期转化为破解中国城市交通难题的具体方案措施。

公安部道路交通安全研究中心在公安部交通管理局的指导下，组建工作团队，历时一个多月，完成了对《伦敦市长交通战略》英文原版报告的全文翻译审校工作，做到了紧密结合大伦敦地区交通发展政策，准确把握专业词汇和符合英国文化，调整句式语序符合中文阅读习惯，确保翻译稿原汁原味和一定的可读性。经英国大伦敦政府授权[1]，现将翻译稿公开出版发行。翻译不同原著，书中难免有纰漏之处，欢迎广大读者批评指正。

译　者
2019 年 2 月

[1] 大伦敦政府授权公安部道路交通安全研究中心翻译、印刷、出版和发行《伦敦市长交通战略》。大伦敦政府未参与对英文原稿的中文翻译及审核校对工作。

目录

重点领域

市长寄语

交通是建成我所期待的更整洁、更绿色、更卫生、更繁荣城市中最重要的基础。

交通不仅影响着我们日常的生活，决定我们的出行方式，还能为伦敦市民创造新的机会，塑造我们这个城市独有的特色。

作为伦敦市长，我努力为伦敦市民提供价格合理、可靠而安全的交通服务，充分释放运输系统的潜力，提升人们的生活品质。我从 2016 年就任即提出伦敦交通局制订的公共交通票价将在 4 年内保持不变。我还推行了 Hopper 费（即刷 Oyster 卡，在 1h 内搭乘两次公交，只用缴纳一次费用，约 1.5 英镑），为数百万伦敦市民节省了交通费用。目前我正在规划新的交通运力，并不断地寻找新方法来改进交通运输系统，包括加快推广使用零排放的车辆。

由于目前的交通发展趋势正给伦敦带来越来越多的问题，我们还必须从根本上改变人们的出行方式。

人们对汽车的依赖使公共健康受到越来越多的威胁。街道经常处于污染、拥堵和危险状态——非常不适合步行或骑自行车出行。地铁、通勤铁路和公交车总是过于拥挤，有时会晚点，换乘次数多且不方便，这就意味着对于许多人这些出行方式仍无法替代汽车。此外，伦敦的许多地区从规划开始就只考虑使用汽车出行，而忽略了其他出行方式。

为解决这些问题，我们必须将伦敦变成一座在大多数地区以步行、骑行和绿色公共交通为主的更具吸引力的城市。这些积极（指相对于私人汽车等较少体力活动的消极交通方式）、高效而环保的交通方式，不仅对伦敦市民的健康和幸福有益，而且能减少城市的整体拥堵，有效利用宝贵的街道空间。

未来数年中，不断增长的人口将对我们城市的基础设施造成巨大压力，因此我们必须马上做出改变。

这份战略文件详述了我们怎样计划改变整个伦敦的综合交通体系，为伦敦市民提供可行且极具吸引力的绿色替代出行方案，从而减少对汽车的依赖。这是一个简单而又雄心勃勃的目标，这样的目标对于我们城市的街道、公共空间和未来城市发展具有重要意义。

今天，世界各大城市都面临着与伦敦同样的问题。这一世界领先战略提出了一个创造更宜居城市的大胆方案，将伦敦交通规划的重点聚焦于所有伦敦市民的长期需要。

这样做对于将伦敦建设成为一个更整洁、更绿色、更卫生和更繁荣城市至关重要。未来的伦敦不仅能为不断增长的人口提供住房，而且将成为一个更为宜居的城市。所有伦敦市民都将享受到廉价、可靠和高可达性的交通网络。越来越多的市民会认识到最理想、最简单、最便捷的出行选择将是步行、骑行和公交等积极出行方式。

Sadiq Khan
伦敦市长

分管交通运输的副市长致辞

交通，在我们未来的城市规划中，扮演着一个至关重要的角色。交通规划不仅涉及公交车、地铁、铁路和电车服务，以及自行车路线和步行环境，还牵涉到伦敦市民生活、工作和休闲的街道。合理的规划不仅能改善城市交通，还能改变整座城市。

这一战略充分挖掘了伦敦交通网络的潜力，为城市的未来勾画出一个美丽的愿景。战略的核心是一个大胆的目标：到 2041 年，将伦敦建设成一个 80% 的出行都可以通过步行、自行车或乘坐公共交通完成的城市。

这是一个艰巨的任务，要实现它并不容易。《伦敦交通局工作计划》和政策文件，以及伦敦各行政区的《地方执行计划》，将详细说明如何实施这一战略。伦敦交通局及其合作单位需要改变他们的运作方式，在做出任何决策时均应考虑到这一战略。

伦敦将因此感谢他们。因为，达到这一战略目标将改善所有伦敦市民的健康，提高人们的生活品质。我们的空气将变得更清新，环境将变得更宜居。越来越多的社区将重新相连，人们将更加了解和喜爱这个自己的城市。四通八达的交通将为伦敦带来更多的新住宅和工作机会。这一战略勾画出了未来更加美好的伦敦——一个可以健康生活，充分发挥自己潜能的城市。

我要感谢所有为这一战略做出贡献的人——精心制定这一战略的伦敦交通局工作人员、那些慷慨贡献自己专业知识的伦敦交通局委员会委员、相关重要组织以及数以千计投入时间对草案文件提出建议的伦敦市民。

没有你们，就不会有这一鼓舞人心的未来规划。让我们团结在一起，将美好的愿景变成现实。

Valerie Shawcross

Valerie Shawcross CBE

（英帝国二等勋位爵士）

分管交通运输的副市长

第一章　挑战

第一节　伦敦的交通问题

伦敦是世界上最具企业家精神、最国际化、最开放的城市之一。正是她的活力和多元化吸引了无数来此生活和工作的人。伦敦汇集了来自世界各个地区的人，这里有各种各样独特的街区和公共场所，还有许多世界知名的文化景点。

交通网络造就了如今的伦敦——它将不同的社区连接起来，为伦敦的经济腾飞创造了机会和条件。交通系统还影响着伦敦市民每天的生活——他们的体育活动，他们上班、上学路上要花多长时间、是否愉快，甚至他们选择居住的地方等都取决于交通系统。精心规划能使数以百万人选择在一起工作，同时不会给城市带来公共健康和环境可持续发展的问题。

在很多方面，伦敦的交通系统已经改善了伦敦市民的生活质量，但同样在很多方面还不尽如人意。考虑到伦敦正在面对的难题，我们需要重新考虑人们的出行方式。

“伦敦的街道应为积极出行和社群互动创造更多的可能性，但现实中它们通常仅仅考虑了汽车的便利性，而不是以人为本。”

第二节　街道和汽车

伦敦的街道应为积极出行和社群互动创造更多的可能性，但现实中通常仅仅考虑了汽车的便利性，而不是以人为本。在伦敦，死亡率最高的疾病大多数和人们缺乏运动有关，包括心脏病和癌症这两大杀手。[1]而缺乏运动很大程度上与过于依赖汽车有关，即使路途很近，很多人还是会选择驾车。[2]预计与父辈相比，今天的儿童在其一生的大部分时间里会因慢性疾病而始终身体欠佳。[3]

从交通工具承载的人数来看，小汽车占据空间大，但承载人数少。正是这种低空间利用率的交通模式，使伦敦的一些街道被归入世界上最拥堵道路之列。过多的汽车给城市带来了空气污染，公共交通不畅、晚点等严重影响。过多的汽车还大大降低了货运效率和商业活动，如商店库存货物的运输和伦敦的企业运营等。

机动车对我们城市正在面临的环境问题也要负大部分责任。目前，道路交通与半数的主要空气污染物有关，14%的氮氧化物(NO_x)和56%直径小于2.5微米的颗粒物（PM2.5）由汽车产生，而PM2.5属于对人体健康最具危害性的污染物之一。

道路危险主要来自人们来往较多且有重型车辆高速通过的地方。近来伦敦虽然在交通事故伤亡率方面有所下降，但主要体现在机动车方面，而步行者和骑自行车者（他们对其他道路使用者造成危险的可能性极低）的伤亡率仍然高得惊人。

❶ 《Start Active, Stay Active》——由4名本国首席医疗官员联名出具的一份关于健康体育活动的报告，www.gov.uk，2011年7月。

❷ 《解决缺乏运动问题的步骤》，UKactive，www.ukactive.com，2014年。

❸ S.J. Olshansky 等人，21世纪美国人预期寿命可能下降，新英格兰医学杂志，2005年3月17日，352:1138-1145。

第三节 公共交通和生活质量

大多数伦敦市民经常使用公共交通工具，但他们也经常抱怨公共交通的体验不佳。而不可靠的轨道交通服务使通行时间难以预计，浪费人们的时间，甚至有可能威胁到生计（指因迟到被开除）。铁路和地铁网络的过度拥挤也是个大问题——经常使人们日常生活的很大部分（通勤）变得低效、充满压力，甚至一些人因此而完全放弃选择公共交通方式出行。

公交车是伦敦市民最常使用，也是覆盖面最广的公共交通工具，但同样经常晚点，乘坐人数在不断下降。[❶]坐在公交车上，因拥堵而不知何时能到达，确实是件令人恼火的事，而这一令人不快的体验正在伦敦不断出现。对于部分人，尤其是老年人和残疾人，这将成为一个麻烦问题，因为公交车有可能是他们唯一能使用的公共交通方式。

伦敦有些地方因缺乏可行的公共交通方式而难以到达。虽然伦敦中心区是世界上交通最便利的区域之一，但外伦敦的部分地区因缺乏地铁、铁路和公交线路，交通非常不便。而交通不畅对工作、教育和培训将造成限制，从而影响到经济的发展，这反过来又使该地区的人和社群难以融入社会一体化的城市中去。一个地区的潜在发展特别依赖于四通八达的交通，而交通不便不仅影响该地区个人的机会，还会限制住宅区和就业的发展。

对于整个伦敦市来说，提供和其他积极、高效、可持续交通方式无缝衔接的高质量公共交通服务是必需的，它能为人们提供替代小汽车的出行方案。将我们的交通系统作为一个独立、互联的整体看待，是应对伦敦目前和未来难题的关键。

第四节 未来发展和改变

很多人愿意在伦敦生活和工作，本身就证明了伦敦的成功。目前，伦敦市人口已经达到了前所未有的 870 万，预计到 2041 年时，将达到 1080 万（图 1-1）。[❷]

按照这一增速计算，到 2041 年，伦敦市每天的出行量将增加 600 万人次。随着城市人口增长，如不进行新的战略规划，一些公共交通线路和站点必将因过度拥挤而中断，空气质量会越来越糟，机动车将填满整个街道和公共场所。战略规划还需要考虑的一个重要问题是人口老龄化，他们对交通系统的便利可达有着日益增长的需求。

伦敦的发展意味着对新的经济适用房的需求不断增长，但目前住宅建筑的建设速度仅能满足一半的需求。而交通是释放住房供给潜能的关键——新住宅区需要新的轨道交通、公交车、自行车和人行道路。为创造一个各种背景和收入的人们能够和谐共处的生活环境，伦敦的未来必须围绕着现有积极的、相互联系的社会生活进行规划。

---

❶ 《伦敦出行报告 9》，第 63 页，伦敦交通局，tfl.gov.uk，2016 年。

❷ 除非另有说明，否则战略中“今天”或“目前”的数据，指的是 2015 年或 2015—2016 年的数据，或估计数据。战略中提到从“今天”起以后的变化，指的是从 2015 年起以后的变化。

“而交通是释放住房供给潜能的关键——新住宅区需要新的轨道交通、公交车、自行车和人行道路。”

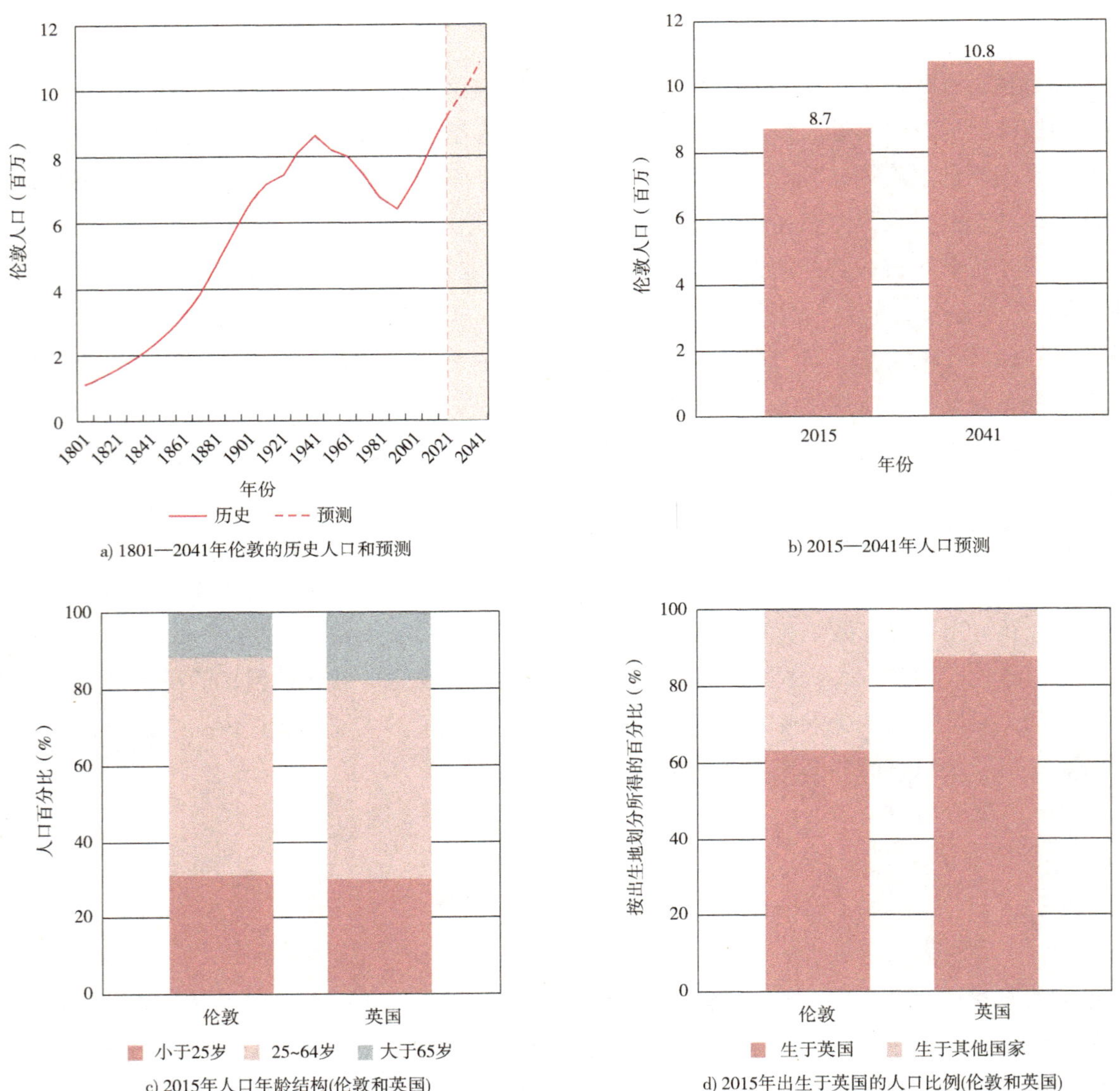

a) 1801—2041年伦敦的历史人口和预测

b) 2015—2041年人口预测

c) 2015年人口年龄结构(伦敦和英国)

d) 2015年出生于英国的人口比例(伦敦和英国)

图 1-1 伦敦不断增长和变化的人口

伦敦（和整个世界）在不断发展变化。在本战略实施期内，道路使用者的行为、人们的生活方式以及科技上的改变，均会对城市运转造成深远影响。从现在起到 2041 年，两代人会一起工作，与私营经济相比，基于共享的新经济模式将会有更长足的发展，新技术和不断增长的数字网络将在很大程度上改变人们的生活和工作方式。要熟悉这些趋势，在必要时应考虑修改本战略，以便完成目标。

到 2041 年，如果不采取新措施，不断增长的公共交通需求将意味着：

（1）伦敦地铁在早高峰将有 71% 的时间处于拥挤状态。

（2）国家铁路网在早高峰将有 67% 的时间处于拥挤状态。

第二章　愿景

交通，对于所有伦敦市民来说都是最基本的生活需要，交通也是伦敦现在和未来许多问题的重点。本战略的中心目标（即市长的愿景）是未来的伦敦不仅能为不断增长的人口提供住房，而且将成为一个更加宜居的城市。

第一节　改变出行方式结构

伦敦未来交通系统的成功是否，有赖于是否能够减少伦敦市民对汽车的依赖，鼓励人们更多地选择步行、骑行和公共交通工具。

这一简单的目标有助于净化空气，增加人们的运动量，从而还能解决许多健康问题。这个目标还有助于降低交通事故，减少气候变化对城市的影响，有利于发展更有吸引力的城市环境。这个目标还可以打造行人优先于汽车的公共空间，将不同的社区连接起来，使地方的商业街重新焕发活力，吸引国际公司及员工到更为舒适宜人的城市中心来。

减少伦敦市民对小汽车依赖的关键，是驾车出行的替代交通方式要更为方便、更有吸引力。这意味着需要改造街道环境，使人们愿意在短途出行时选择步行和骑自行车，为步行和自行车提供更丰富、更优良的服务，使人们在较长路途出行时优先考虑公共交通。这些做法能减少健康和经济上的不平等，为那些依赖小汽车的老年人或残障人士提供收费合理、便利的公共交通选择。

将使用小汽车转为使用更具空间利用率的交通方式，仍是唯一一个能够解决拥堵问题的长期解决方案，这有助于将伦敦恢复成一个高效、正常运转的城市。准点、高质量的公共服务，通向各个工作地点、文化和休闲场所的可达性，均有赖于高效交通网络的发展。减少人们对小汽车的依赖是唯一让伦敦市继续运转下去的方法。

摆脱对小汽车的依赖，对于未来建成一个能为人口增长提供住房而且更为宜居的伦敦城来说，是至关重要的。

政策 1

市长通过伦敦交通局、各行政区与各参与方合作，将减少伦敦市民对小汽车的依赖，鼓励人们更多地选择灵活、高效和环保的交通方式。期望到 2041 年，80% 的伦敦市民出行能够采取步行、骑行或公共交通方式（图 2-1）。

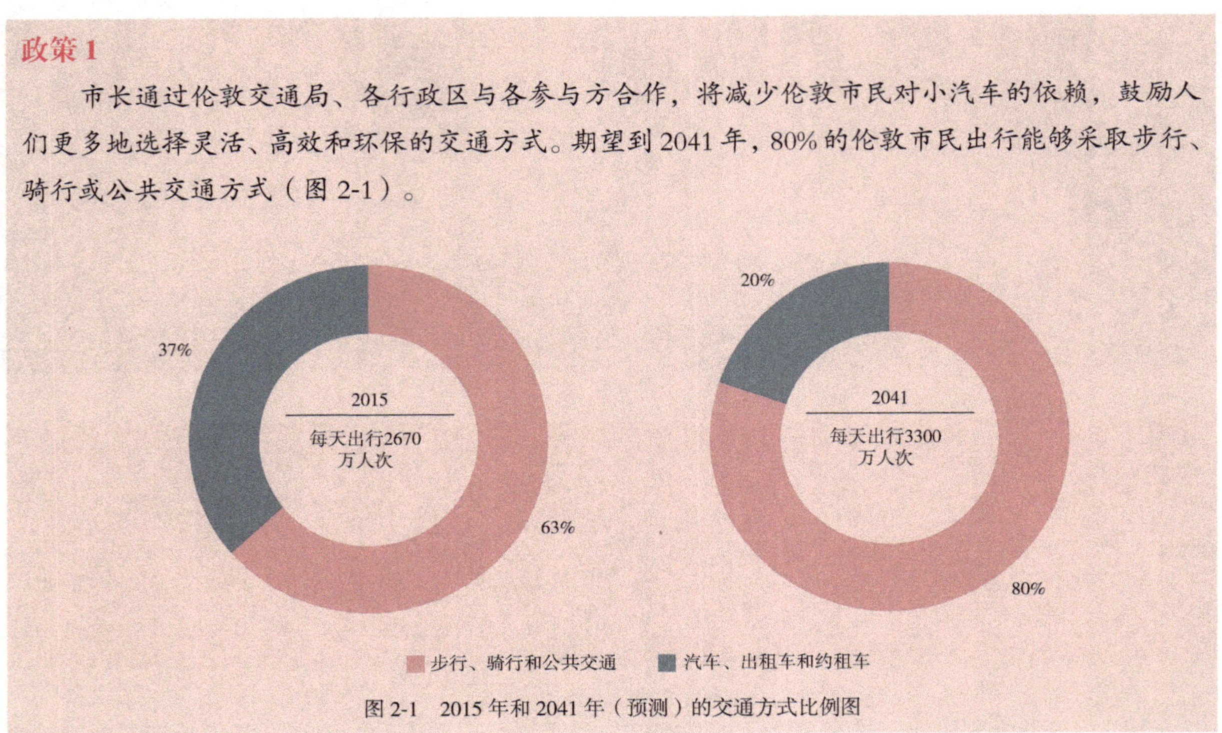

图 2-1　2015 年和 2041 年（预测）的交通方式比例图

在本战略文件中，“步行和骑行”一词指全程使用此交通方式的出行模式。大多数情况下，该说法是指步行或骑自行车，但也包括使用轮椅、滑板车、直排旱冰鞋等其他一些积极的交通方式。“cycling”一词指所有形式的自行车，包括三轮车、手动自行车、电动自行车等。

“核心目标是，截至 2041 年，将伦敦建设成一个 80% 的出行采取步行、骑行或乘坐公共交通工具的城市。”

一、伦敦街道规划

解决汽车依赖问题必须以新的伦敦街道改造方案为起点——街道很重要，因为人们的出行通常是在街道上。步行和骑自行车能给人们提供保持健康所需的运动量，而改善在街道上步行或骑自行车的体验则有助于鼓励人们选择绿色出行。将体育活动融入每日的通勤过程，能带来全方位的好处，无论对于年轻人还是老年人，残疾人士还是健康人，穷人还是富人，均是如此。所有人都能通过日常活动保持活力。积极的出行方式将在解决伦敦市民由于活动过少产生的健康危机中发挥极为重要的作用。市长的目标是，到 2041 年，每个伦敦市民每天至少有 20 分钟的积极出行时间，以保持身体健康。

尽管伦敦道路交通事故产生的重伤和死亡人数已经减少，但道路危险仍然存在，仍使许多人对步行和骑自行车这些积极出行方式心怀顾虑。市长的目标是推广积极、高效而环保的出行方式，减少以机动车为主的交通现状，并以此减少交通事故的发生源，希望到 2030 年，因公共汽车事故导致的死亡人数降为 0，到 2041 年，全部交通事故导致的死亡和重伤人数降为 0。市长在伦敦的铁路、地铁和其他交通服务方面也制订了类似目标，此举将确保伦敦市民在整个交通系统中都能安全出行。

街道向人们开放有助于带来巨大的经济效益，不仅能重振市镇中心、吸引企业扎根伦敦，还能为基本的货运和商业运输提供充裕的空间，更加有利于保持伦敦经济的活力。提高货运和商业运输效率，减少小汽车的使用，将能够保持街道畅通，对伦敦的商业带来更多利益。如果现在不采取措施，十年后，预计伦敦中心城区早高峰的货运交通量会再增加 10%。故此，市长的目标是到 2026 年，削减伦敦中心区 10% 的早高峰货运交通量，到 2041 年，削减 10%~15% 的伦敦道路交通量，以保持道路通畅，满足基本商业和公共交通的需要。

机动车的废气排放不但对街道环境和人体健康造成污染和伤害，且与目前和未来的气候变化有关。伦敦必须尽快达到法律要求的污染限制标准。这就要求伦敦市尽早建立并扩大超低排放区，确立公共交通的主导地位。空气质量和气候变化是一个迫切需要解决的问题，其危害后果不言而喻，伦敦应在寻找解决方案方面起到国际引领作用。

市长的目标是从 2018 年开始，所有的新增出租车必须为零排放；从 2023 年开始，所有的新增约租车（PHV）必须为零排放；从 2025 年开始，所有的新增公交车必须为零排放；从 2030 年开始，所有的新增汽车和厢式货车必须为零排放；从 2040 年开始，所有车辆必须为零排放。这意味着最晚到 2033 年，所有的出租车和约租车都将是零排放；到 2037 年，所有公交车实现零排放；而到 2050 年，整个交通系统都将是零排放。

二、改善公共交通

在步行或骑行距离过长时，公共交通是最有效的交通方式。该交通方式也有利于健康，因为往往会使乘车人产生更多积极的出行。公共交通对城市环境的影响也相对较小，节约街道空间，并为不同社区的接触提供良机。

交通路线的质量和可达性对于伦敦市民的生活品质至关重要，截至目前，仍然存在着不断改善公共交通网络、优化未来规划的需要。

为使伦敦市民享受到应有的公共交通体验，鼓励更多的人放弃驾车，改为选择公共交通出行，我们的公共交通服务必须坚持以乘客为中心，注重可达性和合理的价格，同时对员工进行深入细致的培训。每一天，伦敦市民应该享受从离开家门到抵达目的地的美好感觉——只有整个出行方便快捷，才能让人们减少对小汽车的依赖。必须注意步行、骑行和公共交通等互为补充的交通方式在交通枢纽和街道上的连贯性。

本战略为此制订了大范围的规划，准备通过服务设施更加现代化以及增加的新设施来实现这一目标。

已规划横贯伦敦的 Crossrail 2 城铁，对于伦敦的未来起着至关重要的作用。这条横贯线将穿过 Wimbledon 和 Tottenham Hale 之间的新隧道和站点，连接 Surrey 和 Hertfordshire 的铁路网络，这条新的主干线每天早晨将运送 270000 名乘客进入或穿过伦敦中心区。它将大大减轻现有干线的拥挤情况，有效缓解伦敦各主要站点的交通压力。Crossrail 2 城铁沿线还将建起 200000 套新住宅，提供 200000 个新的工作岗位。通过与合作方的共同努力，市长计划在 2030 年初期开通 Crossrail 2 横贯城铁。

郊区铁路服务的发车频率和准时性应达到伦敦市民对伦敦交通局运营地铁同样的期望标准。市长预计建造一条伦敦城郊地铁，城郊铁路服务的职权应从交通部下放给市长。到 2020 年后期，伦敦城郊铁路行驶时间将减少 15%，从伦敦南部地区到伦敦中心区的客运能力将达到 124000 人。权力下放还有助于城郊铁路服务与现有伦敦交通局铁路之间的无缝换乘。

目前残障人士占伦敦总人口的 14%，他们的出行频率比普通人低 1/3，随着城市人口老龄化的加剧，会有越来越多的伦敦市民面临出行障碍问题。因此，整个交通系统必须采用包容性设计，以确保所有人都能使用。伦敦交通局及其合作方必须继续建设供老年人和残疾人步行和骑行的交通环境，提供无障碍电梯、道路和更优质的乘客关怀服务，并在各站点提供提示信息，以便残障人士可不必求诸私人交通方式出行。市长的目的是提高交通系统的整体可达性，包括到 2041 年，与逐站点停车的交通网络相比，快速交通网络的乘车时间只需一半。

新技术能创造出提供公共交通的新方式。这些新方式有助于使伦敦成为一个整洁、绿色、卫生、繁荣的城市，因此这一点也非常重要。

三、良性发展

交通对于企业家、员工及乘客彼此之间的相互联系非常重要，间接影响着伦敦的经济增长。这方面关键的一点是新的交通服务。新公共交通服务对于到 2041 年创造 130 万个新就业岗位、超过 100 万套新住宅这一目标是至关重要的，原因很简单，人们都喜欢居住和工作在一个交通便利的地方。

此外，改进现有的公共交通服务也有助于社区的发展和成长。

发展对伦敦有益，伦敦市现在和未来的居民需要体会到发展带来的好处。随着城市的扩大，伦敦必须成为一个更宜居的城市，即伦敦的发展必须是“良性发展”。

交通，在促进伦敦发展的过程中，起到的作用是将伦敦塑造成一个人人宜居的城市。制定新的公共交通路线，建设更理想的步行和骑自行车出行环境来帮助地区发展，可减少未来对小汽车的依赖，增加人们采用积极出行方式的频次。围绕步行、骑自行车和公共交通规划街道和公共场所，能够鼓励人们在市镇中心短途出行时，更多地选择积极、高效、可持续的交通方式。改进现有社区之间的公共交通路线，也可起到降低汽车依赖性的作用。

本战略的目的在于确保城市的改造和新发展计划能将市长的“良性发展”原则考虑进去，这些原则包括本地区居民参与本地区决策，以便保证所有人的最佳利益。在进行符合以下原则的发展时，交通扮演着重要的角色：

（1）公共交通工具的良好可达性；

（2）高密度、混合交通工具的发展；

（3）人们选择步行和骑自行车出行；

（4）无汽车和少汽车场所；

（5）包容性、可达性设计；

（6）零碳排放出行；

（7）高效货运。

改变交通组合将使交通系统重回以人为本的出发点，优先考虑人们的健康和体验，而不是单纯以交通为主。所有这些改变，将改善现在和未来伦敦市民步行、骑行和使用公共交通时的体验，使人们摆脱对汽车的过度依赖，有助于将伦敦建设成一个更加适合生活、旅游和工作的城市。[1]

[1] 预计战略将达成的一系列结果见第六章。

第二节　改造交通系统：一种空间方法

伦敦众多而复杂的地区各有其不同特点，因此，在完成本战略的目标时，各地区应根据自己的情况采用合适的方法。总体而言，未来伦敦中心区、内伦敦和外伦敦的交通会有所不同。

一、伦敦中心区

伦敦中心区是一个全球性的文化和经济中心，包括充满活力的金融和商业中心、生机勃勃的伦敦西区、新技术区和丰富的历史文化遗产。首都（伦敦）将在市中心和金丝雀码头为人们提供大部分的新增就业机会；为了在世界舞台上争取更多的就业机会，便利的交通是必不可少的，同时还应提供世界级的公共场所和达到安全标准的空气质量。

每天早晨，有 100 万以上的人乘坐火车和地铁来到伦敦中心区，这一区域在商业上的成功有赖于四通八达的交通。铁路和地铁不足的客运能力将限制伦敦中心区未来的经济发展，因此必须提高 80% 的客运量，以便解决目前的拥挤问题，应对从现在起到 2041[1] 年不断增长的客运需求。公交车服务也很重要，而且关键路线上的公共汽车应有适当的优先权，以保证准时准点。

为确保在如此有限的地理区域中商业的成功发展，未来的伦敦中心区必须稳步减少小汽车的使用，同时增加步行、骑行和公共交通的使用，必须强化、重新调整客运服务，使用更为高效环保的交通工具，包括更多地利用泰晤士河的航运。所有这些改变将缓解因客运能力不足造成的拥堵，为基本的货运车辆和需准时准点的公交车提供更为充裕的道路空间。

这些改变还将为其他一些用途留出空间，从牛津街开始，后续包括必要的道路交通限制，为步行和自行车出行提供更佳的环境。联运交通站周围地区如尤斯顿、滑铁卢和维多利亚市必须给人以宾至如归的感觉，为使用积极、高效和环保方式出行的人提供高质量的设施。伦敦中心区对公共场

[1] 《伦敦交通局分析》，见实证数据库。

所的要求最为迫切和多样，因此这一区域的规划必须从战略层面加以考虑，以符合所有人的需要。

因地价昂贵的缘故，如何提高街道利用率这一问题在伦敦中心区表现得尤为尖锐。本战略的要素必须由伦敦交通局和伦敦中心区各行政区慎重对待，以确保能团结合作，完成市长的愿景。

二、内伦敦

内伦敦地区各种城市问题交织——严重的拥堵、糟糕的空气质量、过度的噪声、极端贫困和缺乏绿地等。该区域已经开始了密集式开发，到2041[1]年，人口和就业人数将会有显著增长。

虽然这里汽车的使用率低于外伦敦，但仍可采取很多简单有效的措施（如改造设施使之为骑行的人提供方便）来进一步减少汽车的使用。内伦敦的出行路程相对较短，从内伦敦中心到整个内伦敦的其他地区骑自行车即可很方便地到达。新发展规划应能使人们在本地区内出行时，能优先考虑选择步行或骑自行车。

公交车对于内伦敦尤其重要，它为所有人提供了一种经济、可达性强的出行方案。提高这种最经济公共交通服务的质量，可减少汽车的使用，有助于减少健康差异。而且便利的交通路线，还有助于沿途兴建住宅区。为鼓励更多的人乘坐公交车出行，必须提高公交车的行车速度，在道路上，公交车必须有适当的优先权。

为进一步降低对小汽车的依赖，且基于伦敦地上铁（乘客人数从2007年以来增加了5倍）的成功，有必要发展“环城”铁路服务（连接内伦敦各中心）和“短途直达”服务（将各社区与地方市镇中心连接起来）。内伦敦一系列可达性强的“换乘策略”使出行人可以快捷地在铁路、公交车、步行和自行车之间切换，而且提供了更多的无障碍选择。

[1] 《GLA（大伦敦政府）人口预测》，伦敦数据库，data.london.gov.uk。

三、外伦敦

伦敦市的大多数居民生活在外伦敦。这一区域的出行路程通常较长，起点和终点众多且较为分散，提供高效的公共交通服务变得十分困难。步行通常是人们短途出行的首选，到市镇中心时通常会选择乘坐公交车，而更远的路途会选择驾驶小汽车。在外伦敦，自行车有很大潜力替代许多较短途的汽车出行。

外伦敦的商业街、市镇中心和社区交通繁忙、噪声和污染严重，对地区经济和居民的生活质量有很大的负面影响。在整个伦敦交通系统产生的二氧化碳排放中，约 1/3 来自该区域的汽车，为了该区域现在和未来居民的健康着想，必须考虑改变机动车交通占主导的局面。改善步行和自行车出行环境，将有助于把许多目前靠汽车完成的出行，改为靠步行或骑行来完成。降低对汽车依赖的措施，将为基本货运和商务交通腾出更多的道路空间。

为达到降低汽车依赖性的目的，有必要对公共交通服务做出重大改进。目前，有很多人出行时除驾车外别无选择，这种情况更常见于环外伦敦的出行，而通向市中心的出行中这种情况较为少见。铁路服务必须加以改进，以便使之成为较长出行时最为高效的公共交通方式，吸引更多的人使用它。优化公交车路线（尤其是能替换现有汽车出行的路线）也极为重要，包括采用新“需求—响应（demand-responsive）”模式的公交服务。

各方更多地共同参与规划交通服务和住宅供给，可起到鼓励外伦敦发展区人们选择积极、高效、

可持续出行方式的作用。商业和住宅开发规划应围绕便利的公共交通进行，以减少人们对小汽车的依赖。

第三节 伦敦以外地区

一个繁荣昌盛的，拥有高效、收费合理的现代化交通系统的伦敦，必将有益于整个英国的经济发展。来自伦敦的税收有助于政府将资金投入全国的教育、卫生和其他公共服务领域，受益的不仅仅是伦敦市民。从资料可以看出，伦敦的经济对英国尤其重要，以至于可推动这个国家其他地区的发展。[1]

交通方面的投资不应该是一个“零和”游戏——对所有英国城市基础设施的正确投资将推动整个英国的发展。连接英国多个城市的高铁 2 号线（HS2）交通项目就是一个证明。它仅仅连接每个城市中高质量的路线——无论是电车、公交车还是 Crossrail 2 横贯城铁，该项目的优势将会得到充

[1] 《乡村和地区公共部门财政状况：截至 2016 年 3 月财政年度》，国家统计局，www.ons.gov.uk，2017 年。

分释放。

对伦敦交通的投资还能使全国各地的社区受益。在过去的3年间，伦敦交通局的投资和Crossrail横贯城铁项目每年在伦敦以外地区的供应链已经产生了60000个工作岗位。新火车的制造为德比带来了就业岗位，新铁路的修建为斯肯索普带来了就业岗位，福尔柯克制造新的公交车，而伯明翰的精密机械工程师负责伦敦地铁发动机的检修。

作为全国城市交通组织的正式成员，伦敦交通局与英国所有城市和交通部门分享了自己的专业知识，在全国范围内的城市区域帮助开发积极、高效、可持续的交通服务。

伦敦的地区、国家和国际交通路线

伦敦对于英国经济的促进有着至关重要的意义，改进伦敦的地区、国家和国际交通路线将使整个国家受益。

目前仍需要建设新的铁路，包括高速铁路2号，此外还应为现有的铁路提速、增加车次，并提供更舒适的服务。高速铁路2号必须并入伦敦交通系统，如此方可为更多人的出行提供方便。这要求在Old Oak增设一个新的换乘站点，在Euston建设一个新的终点站，要求Crossrail 2横贯城铁提供足够的运能，能连通到伦敦中心区和更远的地方。

确保伦敦和英国经济正常运行所需的货运、客运和其他运输，离不开全国高效的战略性公路网络。在广大东南部和M25区，尤其需要全面规划重要公路来满足基本的出行需要，同时保证不会增加伦敦市内外对汽车的依赖。

作为一个全球性的贸易和文化中心，作为英国面向世界的主要门户，伦敦必须有连接欧洲大陆、新经济强国和远方市场的国际铁路和航空路线。

改进的国际铁路服务可增强英国与欧洲大陆各经济中心的联系，加上能到达更远地方的国际航线，可促进整个国家的经济繁荣，使每个地区都有机会接触到全球市场。

拥有3个飞机跑道的希斯罗机场，会造成严重的噪声和空气污染，而且会对地方的公共交通和公路网络造成过大压力，因此有必要考虑替代机场扩建的方案。伦敦的成长非常重要，我们必须妥善规划来适应现在和未来的伦敦市民居住。

第四节　共同努力，为所有伦敦市民创建一个美好的城市

本交通战略适用于整个伦敦地区，并非仅适用于市长直接管辖下城市的某些部分。要想使整个伦敦地区做出真正的改变，需要市长和伦敦交通局、政府，伦敦各个各行政区，其他交通运营商，企业以及所有伦敦市民的共同努力。因此，各方应广泛征求意见，共同制定解决伦敦各个行政区、街区和街道问题的正确方案，协同完成本战略目标。

本文件与新《伦敦规划》和市长的其他新战略一起，勾勒出未来伦敦更美好的蓝图。通过共同努力，我们可以为所有伦敦市民创建一个美好的城市。

聚焦 1：健康街道方案

将降低对小汽车的依赖，增加积极、高效和环保出行这一理论付诸实施，需要有新的思维方式。需要有对伦敦市民与伦敦之间相互影响的了解，需要明确他们对于高质量生活的定义，其中特别要留意每日出行都离不开的街道。

无论伦敦市民选择何种交通方式，街道带给他们的体验直接决定了出行质量。伦敦市民 80% 的出行完全依托街道，而所有的地铁和铁路站点只有通过街道才能到达。[1] 因此，只有良好的街道体验才能吸引人们选择公共交通方式。

实际上，街道在伦敦生活的每个方面都扮演着非常重要的角色，通过实施市长的交通战略，作为城市一部分的街道还将带给伦敦市民更丰富的体验。街道是伦敦市民出行、与他人会面的地方，它们占据了公共区域 80% 的面积。它们还是人们生活、购物和工作的地方，是儿童们玩耍的地方，各社区交流的地方，商业得以茁壮成长的地方。对于老年人、幼儿、残障人士、低收入人群来说，在街道上出行的体验最为重要，生活在一个依赖汽车的城市中，他们往往感受到过多的负面影响。针对老人和残疾人，改善公共交通和辅助交通服务，可帮助很多人摆脱对汽车的依赖，而改造街道、增加积极交通方式出行率、降低道路危险、改善空气质量、使不同社区之间重新建立联系，对于减小健康差异具有非常重要的意义。

健康街道方案提供了一个将人们的健康和体验置于城市规划之核心的框架。该方案有 10 个基于实证的指标（图 2-2），用于评价我们的街道体验。如果一条街道能完成每个指标要求的话，会成为一个吸引人步行、骑自行车和休闲的好地方。而城市的所有街道都能完成每个指标要求的话，则会从根本上改变人们日常的生活体验，有助于完成本战略“创造一个适合更多人工作和生活的城市”这一目标。

以下章节说明了怎样实施健康街道方案，来帮助实现本战略的目标：

第三章“健康街道和健康人民”解释了怎样规划街道环境和更广阔的街道网络，以便鼓励人们选择更健康、高效和环保的出行方式。这包括更好地规划和管理货运和服务类的出行，减少对行人的影响。

第四章“良好的公共交通体验”解释了考虑行人的全部出行将如何帮助提高生活质量，通过提供富有吸引力、便利的替代交通方案来降低对小汽车的依赖。这些替代方案包括高质量的公共交通、规划更佳的交通网络、将公共交通路线扩建到新区域等。

---

[1] 《改善伦敦市民的健康——交通行动规划》，伦敦交通局，tfl.gov.uk，2014 年 2 月。

来源：Lucy Saunders

图 2-2　健康街道的十大指标

第五章“新住宅区和工作机会”将健康街道方案应用于伦敦的未来发展，制定良性发展原则。这将确保改造和未来发展围绕“短途靠步行和自行车出行、较长路途靠自行车和公共交通工具出行”这一目标进行规划。

如果想采用健康街道方案来提高所有伦敦市民的生活质量，还必须采取广泛的措施支持本战略的工作。为做到这一点，市长将健康街道方案纳入了各种伦敦战略文件中，包括《减轻健康差异战略》《伦敦环境战略》和《伦敦规划》。这一全面的城市规划方法将使所有居民都能从伦敦的改变中受益。

Minus £ Plus
OFF LICENCE
OPEN

第三章　健康街道和健康人民

伦敦的街道对于城市的特色和运行来说必不可少。本着以人为本、而不是以汽车为本的理念设计每一条街道和交通网络，改善街道出行体验，将大大提高人们的生活品质。

富有吸引力的街道环境能鼓励人们选择积极的出行方式，每天只需 20 分钟的运动即足以预防许多身体和精神疾病。减少汽车的使用将降低有害气体排放，而树木和其他绿色植物的栽种能将街道变得令人心情愉悦，有助于增强城市对气候变化的适应能力。街道上流动的是人群，而不是汽车，街道就会变得更安全一些。设计良好的街道有助于老人和残障人士通行，而良好的市镇中心有利于强化社区关系。高客流量对地区商业有益，街道和各种场所更富吸引力，更能吸引到大企业和员工来到这座城市。

而减少伦敦市民对汽车的依赖对于人们得到这些益处来说是项必不可少的工作。虽然目前在鼓励人们放弃使用汽车，改用其他更灵活、高效和环保的出行方式方面已经有了长足的进步，但还远远不够。目前 1/4 的汽车出行其实可以依靠步行，而 2/3 的汽车出行可以改用自行车。鼓励人们改变交通方式，需要对街道进行规划，使之便于人们步行、骑行和使用公共交通工具。

本章列举了改造伦敦街道的重要意义，然后分三节解释如何通过规划来完成这些改进工作：

（1）提供便捷且良好设计的人行道和自行车道，鼓励人们在伦敦街头采用这种健康的交通方式，实现积极、包容、安全的出行。

（2）更高效地利用街道空间，提高货运管理水平，减少汽车出行，缓解交通压力。

（3）提高空气质量和环境，确保伦敦的交通系统能够适应恶劣天气和气候变化的影响。

改善伦敦的街道

为了充分体现街道环境改善带来的效益，在进行任何街道改造时，必须考虑到整条街道的使用情况，顾及每一条建筑线。要使人们首选步行、骑行及公共交通，减少一般车辆低效率地占用空间，需要尽可能避免与具有互补性、积极、高效、可持续的交通模式之间产生冲突。

个别街道改善可能会改变当地环境，但是为了实现本战略的宏伟目标，将整个街道网络的运行方式作为一个整体来考量才是至关重要的。

伦敦需要在各个街区营造具有吸引力的步行环境，这样居民才会选择步行方式，舒适安全地上学、上班或购物。同时，伦敦还需要具有吸引力的骑行环境以及通达全城的战略骑行网络，因为骑行的吸引力在于方便人们的生活，可载着人们前往任意目的地。因此，伦敦需要一个不以危险污染性车辆为主导的街道网络。伦敦需要精心规划货运网络，适当优先考虑公交空间以及高质量的公共交通关系网，提供有吸引力的其他选择替代小汽车的使用。

在伦敦城内的不同地点和时间，应采取不同的方式来分配街道空间，以满足上述用途。考虑合理使用街道空间，同时推行本策略中提出的政策和建议，在整个伦敦城内实现《健康街道方案》。

聚焦 2：积极出行的健康益处

（1）我们为什么需要体育活动?

在我们的一生中，每个人都需要通过体育活动来保持身体各项功能的良好运转。体育活动有助于我们保持心脏健康，保证大脑等各器官获得充足供血，从而预防某些长期疾病，例如中风和某些癌症。体育活动也有助于我们保持积极乐观，保证睡眠良好。

在童年时期，体育活动有助于我们的身体成长，强健我们的肌肉和骨骼，协助增强平衡与协调能力等。随着年龄的增长，日常活动有助于我们维持力量和认知能力。

（2）我们需要多少体育活动?

建议 5~18 岁的少年儿童每天至少进行 60 分钟的中等强度活动（快走或骑行），建议成年人每周累计进行 150 分钟的活动，每次活动至少 10 分钟。我们每个人都应进行日常活动，尽量减少久坐时间。[1]

（3）我们进行了多少体育活动?

据调查来看，一个成年人每天步行或骑行 2 次，每次至少 10 分钟，是他们保持身体健康需要的最低活动量。目前，仅 34% 的成年伦敦市民每天能步行或骑行至少 2 次，每次 10 分钟。[2] 仅 30% 的学龄儿童达到了最低推荐活动水平。[3]

（4）步行与骑行的力量。

大多数人很难腾出专门的时间进行体育活动，所以，将体育活动融入我们现有的日常生活是保持运动的最佳方式。每天的通勤时间是我们可以利用的少数机会之一，借此我们能够将体育活动融入日常生活中。大多数人每天的公共交通出行中存在可以步行或骑行的路段。

儿童在步行、骑行或户外玩耍过程中消耗的能量最多。虽然儿童比成年人需要更多的活动，但是，步行和骑行为保证儿童每日的活动水平做出了重要贡献，也是他们日常的活动之一。

步行不需要任何专用设施、技能或设备。在伦敦，这是一项与性别、收入、种族或职业无关的活动。此外，自行车还是最经济的交通工具之一，任何人可以随时骑着自行车前往城市的任何一个角落。

对于残疾人士而言，步行和骑行也有着重要意义，在经过改善的步行和骑行环境中，通过使用轮椅、改造的自行车以及其他更便利的公共交通工具可实现积极出行带来的普惠型健康效益。

（5）积极出行的健康益处。

如果每个伦敦市民每天步行或骑行 20 分钟，将大幅降低其个人健康风险。身体健康和心理健康相辅相成，并且可以减少慢性疾病和早逝风险，步行和骑行已经证明可以改善情绪，提升自信心，

---

❶ 《英国体育活动指导原则》，www.gov.uk，2011 年。

❷ 《伦敦出行报告 8》，第 181 页，伦敦交通局，tfl.gov.uk，2015 年。

❸ 《2015 年英格兰健康调查》，数字化英国国家医疗服务体系，www.gov.uk，2016 年。

缓解压力、焦虑以及抑郁症状。

积极出行的增加将减轻英国国家医疗服务体系的负担。据估计，一名医生每年通过提供医护服务可为人们保证约 20 年的健康生活。❶ 但是，如果所有伦敦市民每天步行或骑行 20 分钟，将每年额外增加至少 6 万年的健康生活时间，避免疾病和早逝。❷

根据出行模式来看，每次平均出行中花费在体育活动上的时间情况如下：

乘坐汽车 < 1 分钟

乘坐公共交通：8~15 分钟

步行：17 分钟

骑行：22 分钟

一个人如果每天都进行体育活动，那么其患病概率会降低，具体如下：

II 型糖尿病：35%~50% ▼

抑郁症：20%~30% ▼

冠心病：20%~35% ▼

阿尔茨海默病：20%~35% ▼

乳腺癌：20% ▼

结肠癌：30%~50% ▼

来源：由 4 名英国首席医疗官员联名出具的一份关于健康体育活动的报告，www.gov.uk，2011 年 7 月。

健康街道方案不仅有利于人们的身体健康，还有助于减少交通噪声、空气污染、道路危险、社交孤立和繁忙道路的“隔离”效应对健康产生的负面影响。将我们的街道建设得更适合休闲、步行、骑行和乘坐公共交通工具，有助于强化我们的社区联系，减少健康差异。

（6）积极出行的潜力。

目前，伦敦有 37% 的出行是通过汽车、出租车或约租车（PHV）完成的，平均而言，在这些出行中可用于体育活动的时间不足 1 分钟。步行、骑行和公共交通出行中会涉及更多的体育活动。

伦敦交通局分析了交通模式结构的转变潜力，该分析表明，目前 3/4 伦敦居民的汽车出行可以通过更健康的方式实现。在本战略中提出的对街道和公共交通网络的改进将使得更积极、健康的出行方式取代更高比例的汽车出行。

❶ John P.Bunker，《医疗保健在改善不同社团内健康状况的作用》，《国际流行病学期刊》，2001 年 12 月 1 日，第 30 卷，第 6 期，第 1260—1263 页，牛津大学出版社，www.oup.com。

❷ 《伦敦市的交通与健康——伦敦道路交通对健康的主要影响》，大伦敦政府，2014 年 2 月。

第一节　积极、包容和安全的出行

一、改善步行和骑行环境

伦敦交通系统未来的成功与否取决于城市居民是否选择步行和骑行来出行。事实上，许多伦敦市民已经在这样做了：每天大约650万次出行是通过步行完成的，约60万次出行是完全通过骑自行车实现的。但是，据估计目前接近500万次出行是通过汽车完成的，而这些出行本可以通过步行或骑行来实现。

政策2

市长将通过伦敦交通局和各行政区与参与方合作，改善街道环境，提高步行和骑行出行的便捷程度，推广积极出行的益处，从而使伦敦市民更多地选择步行和骑行。市长的目标是：到2041年，每个伦敦市民每天至少有20分钟的积极出行，以保持身体健康。

步行已经成为众多短途出行的常态，但是，在交通规划中往往低估了步行作为一种出行模式的重要作用以及人们对良好步行条件的需求。尽管有些人每天可能会步行10分钟往返地铁站，但是，多数人并未将其视为日常出行的一部分。更具吸引力的步行环境将鼓励人们更倾向于步行，提高整段或部分徒步出行的质量，使每个人都能充分利用当地的道路网。这一点对于城镇中心、住宅、工作场所和学校周围以及公交车、地铁和铁路服务之间的连接枢纽尤为重要。在这些环境中积极推广改进措施，是一种帮助人们发现步行对其生活重要作用的绝佳方式。市长旨在将伦敦打造为世界上最适宜步行的城市。

提供更具吸引力的步行环境同时会提高骑行的吸引力。对于无法通过步行实现的出行，骑行不失为一种积极、环保的实现途径。挖掘骑行蕴藏的巨大潜力至关重要，尤其是在对汽车依赖程度最高的外伦敦地区。[1]如同步行一样，骑行同样需要愉悦的道路环境，同时保证长距离出行的安全。确保骑行路线战略的同时改善步行环境，这意味着能够同时实现步行和骑行的目标。

二、让所有伦敦市民迈开腿、骑起来

要想让步行和骑行更能吸引所有伦敦市民，需要整个城市文化的重大变革。为了实现这一点，提出了3项计划。

1. 街道环境应鼓励步行和骑行

伦敦市民需要安静、安全、无障碍的街道，这些街道应适宜步行、骑行和休闲，而非充斥着机动车辆。改善街道环境以鼓励步行和骑行将融入伦敦交通局投资、管理伦敦道路交通网络（TLRN）的工作中，伦敦交通局将与伦敦各行政区合作共同改善街道。这一工作将建立在沃尔瑟姆福雷斯特、金斯敦和恩菲尔德等已开展的优秀项目基础之上，旨在通过适当的街道限行来减少机动车交通量，

[1] 《2016年自行车潜力分析》，《伦敦出行补充报告》，伦敦交通局，2017年3月。

将街道发展为公共空间，遏制短途汽车出行。

> 要想让步行和骑行更能吸引所有伦敦市民，需要整个城市文化的重大变革。

提案 1

市长将通过伦敦交通局和伦敦各行政区来改善和管理伦敦的街道，提供高质量的公共场所，通过下列措施，鼓励所有伦敦市民选择步行和骑行：

（1）创建“宜居街区”，改善公众的步行、骑行和公共交通体验，更多地将街道用作公共空间和游乐空间，鼓励减少驾车出行。

（2）提供“健康路线”，创建有吸引力、安全和便捷的步行路线，这些路线可通往学校、医院、公园等地点，重点改善儿童、老年人和残疾人的出行条件。

（3）提供更安全、便捷的自行车停放处，特别是在住宅区、城镇中心、公共交通换乘处和主要地点。

（4）针对伦敦的老年人和残疾人，通过下列措施改善道路便捷性，包括：消除障碍物、拓宽轮椅通道、使用盲道、抬高部分路面、方便过马路、提供座椅、缓解街道工程的影响，在可能的情况下确保街道上的自行车设施可供残疾人使用。

（5）减少因道路和轨道导致的隔断，避免因为隔断而限制人们获取服务、社交互动、社区参与和积极出行。

（6）确保出于任何原因进行的任何伦敦街道项目确实改善了步行和骑行条件。

关于旨在鼓励步行和骑行的街道环境改善的情况，详见“聚焦 3：步行、骑行以及健康街道方案”。

伦敦中心区也将采取类似方案，包括通过提高人行道的质量和数量来改造牛津街，旨在实现全球最优秀的户外购物体验。在伦敦中心区，其他人流量较大的地区和休闲区域也将进行改善。

提案 2

市长将通过伦敦交通局与伦敦中心区各行政区合作，通过降低车辆流量，改善伦敦中心区的步行和骑行环境，包括改造牛津街和议会广场。

除了改善当地的步行和骑行环境，还将提高长距离出行的联通性，以便伦敦可以真正地构建互联互通的步行和骑行网络。在流量大和流量少的街道上都应拓宽骑行路线网络，帮助伦敦市民减少用车次数，更多地选择骑行。

在改善街道的骑行环境时，步行环境同样得到改善。根据伦敦交通局的战略性骑行分析，可以确定哪些地区的基础设施使用率最高并做出相应改善，将街道改进与当前和未来的骑行需求联系起来。这种以数据为导向的方法将使骑行基础设施与城市共同成长和发展。

提案 3

市长将通过伦敦交通局和各行政区：

（1）实现覆盖整个伦敦城的战略骑行网络（图 3-1），规划全新的优质安全路线，使用更优秀的基础设施，解决影响短途和长途骑行的障碍。在 2041 年之前，70％的伦敦市民将生活在战略骑行网络的 400 米范围内。

（2）鼓励进一步的本地和社区改进，例如使用物理限制来防止机动车辆占用某些街道，以建立和补充战略骑行网络。

步行也是一种探索和体验伦敦绿地的好方法。“伦敦步行网络”由一些既定路线组成，包括泰晤士步道和首都环线。这些路线需要拓宽、维护并保持其便捷性。

提案 4

市长将通过伦敦交通局和各行政区与其他参与方合作，保护、改善、推广“伦敦步行网络”，规划全新的休闲步行路线。

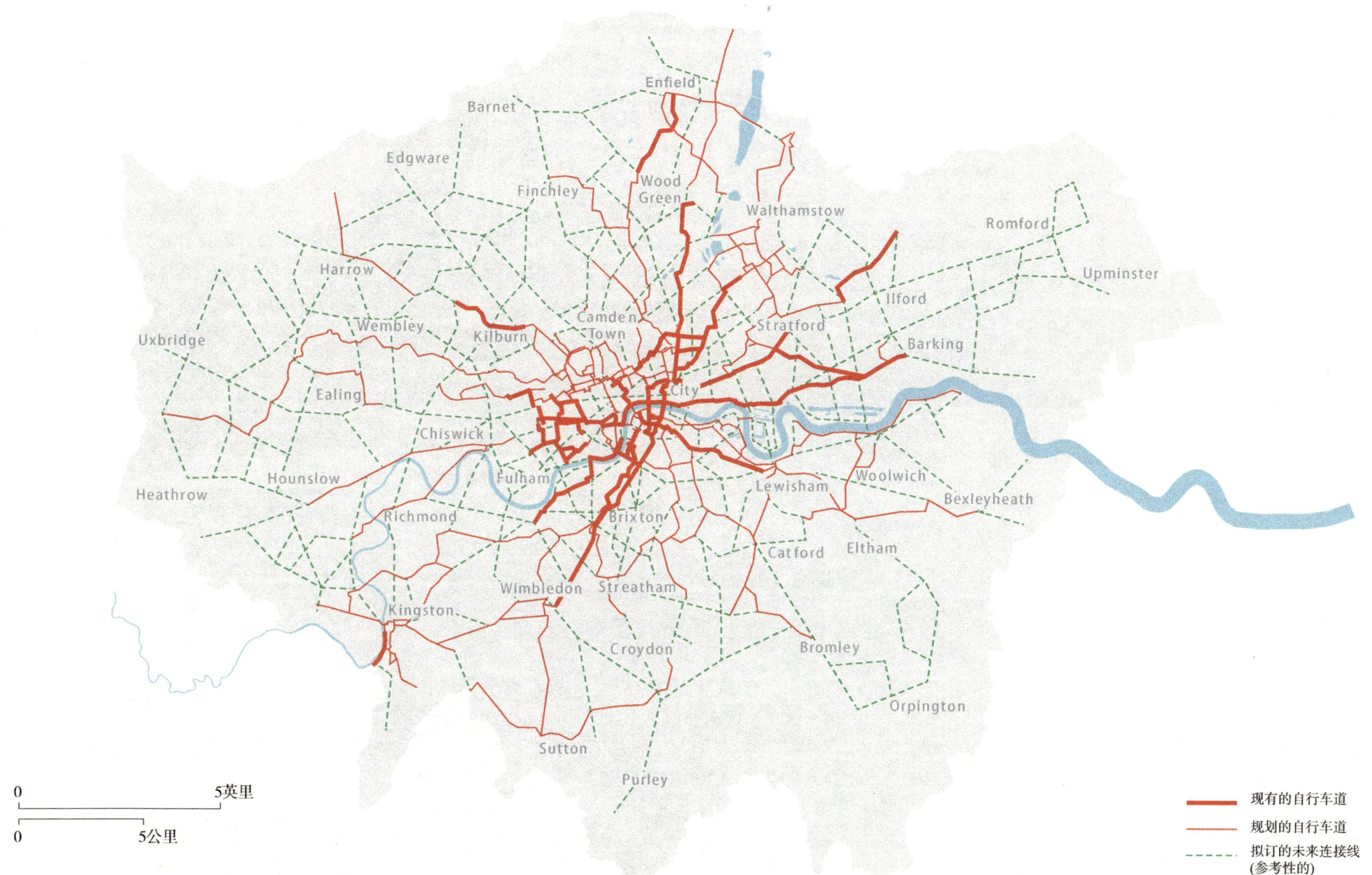

图 3-1　在 2041 年之前实现所提议的伦敦战略骑行网络

聚焦 3：步行、骑行和健康街道方案

（1）方便人们穿越道路，设置人行横道，满足人们通过道路的需要。

（2）提供充足的自行车停车处，兼容各类型的自行车。

（3）使用艺术照明装置，让步行线路更具趣味性和吸引力。

（4）种植行道树等优质植物进行绿化。

（5）改善照明质量，让人们感到更安全。

（6）提供供市民休息的长椅和常规设施。

（7）确保人行道平稳、平整且足够宽敞，以便于人们使用轮椅或儿童手推车，方便人们陪伴儿童出行或结伴而行。

（8）将车速限制降至 20 英里 / 小时，设计适合低车速的街道。

（9）在需要的地方提供受保护的自行车道以保证街道的安全性，吸引骑行者。

（10）在 2020 年之前，推行《直观视野标准》，杜绝最危险的货车出行在伦敦街道上。

（11）在人行横道一旁提供自行车道，以便骑行者优先穿过繁忙的道路。

（12）与学校和当地社区合作，确定当地的步行路线、可供嬉戏的街道和其他本地改进。

（13）在路旁街道的入口处收窄并抬高车道（使之与人行道齐平），使行人优先通过，降低汽车通过自行车道的速度。

（14）确保街道和公共空间保持高质量且维护良好。

（15）利用（路口的）转弯信号灯（或车道）（filtering）保证自行车可进入某些街道，并杜绝汽车进入这些街道。

（16）确保骑行空间足够人群和儿童骑车通过。

2. 使步行和骑行出行变得容易

确保所有人可方便安全地骑车和徒步周游全城，通过这种方式来改善伦敦街道的出行体验。越来越多的人使用应用程序和科技来规划他们的出行，帮助他们徒步或骑车出行。市长将领导“数字融合”工作，因为这些信息对于出行选择较少的残疾人士尤其有用。随着（匿名）数据水平的提高，伦敦交通局现在正通过收集关于骑行和步行模式的数据，在必要时与应用开发者开展合作，从而制定更具体的导航方案。

提案 5

市长将通过伦敦交通局和各行政区，采取下列措施，让人们在伦敦更方便地步行和骑行：

（1）维护、扩展和改进“Legible London”步行导航地图，确保街道骑行网络标志清晰一致。

（2）使用新数据开发并改进在线出行规划与导航工具，方便规划步行和骑车出行。

改善街道和在线导航工具能够让尽可能多的伦敦市民享受到积极出行的益处，让所有人都感受到伦敦街道的便捷性。

要想让每个人都能方便地骑行，关键在于让自行车随处可及，自行车租赁计划已经吸引了大量的新人加入骑行队伍。[1]自行车租赁计划将继续扩大骑行在伦敦的吸引力，与此同时，应完善骑行网络并整合公共交通，这一点非常重要。

全新的“无停靠”自行车租赁计划可延长自行车的出租期限，从而可以抵达伦敦交通局自行车租赁计划之外的地区，提高伦敦市民通过骑行游览全城的机会。然而，在部署这样的全新商业模式时，关键在于不能影响伦敦街道的便捷性，并且不能降低人们在街道上步行、骑行和休闲的意愿。

提案 6

市长将通过伦敦交通局设法提高自行车租赁计划的使用率，探索潜在的自行车租赁模式，巩固自行车租赁作为伦敦自行车基础设施和公共交通网络的一个重要组成而发挥的作用。

---

[1] 《对自行车出行的态度》，伦敦交通局，2015 年 9 月。

3. 鼓励所有伦敦市民选择步行和骑行

改善步行和骑行环境将引导更多伦敦市民将步行和骑行融入日常生活。在这种情况下，重要的是要确保不同背景的伦敦市民都能够享受到步行的益处，尤其是针对那些懒散的伦敦市民，帮助他们减少健康差异。这对于年幼的儿童尤其重要，因为他们需要更多的体育活动来保持健康。通过封闭街道、建设安全便利的人行道网络，提供其他适合积极独立出行和嬉戏的公共空间，让孩子们成为最大的受益人。工作场所和学校通勤规划（纳入了学校空气质量审计）旨在支持“健康路线”的实现。

虽然，通过营造具有吸引力的环境来壮大步行和骑行队伍十分有必要，但是，消除其他障碍、改变认知同样重要。在新建基础设施的同时，应配合其他工作来推广步行和骑行的好处，并强调当地街道得到了哪些改善。利用骑行培训、工作激励和社区活动来支持伦敦市民改变出行方式。

提案 7

市长将通过伦敦交通局和各行政区与学校、雇主、社区和用户群开展合作，共同促进人们在整个旅途或较长旅途中的一部分选择步行与骑行出行。

如果要向伦敦市民证明更优越的步行和骑行环境可以改善他们的生活，可采用的一种方式是尝试封闭街道，禁止部分或全部机动车上路，包括尝试其他经过深思熟虑和协商的街道改进举措。让伦敦市民更容易地申请封闭街道来举行社区活动、供儿童玩耍，这样能够帮助他们意识到街道规划应以人为本，而不是以车为本。封闭街道，禁止机动车辆进入，举办街头排队或大型文化体育活动，有助于伦敦市民改变对街道的看法，推广少车城市的好处。

提案 8

市长将通过伦敦交通局和各行政区与当地社区和文化组织合作，共同推广一次性、定期以及试行封闭道路，禁止部分或所有机动车辆进入，从而改变伦敦市民对街道的看法。

聚焦 4：公交车和健康街道方案

相较于其他公共交通模式，伦敦公交车的运力最高。公交车是前往市中心以及城市中其他地点的关键工具，是最高效的道路空间利用方式之一。在健康街道方案的实现过程中，公交车发挥了重要作用。

（1）公共交通为积极出行提供支持。

更多的人使用公共交通而不是小汽车意味着更多的人选择积极出行。使用公共交通工具的人群每天的积极出行时间在 8~15 分钟，而使用小汽车的人群则不到 1 分钟。在整个伦敦的步行出行中，有一半是往返于公共交通站点和停靠站点。[1]

（2）公交车可释放街道空间。

只需要占用大约 3 辆小汽车的空间，一辆公交车即可运送 70 人次。由于不希望步行或骑行，人们大量选择驾车出行，而这些出行是可以通过乘坐公交车来实现的。乘坐公交车出行可以释放街道空间，减少机动车辆的占有量，避免了机动车过多造成的街道出行体验的不愉快以及对积极出行的影响。

（3）公交车可以减少道路危险。

公交车有助于缓解交通拥堵，[2] 因此人们可以更安全方便地通过道路。相较于汽车而言，公交车更能保护乘客的安全，并且对于各类道路使用者，其安全性也在逐渐提高。“零伤亡愿景”目标旨在 2030 年之前将伦敦公交车乘客死亡事故降至零起。

（4）公交车为当地活力提供支持。

公交车提供必要的当地交通联系，把人们运送至大街小巷和市中心，为当地的经济活力提供了支持。公交车还可以减少城镇中心及其周边地区的交通堵塞，避免影响人们在这些地区的休闲体验。允许公交车进入不向小汽车开放的地点，提供进行设计的车站、换乘处和站牌，营造更人性化的环境，让人们想要停下来消磨时间。

---

[1] 《伦敦的交通需求调查》（LTDS），2013/2014 年度—2015/2016 年度，《伦敦交通局分析》。

[2] 每天伦敦拥有汽车的家庭共计有 112.5 万次乘坐公交车出行，占伦敦居民所有公交车出行的 39%（288 万次公交车出行）。来源：《伦敦的交通需求调查》，2013/2014 年度—2015/2016 年度。

（5）公交车方便乘坐。

对于老年人和残疾人以及携带儿童出行的人群来说，公交车是一种便捷的交通方式。公交车也是这座城市最实惠的公共交通选择之一，对于很多人来说，公交车是最简单的选择。大量的伦敦市民依赖公交车，选择公交车作为他们的主要交通工具前往一些其他交通方式无法抵达的地点。对于某些人来说，公交车是游览伦敦的唯一途径，因此公交车可靠性和便捷性等问题的解决变得尤为重要。

（6）环保的公交车提供了替代污染性私家车的另一种选择。

伦敦的公交车变得越来越清洁、安静，提供了一种更加环保的方式来游览伦敦。“低排放公交站区”将结合更清洁的公交车与公交车优先政策，进一步提高伦敦公交车的“绿色”认证。

三、通过“零伤亡愿景”目标解决道路危险

“零伤亡愿景”目标旨在消除伦敦公共交通系统中的所有死亡和重伤事故。

最大限度地减少道路危险是街道建设的基本，是为了保证每个人都能够安全地步行、骑行、使用公共交通工具。道路交通危险严重影响人们徒步、骑自行车或骑摩托车出行，在伦敦道街道上发生的死亡或重伤事故中，80%来自于这些出行方式。安全问题是多数人不骑车出行、不愿意让孩子独自徒步外出的主要原因。

推行“零伤亡愿景”目标是健康街道方案取得成功的关键，该政策旨在通过减少伦敦街道上的机动车辆占有量，达到消除道路交通死亡和重伤事故的目的。

政策3

市长将通过伦敦交通局和各行政区与参与方合作，推行“零伤亡愿景”目标来管理伦敦的道路交通事故。市长希望在2030年之前实现无一人因乘坐伦敦公交车死亡，在2041年之前消除所有因道路交通事故而导致的死亡和重伤情况。

通过“零伤亡愿景”目标解决道路危险指的是将安全速度、安全行为、安全街道设计和安全车辆等纳入街道环境的考量，从源头上打击道路危险。这意味着要降低街道上机动车辆的占有量，然后尽可能保证其他必要机动车辆的出行安全。通过“零伤亡愿景”目标解决道路危险是实现所有伦敦街道计划过程中不可分割的一部分。本战略所提出的进展分为短期、中期和长期目标[1]，具体如下：

（1）2022年——减少死亡或重伤人数，使该比例从2005—2009年的水平降低65%；

（2）2030年——减少死亡或重伤人数，使该比例从2010—2014年的水平降低70%；

（3）2041年——消除伦敦街道上所有因道路交通事故而导致的死亡和重伤情况。

此外，还针对公交车制订了临时目标，市长可通过伦敦交通局管控这些车辆：

（1）2022年——将伦敦公交车中或由伦敦公交车导致的死亡或重伤人数比例从2005—2009年的水平降低70%；

（2）2030年——将伦敦公交车乘客死亡事故降至零起。

为了实现此目标，应集中在下列5个方面来减少机动车辆造成的危险：

（1）安全速度——降低车速是减少道路危险的最基本方式，因为相较于30英里/小时的速度，对于受到20英里/小时速度撞击的受害者，其受到致命伤害的可能性会降低至1/5。

（2）安全街道设计——确保伦敦的所有交通基础设施项目有助于减少道路危险；重点关注高风险区域，例如交通繁忙的路口和环形交叉口。

（3）安全车辆——确保在伦敦街道上行驶的车辆尽可能是安全的。

（4）安全行为——改善所有道路使用者的行为，特别是机动车辆的驾驶者，尤其是伤害性最大的大型车辆驾驶者，这样有助于让城市更安全，鼓励更多的人步行和骑车出行。

（5）碰撞事故发生后的处理——在发生碰撞时，通过及时的应急措施降低事故的严重程度，为事故受害者提供帮助，追究事故肇事者的责任，更清楚地了解事故的产生方式和原因。

[1] 目标是暂定的，取决于收集道路安全性数据方式的提高。

提案 9

市长将通过伦敦交通局、各行政区以及警务执法合作伙伴，通过下列方式减少车辆造成的危险：

（1）通过道路设计、执法、科技、信息和适当的培训，施行更低的车速限制，让更多的人遵守车速限制。在伦敦街道上，车速最高不得超过 20 英里 / 小时，伦敦道路交通网络中所有新订方案均应纳入 20 英里 / 小时的限制。伦敦交通局将首先在伦敦中心区实施 20 英里 / 小时的车速限制，随后这一政策将尽快推广至内伦敦和外伦敦区。伦敦交通局将与各行政区合作，共同推行更低的道路车速限制，优先实施自我执行的设计，不会给警务合作伙伴带来额外的负担。伦敦交通局将提供数据分析、培训和技术指导以支持这一工作。

（2）系统性地评估所有道路路口，在对于交通弱势群体构成重大风险的地点采取道路危险缓解措施。

（3）致力于确保伦敦街道上的行驶车辆符合最高安全标准，首先针对重型货车实施《直观视野标准》，包括引入全新的车辆技术，例如智能速度辅助和自动紧急制动功能。伦敦交通局将制订新的公交车安全标准，该标准将涵盖伦敦的整个公交车队伍，通过设计和技术措施保护乘客和其他道路使用者的安全。

（4）提供培训、教育和（与警方合作）执法活动计划，保证交通弱势群体的安全，包括为摩托车用户提供新手培训，并且与货运业等参与方合作，提高专业驾驶标准。

（5）与参与方合作，改善碰撞事故发生后的应急响应，为事故受害者提供支持，提高责任追究能力和透明度，从事故中吸取教训。

尽管减少伤亡人数是首要任务，但是，在发生悲剧的情况下，责任人必须承担严重后果。目前，对于碰撞事故涉事人员的相关审批几乎没有透明度可言。市长警务犯罪办公室（MOPAC）致力于通过发布《伦敦大都会警察局（MPS）/ 伦敦交通局道路交通执法联合年报》来解决这个问题。市长警务犯罪办公室还将与皇家检察署和法院服务处合作，公布相关伤亡信息。

提案 10

市长将与伦敦交通局和各行政区合作，共同制订一项计划来实现“零伤亡愿景”目标，将伦敦街头死亡或重伤人数减少到零。伦敦大都会警察局（MPS）/ 伦敦交通局报告中将提供最新的年度进展情况。

“降低车速是减少道路危险的最基本方式，因为相较于 30 英里 / 小时的速度，对于受到 20 英里 / 小时速度撞击的受害者，其受到致命伤害的可能性会降低至 1/5。”

聚焦 5：骑摩托车的安全性

实施健康街道方案指的是通过为伦敦市民提供更多步行、骑行和使用公共交通的机会，降低个人出行对私人小汽车（包括摩托车在内）的依赖程度。

但是，在低强度货运服务过程中，两轮机动车发挥的作用更大，尤其是在这些服务过程中，使用二轮机动车或排量极低的摩托车来替代卡车或厢式货车。

如果必须要使用摩托车出行，那么这些出行应该确保是安全的。在致命性验证碰撞事故中，摩托车用户的占比异常的高：2015 年[❶]，540 名摩托车驾驶员因事故遇难或重伤，占伦敦街头所有遇难或重伤人员的 26%，但是，摩托车出行仅占总交通量的 2%。更令人担忧的是此类碰撞事故的数量还在增加（2015 年比 2014 年增加了 3%），然而，涉及其他交通弱势群体的事故数量则在下降。推行“零伤亡愿景”目标来解决道路危险将包括采取具体行动来确保摩托车出行的安全。

❶ 因警方对伤害程度的报告方式有所修改，导致 2016 年的严重受伤数目无法与先前年份直接比较，伦敦交通局正与英国交通运输部（DfT）合作寻找一种可以与先前年份进行比较的方法。

提案 11

市长将通过伦敦交通局、各行政区、警方以及参与方，借助下列措施，提高摩托车的安全性。

（1）根据伦敦交通局规定的《城市摩托车设计守则》改善街道设计的安全性。

（2）提高摩托车驾驶员安全培训的质量，高于法律的最低规定。一系列改进措施和新举措将涉及：

①通过鼓励培训机构取得摩托车行业协会认证，提高伦敦的摩托车驾驶员培训水平；

②通过推广一系列自愿性培训课程，包括《伦敦自行车安全计划》《伦敦滑板车安全计划》《121 项摩托车技能》，以及通过引入关于强制性基础培训理论的应用程序，提高驾驶员（特别是年轻驾驶员）的技能；

③通过培训和认证，提高摩托车快递企业的安全标准。

（3）呼吁所有行政区允许摩托车进入公交车专用道，统一与高速管理部门之间的不一致规定，避免因不必要的混淆而威胁到摩托车驾驶员的安全。

（4）通过沟通和推广驾驶员技能培训，教育其他道路使用者承担共同责任，实现更安全的摩托车出行。

（5）支持警方打击威胁摩托车驾驶员安全的非法和不合规行为，根据数据重点注意摩托车碰撞事故风险较高的街道。

聚焦 6：改善个人安全和保障

无论在白天或晚上的任何时间，人们在伦敦应感到安全无忧。更好的街道照明，设计良好且维护良好的公共设施和交通基础设施，以及全方位监控覆盖将有助于实现这一目标。如果不能安全地使用街道和公共交通工具，那么人们有可能采取其他选择，包括更多地驾车出行。

政策 4

市长将通过伦敦交通局和警方，设计保障环境，为伦敦的交通系统配备专员和综合警员，将伦敦街头和交通系统内的犯罪情况和犯罪恐慌保持在低水平。

诸如性犯罪、故意伤人犯罪等“高危害犯罪”可能会对一些伦敦市民的出行信心等方面产生显著影响。解决这些犯罪问题将一直是伦敦交通局、运输经营者和运输监管机构的首要任务。作为此工作的一部分，市长的 Night Czar 正在制定女性夜间安全宪章。

弱势成人和儿童每天穿梭于伦敦的交通系统，虽然有时候令人担心且具有危险性，但是，仍然有很多人使用该交通网络，因为其可以提供安全保障。伦敦的一些流浪者常常选择在伦敦的交通系统避难，这时，一线工作人员需要介入，为他们提供援助，通常是帮助他们与相关的外展队或支助部门联系，有时候也会联系警方。无论交通网络中的弱势成人或儿童因何种原因处于何种境地，相关工作人员都应发挥关键的保护作用。

提案 12

市长将通过伦敦交通局与其他运输服务提供商、警方和地方当局合作：

（1）优先处理伦敦街头和公共交通系统内的性犯罪、故意伤人犯罪等“高危害犯罪”行为，保护伦敦的弱势出行者。

（2）利用伦敦的交通网络改善安保响应，保护弱势成人和儿童。其中包括建立在已开展工作的基础上，解决交通网络中的流浪汉问题，并将其与相关的援助联系起来。

“无论在白天或晚上的任何时间，人们在伦敦应感到安全无忧。”

在过去 5 年里，摩托车盗窃案的数量增加了一倍。[1] 伦敦大都会警察局正在努力打击有组织的

[1] 《伦敦警察厅犯罪记录信息服务系统》，2017 年 3 月。

摩托车犯罪团伙，其中大部分犯罪活动都是利用轻便摩托车进行的。这样既解决了摩托车失窃问题，也处理了摩托车抢劫（手机）犯罪团伙，这些犯罪团伙骑着摩托车抢劫行人或骑行者的手机，影响了人们选择步行或骑行的信心。

提案 13

市长将与警方和地方当局合作，采取行动来阻止摩托车失窃案件和摩托车犯罪行为的增长，特别是那些使用轻便摩托车进行的犯罪。相关措施包括通过街道设计手段了解犯罪，从而加强安全性。例如，在现有街道和新开发街道上设置安全停车处；发布针对性的犯罪预防信息；与制造商合作减少失窃风险。警方将持续重点打击从事摩托车盗窃和摩托车犯罪的团伙。

伦敦仍然面临着大量外部恐怖主义的威胁，相当比例的市民对恐怖袭击表示担忧，因此，他们不愿意使用公共交通出行，此问题仍然值得注意。[1]安全部门认为恐怖主义将长期对伦敦构成威胁，公共空间的规划应能够预防、抵挡并阻止未来可能产生的袭击。

近期袭击事件的肇事者利用了机动车辆作为武器来攻击人流量较大的公共场所。通过物理措施阻止机动车辆进入某些公共场所有助于预防袭击事件，另外，还可以采取危险车辆控制措施来保护特定的地点，制止潜在的袭击者，安抚公众。必须通过健康街道方案来实施这些措施，改善公共场所，创造安全的空间，让人们愿意在这里步行、骑行和休闲。

提案 14

市长将通过伦敦交通局与政府、各行政区、执法部门、安全机构、运输提供商以及其他相关组织合作，共同应对、处理伦敦当前以及未来面临的恐怖威胁。这些组织将团结一致，共同制订防御方案，保护伦敦全城内高风险区域公共空间的安全。其中可能包括禁止车辆进入某些公共空间，在合适的情况下，采取危险车辆抑制措施来支持健康街道方案的实现，同时保持公共场所的特色和吸引力。

[1] 《2015 年安全与防护年度报告》，《未来思考》，tfl.gov.uk，2016 年 6 月。

第二节 更有效地利用街道网络

一、解决拥堵问题

伦敦街道是世界上最拥挤的街道之一，空气污染日益严重，公交及货运服务时常延误，致使大量的街道不适合步行和骑行。生活方式的变化、互联网支付的普及、周日购物和夜间经济的迅速增长已经改变了近年来的出行和拥堵模式。拥堵问题并不局限于传统的早晚高峰，受影响的也不只有伦敦中心区，全伦敦的社区和城镇中心都受到交通拥堵的困扰（图 3-2）。

图 3-2 整个伦敦的出行延误情况

需要采取行动来减少交通拥堵对城市造成的负面影响。先进的交通管理技术已得到广泛应用，以便更有效地管理街道，关键在于不断改进这些交通控制系统，确保所有道路使用者体验到更好的效果，给予行人、骑行者和公交车优先权。

然而，75%拥堵只是由于有限的街道空间无法满足庞大的需求而造成的。但是无论这些交通管理技术有多么先进，仅通过交通管理无法解决拥堵问题。因此，长远办法必须能够更好地管理伦敦的货运方式，大幅减少汽车的使用，转而使用更节省空间的出行方式。在 2041 年之前，需要将交通量减少 10%~15%（每天 600 万 ~700 万车公里）才能控制交通拥堵，同时实现本战略目标。随着时间的推移，逐渐将街道空间重新分配给更高效交通的模式，再结合改善公共交通，采取措施控制需求，在开发新街道时遵循“良性发展”原则，从而让街道不仅适合人们徒步、骑车和使用公共交通工具出行，同时也适合出租车、基础配送车辆（basic delivery）、服务型车辆（servicing）、小汽车和摩托车出行。

政策 5

市长将通过伦敦交通局和各行政区与各参与方合作，优先采用节省空间的运输方式来解决交通拥堵问题，提高街道的人货流动效率，希望在 2041 年之前使总体交通量下降 10%~15 %。

在伦敦的各区域，造成交通拥堵的原因也各不相同，所以必须具体问题具体分析。伦敦中心区的拥堵情况最为严重，有限的街道空间以及货运、私人租赁交通量的不断攀升是需要解决的主要问题。在外伦敦区，汽车的使用是造成拥堵的主要原因，虽然延误程度相对较小，但是总体影响相当之大，因为在这里多数人选择汽车进行远距离出行，这是伦敦其他地区不能比的。解决外伦敦区的交通拥堵问题需要将目前大量的汽车出行转移到公共交通、骑行或步行上。

二、配送和服务效率

1. 街道和货运车辆

伦敦要想延续发展需要依靠安全、可靠、可持续、高效的货运配送和服务。在伦敦街道上妥善安置货运和服务类出行至关重要，以及提供足够的装卸空间，尽可能减少拥堵。然而，伦敦街道上充斥着大量的厢式货车和重型货车（图 3-3、图 3-4），这些货车和重型货车为周边企业提供类似的货物和服务，造成了交通挤塞，导致街道不安全，不适合人们步行、骑行和使用公共交通工具。

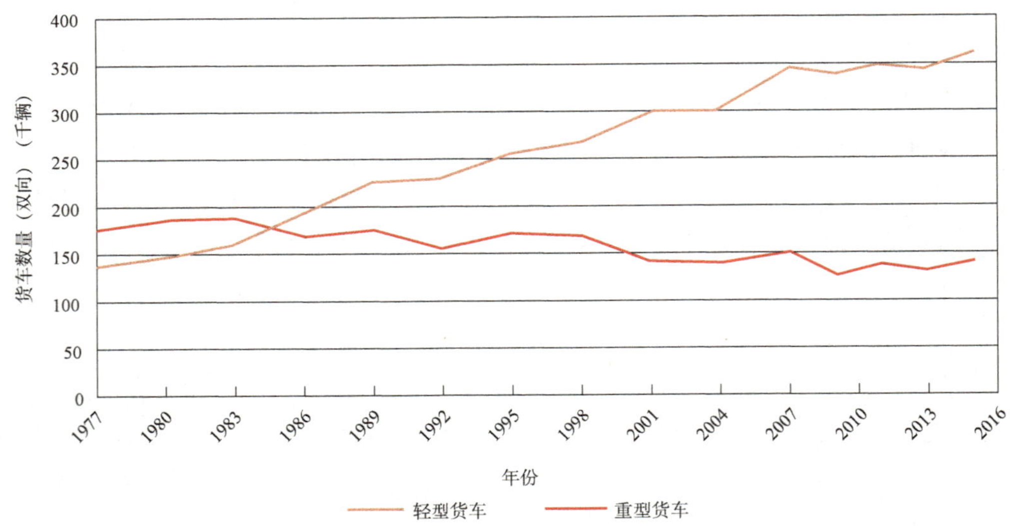

图 3-3 大伦敦区边界每日货车通行量警戒线（24 小时流量，1971—2015）

注：数据来源于伦敦交通局网络性能委员会，运营分析部。在未进行调查的年份，采用推测数据。

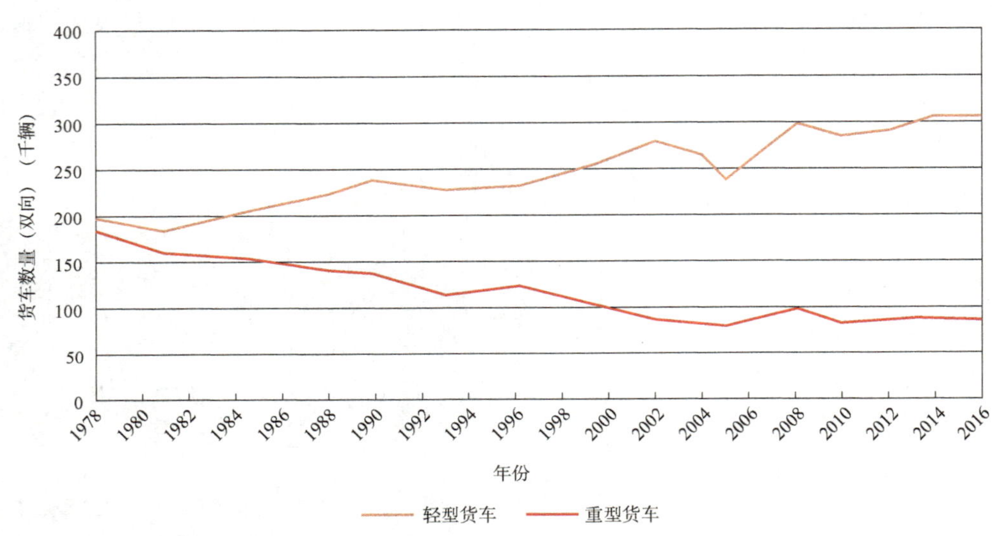

图 3-4 内伦敦区每日货车通行量警戒线（24 小时流量，1972—2016）

注：数据来源于伦敦交通局网络性能委员会，运营分析部。在未进行调查的年份，采用推测数据。

在伦敦街道的诸多方面上都能感受到货运和服务的影响。无论是在装货时还是在行驶过程中，货运车辆都占用大量的街道空间，而这些空间本可用于散步、骑行或使用公共交通工具，或作为人们休闲、享受乐趣的空间。货运车辆导致了大量的交通拥堵，随着交通拥堵日益恶化，货运和服务为了提供高质量的客户服务，往往会采取极为低效的做法，派出更多的车辆，进一步加剧了交通拥堵。这样的做法损人不利己，侵蚀了运营商的利润率，增加了客户的成本，降低了伦敦街道对于伦敦城内游人、居民和工作者的吸引力。

为了让伦敦企业能够获得必要的商品和服务来保证其蓬勃发展，同时确保伦敦街道更适宜行人出行，必须采取综合方式主动管理各类货运和服务活动。这一点对于零排放区、牛津街等地方尤其重要，因为这些区域将改造为人行区域。构建强大的合作伙伴关系并且让整个供应链都参与进来是高效利用伦敦街道网络的关键。

提案 15

市长将通过伦敦交通局与各行政区、企业、货运和服务产业合作，共同减少货运和服务车辆对街道网络的不利影响。市长希望在 2026 年之前将早高峰期间进入伦敦中心区的重型货车和厢式货车数量减少 10%。

2. 伦敦货运交通量的增长

目前，重型货车和厢式货车数量占伦敦道路总交通量的 1/5 左右，占伦敦中心区早高峰交通量的 1/3 左右。随着伦敦的发展，除非采取行动，预计货运和服务类出行车的数量也会增长。这将给街道和路边空间造成进一步的压力。大多数货运车辆都是厢式货车（其数量是重型货车的 4 倍），而且自 20 世纪 70 年代以来其数量一直在增长。

如果现在无动于衷，由于下列原因，预计厢式货车上路数量将继续增长：

（1）商业和住宅用户要求更快速灵活的物流和服务；

（2）服务业持续增长；

（3）土地价值不断上升，迫使物流活动进一步向城外发展，导致企业减少仓储空间，造成出行距离更长，配送更频繁；

（4）道路拥堵和有限的装载设施导致需要派出更多的车辆来运送同等数量的货物；

（5）成本上升以及重型货车驾驶员短缺导致货运车辆从重型货车转变为厢式货车。

为了实现本战略的总体目标，即更多地采用主动、高效、可持续的交通模式来出行，需要采取行动来应对上述挑战。这意味着要提出一个政策和监管框架，确保货运和服务类车辆出行尽可能高效实现：在合适的时间，确定合适的频率，使用合适的模式，选择合适的路线。

3. 提高货运网络的效率

大约 90% 的货运出行以及大多数服务类车辆出行是在公路上进行的，而其他货物则是通过铁路和水路运输的，尤其是大宗集装箱货物，例如大约 40%[1] 的建筑材料通过铁路进入伦敦。更多地选择这些清洁模式来运输货物有助于根据健康街道指标做出改进，帮助减少交通拥堵，释放道路空间供步行、骑行和公交车使用。

通过《伦敦规划》，市长将要求所有新开发提案在其《建筑物流计划》和《配送与服务计划》中证明已采取了一切合理措施来使用非道路车辆模式。《伦敦规划》还将保障码头和铁路的使用。[2]

市长将支持伦敦港口管理局（PLA）和运河河流信托（CRT），确定哪些码头最有可能支持货运从陆路到水路的模式转换。其中包括确保提供装卸货设施来适应全新的多式联运货运作业，例如滚装配送、微型集装箱运输和货物循环（cargo cycles）。

市长将通过伦敦交通局与铁路网络公司、交通部、铁路货运公司和港口运营商合作，评估伦敦的战略货运网络。其中要努力寻找机会，通过铁路将伦敦的更多货物运送至最终目的地附近，充分利用伦敦的铁路货运能力，发现提高货运量和货运能力的机会，同时不影响现有和未来的客运服务，让伦敦获得收益。

陆路货运和服务类出行必须是高效的，例如，用更少的出行运送同等数量或更大数量的货物。市长将通过伦敦交通局与各行政区、货运经营者和伦敦企业合作，考虑在内外伦敦区建立区域集散

[1] 《为什么铁路货运对于住房供应和建筑至关重要？》，矿产品协会和铁路货运集团，2016 年。

[2] 第五章阐述了高效的货运和公务出行将怎样纳入新开发中。

中心。

《伦敦规划》支持通过规划过程明确并保护新建的装卸整合站点，尤其是那些与铁路或河流服务相邻的站点。通过规划过程中《建筑物流计划》的要求，鼓励使用这些中心。

改善建筑行业的货运整合方案将极为有益。超过 1/3 的重型货车出行来自于该行业部门，几乎占厢式货车出行的 1/4。由于现有的建筑整合中心众多，建筑行业从中收益颇丰。市长支持建设更多这样的设施，形成建筑整合中心网络，不超过 30 分钟的车程就可以在伦敦找到一个建筑整合中心。其中需要各行政区、运营商、开发商等人员的支持，明确并完善现有的站点网络。

要想减少货运和服务类车辆出行的数量，缓解其对于伦敦街道的影响，需要货运行业、经济开发区（BIDs）、个体工商户、各行政区、伦敦市议会、伦敦港口管理局、运河河流信托、铁路网络公司以及伦敦交通局的紧密合作，并且需要各级供应链采取行动。因此，市长需要召开货运座谈会继续协调其工作，确保货运和服务能够最高效地利用伦敦的街道网络。

提案 16

市长将通过伦敦交通局与各行政区和货运座谈会成员合作，通过下列措施提高伦敦战略交通网络的货运和服务效率：

（1）发现机会，转向铁路货物运输，不影响客运服务，同时让伦敦获得收益。

（2）提高伦敦水路货运比例。

（3）评估区域货运集散网络的潜在优势，完善伦敦的建筑整合中心网络。

4. 减少物流和服务活动对伦敦中心区和城镇中心的影响

要想通过“宜居街区”“零排放区”等倡议推行健康街道方案，改善伦敦的街道，需要从地方层面上彻底改变货运和服务类出行的管理方式。在交通压力不大的街道上仍然允许适当的物流和服务。

大型企业可通过大量少次下单的方式，提高货物采购效率，从而大幅减少配送次数。集团企业与经济开发区合作采购货物和服务，组成“采购团体”，可获得更大的收益。与供应链上的终端用户以及各行政区合作，伦敦交通局将为经济开发区和其他伦敦企业群提供支持，共同评估采购实践，明确联合采购机会，减少送货到站次数。

通过建立小型配送站来实现联合采购，通过步行、自行车或电动车实现配送。在某些地方设置专门的配送中心，例如，在摄政街设立一处配送中心，而其他情况下可能是设立在停车场仅存在几天的“临时配送站”，可能是停在停车场的货运车，也可以是在码头停靠的船舶。伦敦交通局将与伦敦各行政区合作，通过本地装卸取货限制，给予小型配送站的这些车辆以及其他零排放货运车或服务车辆优先权。

许多货运和服务类车辆出行时间紧迫或时间受限，有些需要在高峰时间进行。但是，目前存在的大量出行本可以选择在其他时段进行，以减少对道路的影响，但是由于过时或不适当的限制和规定，导致这些车辆出行在高峰时段。市长将与伦敦交通局、各行政区、零售商以及参与方合作，更好地了解有哪些障碍致使这些货运车辆出行选择在高峰时段进行，为相关规定和当地限制的更新和修改提出建议。

首先从经济开发区入手，市长将通过伦敦交通局与伦敦商业界及公共部门组织合作，审核货运

配送时间，利用其采购力量阻止这些出行出现在对伦敦街道产生最大负面影响的时段。

在设计新街道和进行改造时，关键在于精心设计和管理路边（kurbside）区域。作为各街道方案的一部分，伦敦交通局将与各行政区合作，审核装载设施并确保货物配送和服务设施的设计方式能够使街道吸引人们步行或骑行。

为了在伦敦中心区和城镇中心创建更多无车辆步行区域，同时能够方便地收集个人物流配送信息，伦敦交通局将与各行政区合作，鼓励使用和发展伦敦收集点网络。这些收集点通常位于当地的商店和邮局。

伦敦的物流和服务环境十分复杂，因此，企业和货运经营者需要轻松快速地获取所需信息，这一点非常重要。伦敦交通局将与伦敦市议会合作开发一个整合了“伦敦货车标准”的在线工具，尽可能方便货运经营者减少物流和服务活动的影响，尤其是重型货车，确保遵守现有和未来的收费条款、法规和标准。

提案 17

市长将通过伦敦交通局与各行政区、货运座谈会、业主、包括货运业在内的各级供应链、经济开发区（BID）和个人企业合作，提高最后一公里的配送和服务效率。应通过以下途径实现：

（1）支持经济开发区和其他企业群共同采购货物和服务。

（2）建立使用零排放车辆、步行和自行车实现的小型配送服务和设施网络。

（3）重新安排货物和服务的交付时间，尽可能减少其对于街道的影响。

（4）利用本地取货和装载限制，支持更高效的货运实践。

（5）改善对于路旁和路外装载和服务活动的设计和管理。

（6）开发一个整合了“伦敦货车标准”的在线工具，简化对于伦敦重型货车运营的监管环境。

在本战略的整个生命周期中，新商业模式和技术可能会改变伦敦的货物配送方式以及服务活动的实现方式。这些变化可能会使企业和消费者受益，例如提供更快或更便宜的货物和服务。然而，重要的是这些变化的形成有助于推行健康街道方案，特别是帮助货运和服务更有效地利用街道空间，减少对伦敦街道上步行和骑行等其他用户的影响。政策 23 规定了新交通服务原则，其中大部分直接适用于货运出行。

聚焦 7：最大限度地利用伦敦铁路网络来承担客运和货运

要想实现本战略的目标，需要最大限度地利用伦敦铁路网络来承担客运和货运。但是，由于客运和货运共享相同的铁路网络基础设施，因此需要根据下列原则，认真规划，充分发挥各自的能力：

（1）在每天客运服务需求较低的时段运货；

（2）非伦敦货物过境伦敦时应选择运力更大且客运需求较低的线路；

（3）伦敦铁路货运服务的增多不应导致客运服务的减少。

通过实现这些原则，将解放必要的铁路运力，适应伦敦铁路货运的增多，同时改善和拓展伦敦的客运铁路服务。关于改善和拓展客运服务的具体实施措施请见第四章。

目前，货运列车可共享部分伦敦地面铁路网络。客运列车和货运列车的不同加速度和行驶速度降低了这两种服务的运力。通过调度货运服务（以及工程列车和其他非客运列车），避开客运高峰，在客流量较少的时段运行（理想情况下是在夜间），可实现对客运和货运网络的高效利用；列车线路时间表精确到秒，而不是分钟；消除已预订但未使用的货运路线（伦敦北部地区、伦敦南部地区和伦敦西部地区各线路上的大部分货运通道未投入使用），或至少收取费用。应修改铁路监管政策以激励和 / 或实现上述目标。

改善伦敦外围的铁路网络指的是货运列车可不使用伦敦地上铁路网络，因为目前有大量经过伦敦的铁路运输货物并不是运往伦敦的，其中大部分货物是从费利克斯托港口运往英格兰中部或更远的地区。首先，利用费力克斯托港—纽尼顿走廊上现有未使用的铁路线路将货物运输到伦敦。此外，升级费力克斯托港—纽尼顿走廊货运系统，实现电气化，可以使更多的货运服务避开伦敦。通过蒂尔伯里周边港口至大东部干线的新线路，货物运输可以从埃塞克斯泰晤士河畔线路进入费力克斯托港—纽尼顿走廊，而无须经过伦敦。这些升级可以释放急需的运力，提高伦敦地上铁路网络的可靠性，提供更大的空间以便将伦敦的陆路货运转为铁路运输，从而释放伦敦主要基础设施项目的货运能力。

提案 18

市长将通过伦敦交通局鼓励交通部和铁路网络公司伦敦外围的铁路货运路线，以便非伦敦铁路货运可绕开伦敦，从而释放通往伦敦的铁路线路，增加更多的客运服务列车和货运列车，为伦敦服务。

"修改伦敦市民的私家车道路使用费可能有助于大幅降低环境交通拥堵，减少排放。"

三、减少汽车的使用

伦敦已经在鼓励人们步行、骑行和使用公共交通方面取得了实质性进展，但是，放眼整个伦敦，汽车仍然是道路车辆的主力军。因此，任何旨在提高街道空间利用效率的策略都必须解决汽车的使用问题。

汽车是一种相对低效的载客手段。汽车、出租车和约租车占用了伦敦中心区近半数的街道空间，但是，其仅占行驶距离的 13%。相比之下，公交车和客车占用的街道空间比例不足 10%，但是占到了行驶距离的近 40%。

目前，需要更高效地利用汽车所占用的空间，尤其是在 2041 年之前，伦敦的居民人数将增长至 1080 万。为了改变出行习惯，不再使用汽车，伦敦需要一个涵盖范围广的方案，提出合适的出行替代方式。

虽然在某些类型的出行中汽车的作用不可替代，但是，可以通过其他汽车使用模式来减少人们对汽车保有量和私人停车位的需求。

提案 19

市长将通过伦敦交通局和各行政区，支持居民汽车俱乐部，同时减少私人停车位，使更多伦敦市民放弃私家车，但是，也会允许偶尔使用私家车前往内外伦敦区。

四、改变我们的交通付费方式

改变伦敦市民使用私家车上路的付费方式，可显著缓解拥堵，减少与汽车依赖、低效货运和公务出行有关的排放。

2003 年伦敦引入了交通拥堵费，显著降低了拥堵收费区（CCZ）附近的交通量，并缓解了拥堵情况。直接影响体现在拥堵减少了 30%，交通量下降了 15%。伦敦中心区的交通量每年都在持续下降，反映出伦敦的公共交通得到改善，公共交通的使用率提高。随着时间的推移，尽管这一小部分车辆导致的交通拥堵情况还在加剧，但是如果没有交通拥堵费，伦敦中心区今天的交通拥堵情况将不堪设想。

在引入交通拥堵费 15 年后，伦敦中心区面临的挑战已经发生了变化。熙熙攘攘的夜间经济和文化场所意味着更多的人希望享受夜晚的伦敦，而交通量在此时达到高峰。现如今，周末交通量与工作日并无明显差异。图 3-5 和图 3-6 分别显示了拥堵收费区在工作日和周末的平均交通量。

此外，因收拥堵费的缘故，私人车辆所占的比例也逐渐下降，汽车数量减少，代之以约租车数量的增加，而约租车不收拥堵费。

近年来，伦敦中心区的约租车数量大大增加（图 3-7），这一情况在当初免除约租车的拥堵费时没有预料到。每天，在收费时段里，有 18000 辆各种不同的约租车进入拥堵收费区。尤其是星期五和星期六，约租车更是常见：自 2013 年以来，收费时段内进入拥堵费区的约租车数量已经增加了 50% 以上。

因此，有必要重审拥堵费方案，以便应对目前伦敦中心区面对的拥堵难题，同时采取更加广泛的措施来确保街道更适合步行、骑自行车和使用公交车出行的人，适合货运和公务出行。

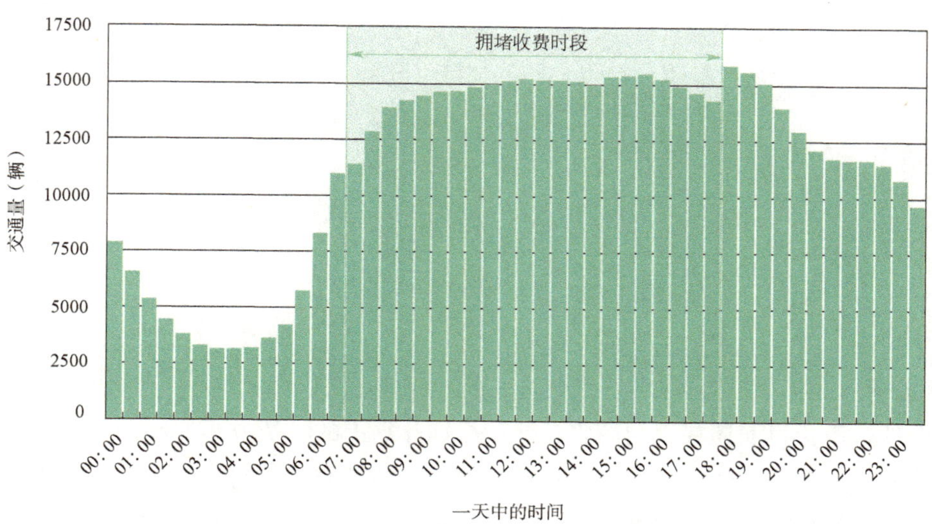

图 3-5 工作日拥堵收费区每半小时的交通量（星期一到星期五的平均值，2015 年）

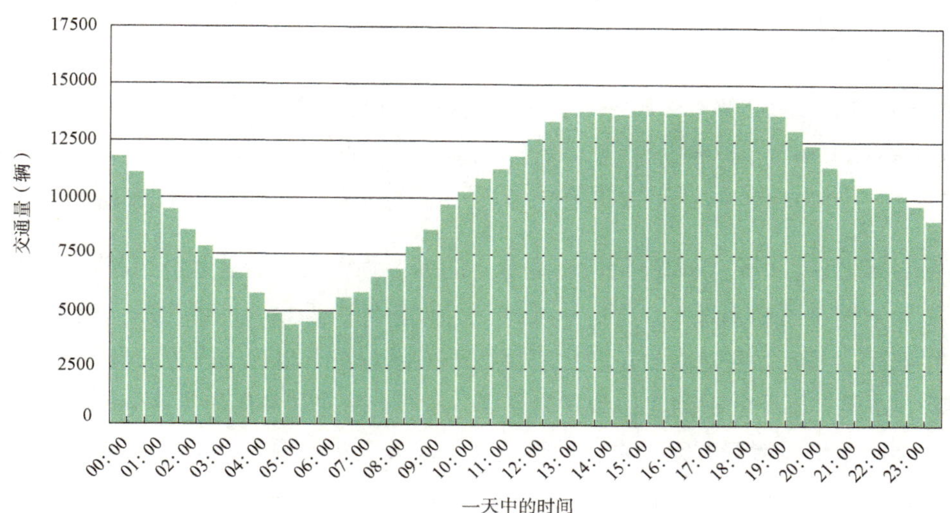

图 3-6 工作日拥堵收费区每半小时的交通量（星期六到星期日的平均值，2015 年）

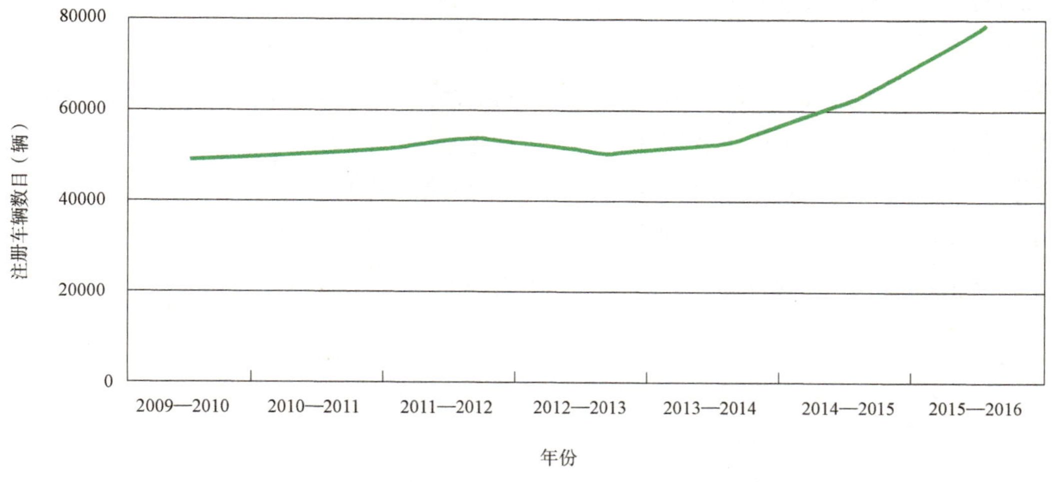

图 3-7 每年的约租车许可证数量（2009—2010 年度到 2015—2016 年度）

除拥堵费外，市长目前还在规划许多其他现行和计划中的收费方案，包括排放费和新基础建设费（如锡尔弗敦隧道）。虽然现行和未来收费方案的目的是完成不同的目标，但未来应设计一个综合方案，以便以一种公正而平衡的方式来表现出市长不同的侧重点，实现本战略文件第二章列出的美好愿景。

提案 20

通过伦敦交通局，市长将重审现行和计划中的道路使用收费方案，包括拥堵费、低排放区费、超低排放区费和锡尔弗敦隧道费方案，以确保它们能有效地促进或实施本战略的政策和提案。

除伦敦中心区之外，内伦敦和外伦敦一些地方的拥堵程度也同样严重。虽然伦敦中心区的拥堵费费率最高（无论现在还是未来），但它影响的是外伦敦的大部分人，那里的人驾车出行的次数最多，出行往往更远。因此，它对减少伦敦中心区以外地区对汽车出行的需要具有重要意义。

从长期看，需要有不同的道路收费模式来达到“积极、高效和环保出行占 80% 比例”这一目标。从 20 世纪 90 年代构想拥堵费方案以来，世界发生了很大变化，现在，基于摄像头的车牌识别系统是管理这一收费方案的最佳方式。在技术突飞猛进、已具备可行性的今天，值得考虑采用一种按单次出行的影响和性质来决定机动车收费的方式。这意味着有些出行会收费更多（如在一天中较为繁忙的时间出行，或在更拥堵的区域出行，或使用污染严重的车辆时），而其他一些收费较少（使用低排放车辆较短途出行，或在高峰时段在车辆较少的区域出行）。一种综合的“按英里”收费的方案将取代先前的方案［拥堵费、低排放区费、超低排放区费（ULEZ）、锡尔弗敦隧道费］，这种统一的方案将同时考虑到缓解拥堵和减少排放的问题。此方案将考虑到对健康、经济、环境、安全、公正及社会包容性可能存在的影响，以便做到对所有伦敦市民公平公正。

拥堵费的征收曾带领着伦敦在治理交通难题方面走在世界前列，而新方案通过采用新技术制定公正细化的汽车收费方式来处理拥堵和排放问题，再次证明了伦敦仍在引领着交通治理的发展。这一方案将确保伦敦成为一个适合生活、工作、旅游的富有魅力的世界级健康城市。

提案 21

通过伦敦交通局，市长将审查新一代道路使用收费系统提案。这些系统将取代拥堵费、低排放区费和超低排放区费。更多细化的道路使用费和/或工作场所停车费方案将用来实现本战略中的政策和提案，包括调整不同出行方式的比例、降低道路危险、实现环保目标、缓解道路网络拥堵、支持高效交通模式等方面。在这些未来的方案中，市长将考虑采用合适的技术，考虑以一种综合的方式使收费能反映出出行的距离、时间、排放、道路危险和其他因素。伦敦交通局将与道路使用者、参与方协商来进行这些提案的设计、执行和开发技术等因素。

聚焦 8：减少汽车使用的机会

伦敦交通局的分析表明❶，目前 3/4 的汽车出行可合理地被步行、骑行或公共交通工具替代（图 3-8），而且伦敦所有的地区都有减少汽车使用的潜力（图 3-9）。较短途汽车出行的人，可选替代出行方式的可能性最大，而外伦敦短途汽车出行的人最多。

不同居住地区的特点，对该地区人们改变习惯的意愿有很大影响。

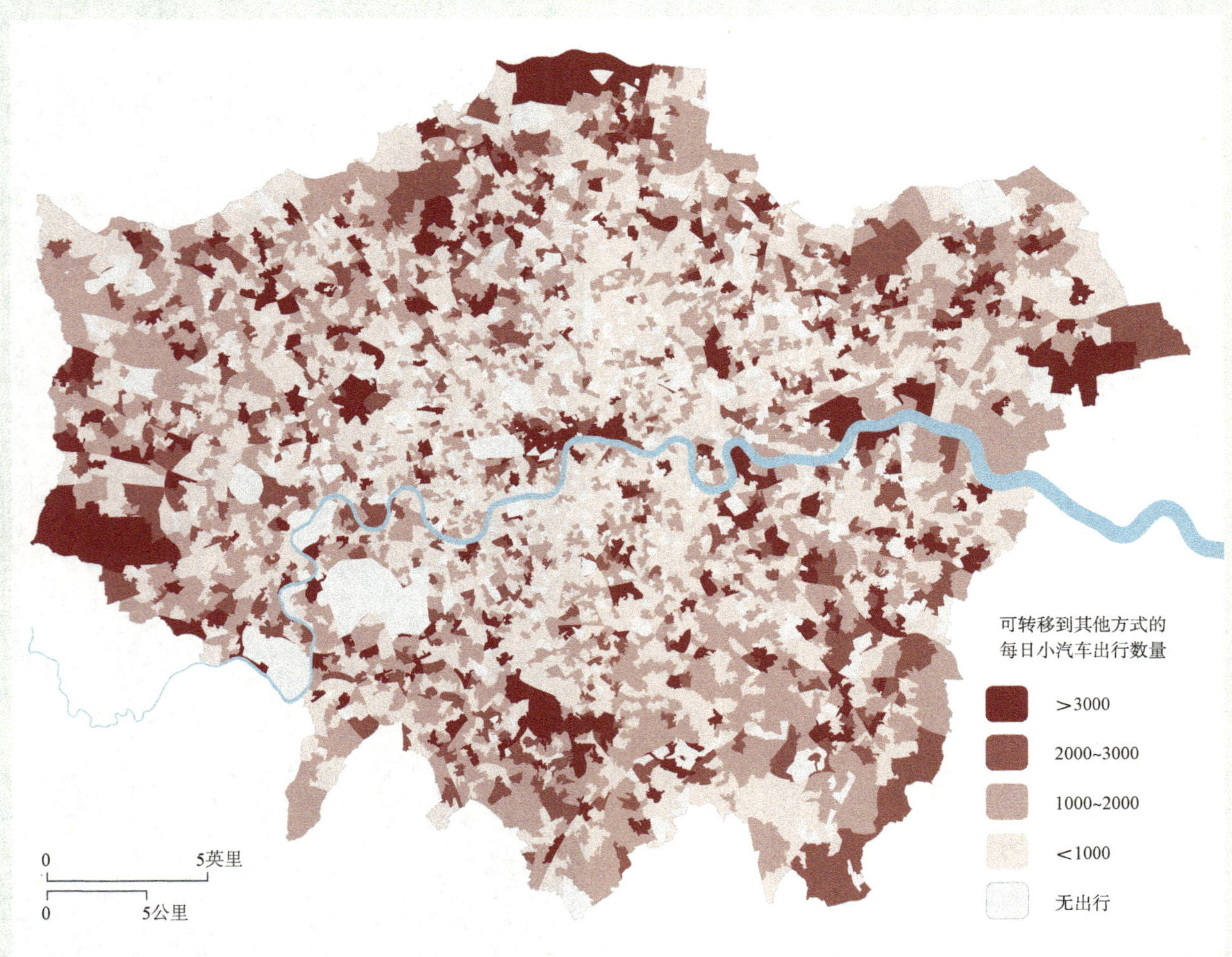

图 3-8　可被步行、骑行和乘坐公共交通工具替代的汽车出行量

❶《伦敦的交通分类——分段展示》，伦敦交通局，tfl.gov.uk，2017 年 2 月。

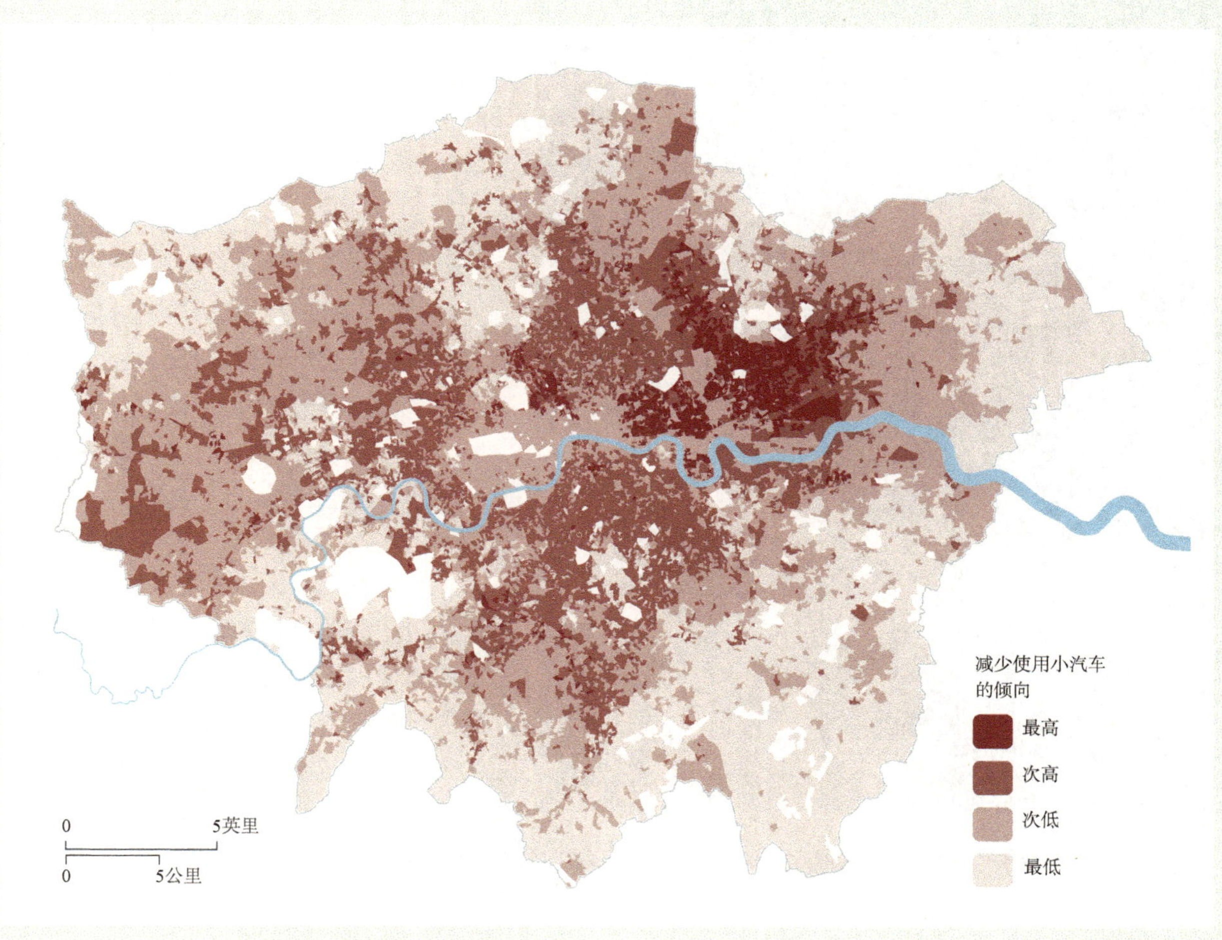

图 3-9　伦敦居民愿意减少自己汽车使用率的程度

居住在人口较密集地区的人们，更愿意改变自己的出行方式，因此，随着伦敦人口密度的不断增加，会有越来越多的人放弃汽车出行，改为其他方式。研究还表明，整个伦敦已有很多市民表示，如果有较理想的替代方式，他们愿意减少使用汽车的次数。这意味着，为减少汽车使用，必须为步行、骑行和使用公共交通工具创造良好的条件。

五、各行政区缓解交通压力的战略

伦敦不同的地方可能会需要不同的减少车辆需求的方法。伦敦各行政区在他们的交通系统中扮演着重要角色，拥有并管理着伦敦 95% 的街道。各行政区的政策和高速路团队在减少当地的交通需求和管理拥堵方面有着极为重要的作用，伦敦交通局将继续与他们密切合作，改善他们的街道和公共空间，管理地方的交通需求，同时确保达到战略的各项目标。

提案 22

市长通过伦敦交通局将为各行政区缓解交通压力的战略提供支持，包括通过执行计划（如果这些计划将与本战略列出的政策和提案保持一致的话）的筹资过程提供支持。

伦敦各行政区需要彻底改变思路，采取迫切需要执行的管理措施，解决当地的交通和运输问题，完善当地的公共交通设施。伦敦交通局将为各行政区提供支持，包括制订和执行管理方案等。伦敦交通局将与各行政区一起努力，确保这些管理方案能在整个伦敦地区协同一致，以便提高效率和降低成本。

提案 23

通过伦敦交通局，市长将与那些希望制定和实施适当交通管理措施的各行政区合作，这些措施包括地方（伦敦交通局或各行政区）道路使用费或工作场所停车费方案等（这些方案作为缓解交通压力战略的一部分，必须与本战略中列出的政策和提案保持一致）。

聚焦 9：各行政区缓解交通压力的战略

缓解交通压力战略，应作为《地方执行计划》的一部分，由各行政区自行制订，目标是减少整个伦敦的汽车和货运交通量。这意味着为汽车出行提供替代方案、减少不必要的出行、注重高效利用街道空间、支持无汽车生活方式、采取措施减少货运交通（或调整货运交通时间）等。整个伦敦各行政区采取的方案会有所不同，具体取决于该自治市位于伦敦中心区、内伦敦还是外伦敦，同时还应考虑到本地的需要和民众愿望。整体缓解交通压力的措施和提案见本战略，更多关于其如何被各行政区应用的细节见市长的《地方执行计划指导》。

1. 提高汽车替代方案的有效性、可持续性和可靠性

替代汽车的出行方案应加以改进，以确保它们的效率、可靠性和吸引力。这意味着需要采取改善步行和自行车出行环境、增加绿色基础设施增强道路体验、改进道路标识、提供更多安全的自行车停放处等措施。应考虑采取提高公交车优先权的新措施，以便保证公交车准时准点，改善人们乘坐体验。改进的上班、上学出行新方案也有助于鼓励人们选择不同的出行方式。建立微型配送中心，使送货以步行或“自行车配货”的方式进行。

2. 减少不必要的汽车出行和货运

考虑采用新的方式减少不必要的汽车出行和货运（尤其是较短路途）具有重要的意义。地方道路使用费或工作场所停车费可由地方当局自己决定。停车政策的改变，如采用或扩大车辆停放管制区、采取鼓励措施使居民放弃停车位等，也能降低人们使用汽车的意愿。向污染严重的车辆征收更高的停车费可鼓励人们对清洁能源车辆的使用。通过联合采购能以缩减非基本货运的方式减少交通量（或重新安排时间，避开高峰时间），且有助于鼓励更多的私人包裹递送点远离中心地区，搬到离人们居住地更近的地方。方式正确、规划良好的晚间递送必须防止打扰居民，修订当地原先对夜间递送的限制规定，以便使更多的运送避开繁忙时间。

3. 道路空间的重新划分和开启无汽车生活

应考虑更有效地利用街道空间，以便鼓励人们选择步行、骑行和公共交通工具，包括创建无机动车区、采用“滤过限制”（使用路障等方式阻止机动车进入某些街道）或建立自行车停车处、绿化处和安装座椅等方式。这样做并不是反对使用汽车，而是支持伦敦市民选择更多的出行方式，减少对汽车的依赖。通过这样做，可以为自行车、步行和必要的道路用途让出更多道路空间。伦敦中心区、镇中心和各商业街越来越多的无车日将使人们从一个完全不同的角度感受他们日常生活工作的地方。在内伦敦和外伦敦，作为减少汽车使用各项措施中的组成部分，各行政区对汽车俱乐部的支持能使越来越多的伦敦市民放弃使用自己的私人汽车。

第三节　改善空气和环境质量

一、减少道路交通带来的有害空气污染

所有致癌的柴油机排放物、高水平的二氧化氮（NO_2）以及颗粒物质（PM）导致的空气污染将使伦敦市民的健康状况恶化并缩短其寿命。空气质量较差的社区通常是社会中最易受伤害的。伦敦的交通网络需要使城市尽快达到法定的空气质量水平，在2050年达到实现零碳排放目标，从而保护伦敦市民的健康，表明致力于解决气候变化问题的决心。

即使步行、骑行和公共交通等方式的利用水平提高了，机动车辆仍是伦敦交通的主力。这意味着，有必要加强政策，鼓励这些车辆尽可能清洁并节能。

道路交通通常是使人们工作和生活的地方空气质量变差的主要因素。柴油是氮氧化物（NO_x）排放物的最主要来源，他们使二氧化氮的浓度严重超过法律要求的水平。这一现象产生的原因之一是某些柴油车辆排放标准在一段时间后效果减弱，城市环境中的官方排放测量值与真实的车辆性能之间存在重大差异。

伦敦的二氧化氮含量不符合法律规定的二氧化氮限值（图3-10），市长正致力于采取紧急措施。

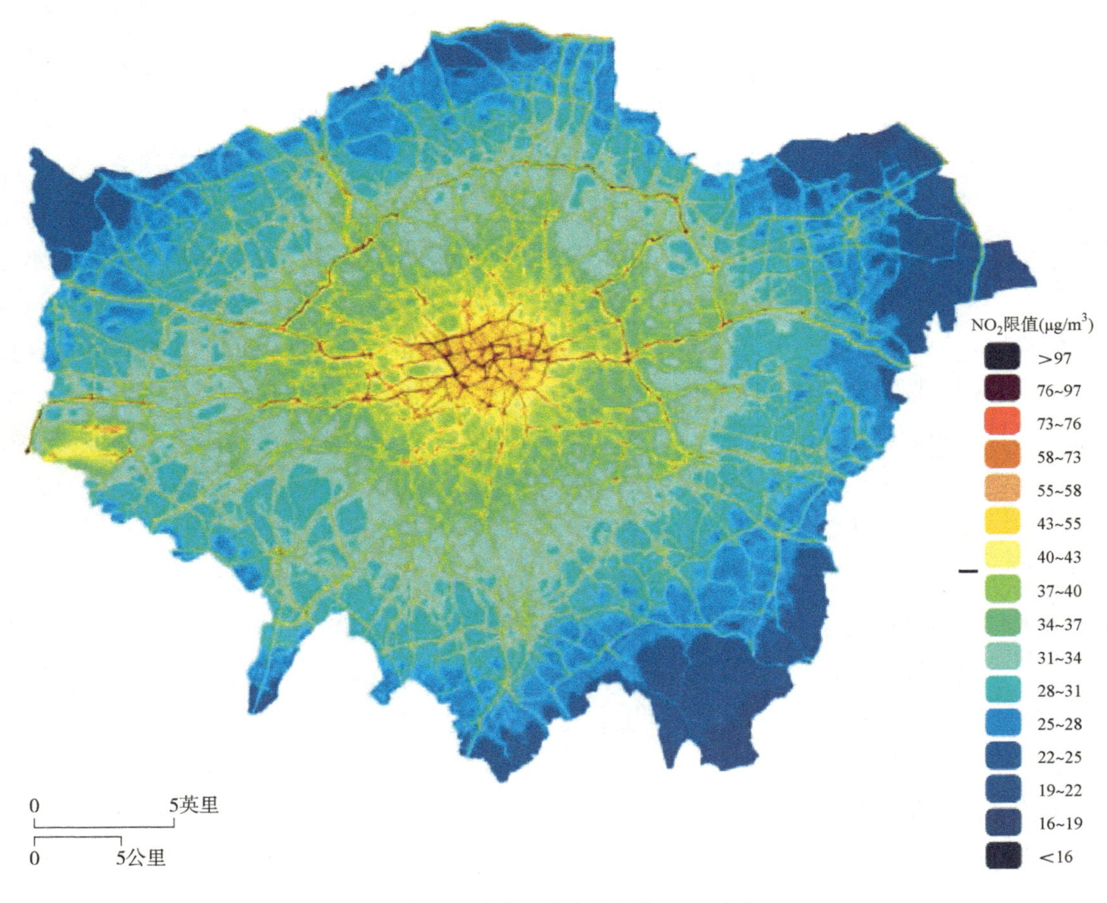

图3-10　伦敦二氧化氮水平（2013年）

政策 6

市长通过伦敦交通局和各行政区与参与方合作，采取措施降低伦敦街道上的车辆尾气排放（尤其是柴油车排放），提高空气质量，使伦敦尽快达到英国和欧盟的法定限值标准（图 3-11）。可采取的措施包括改装车辆以减少排放、促进车辆电气化、道路收费、征收停车费 / 税、采取责任采购政策、制定交通限制条件 / 法规以及采取地方措施。

根据 Euro 6 欧洲车辆类型审批程序对汽车和厢式货车进行的真实测试，以保证新车辆的污染水平低于之前的型号。真实测试已经证明，这一政策对于重型货车、公交车和客车非常有效。采取措施加速车辆向新型、清洁车辆转换虽然迟迟未执行，但对于伦敦的空气质量将产生积极影响。

2017年

毒气税和低排放区费

车辆类型②	最低排放标准	每日费用（英镑）
	Euro 4	10(仅限拥堵收费时段)
	Euro Ⅵ	10(仅限拥堵收费时段)
	Euro Ⅵ PM	200
	Euro 3 PM	100

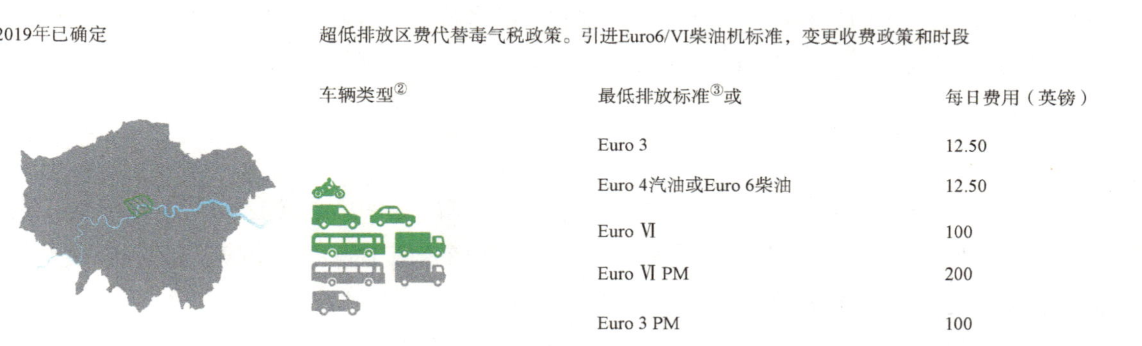

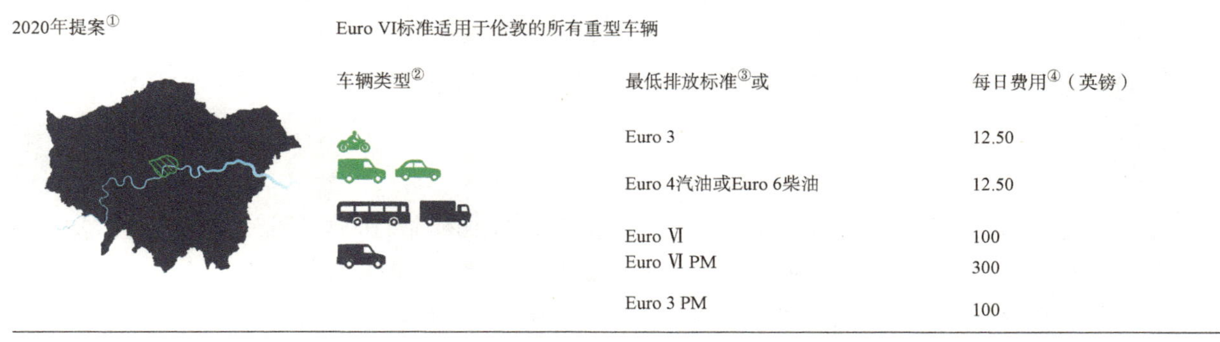

图　3-11

注意：在阴影区域，两种颜色表示的标准均适用。

①这些提案有待协商，可变更。

②车辆类型仅供参考，还包括其他车辆。

③最低排放标准主要针对氮氧化物和颗粒物质，除非另行规定。

④每日费用仅供参考，可变更。

图 3-11　超低排放区费提案

市长将进一步加速伦敦清洁车辆的转换进程，引进了 Euro VI 要求，适用于伦敦的所有重型车辆（重型货车、公交车、客车和其他特殊车辆）。将超低排放区排放要求从伦敦中心区扩展到南北环路（适用于轻型车辆，如小汽车、厢式货车、轻型客车、摩托车和类似车辆），如图 3-10 所示，这使得内伦敦地区的所有车辆均符合车辆排放标准。目前，内伦敦超低排放区的精确边界线［包括是否包含南北环路（不含）内的区域］有待商榷。

提案 24

通过伦敦交通局，市长争取引进伦敦中心区超低排放区费（ULEZ），从 2019 年开始收费，到 2020 年对伦敦的所有重型车辆实施更严格的排放标准，到 2021 年将超低排放区费覆盖内伦敦地区。

如上所述，内外伦敦的健康街道方案需要大大增加公交车出行量。重点是要确保此类出行不会使环境恶化程度增加。因此，市长正努力保证所有伦敦交通局公交车满足柴油的最高清洁标准——Euro VI 标准，并引进了“低排放公交区”的理念，在该区域内，能源清洁度最高的公交车优先在污染严重区行驶。2013 年和 2021 年减少道路氮氧化物排放情况如图 3-12 所示。

提案 25

市长通过伦敦交通局将确保到 2020 年所有伦敦交通局公交车满足氮氧化物和特定物质达到 Euro VI 柴油标准，主要措施包括加快新型车辆转型进程，利用可靠的改装技术，创建优先低排放公交区。

全伦敦范围的高污染情况每年都会发生几次，但极高污染的情况非常罕见。重要的是，公众要对此事完全知情，同时，伦敦的交通网络在降低健康危害方面应发挥其应有的作用。当预测到高污染爆发时，可采取针对限制车辆使用的紧急措施，以使暴露在污染中的时间最小化。

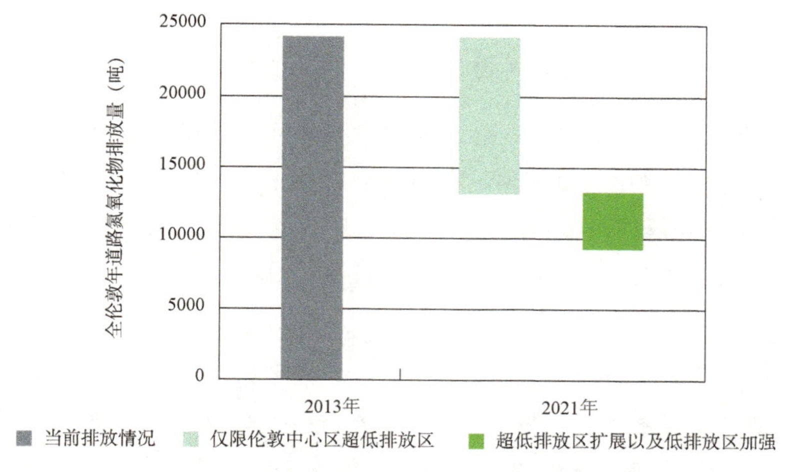

图 3-12 2013 年和 2021 年减少道路氮氧化物排放情况

提案 26

市长将通过伦敦交通局和各行政区，创建一个全面警报系统，告知伦敦市民有关空气污染爆发的情况，在适当的地方，将执行额外的紧急措施，在非常高的空气污染风险预警或在实际爆发期有可能直接导致不利健康影响时，减少或限制车辆使用。

新颁发的地方措施“宜居街区”计划同样非常重要，可以从各行政区交通层面解决当地空气质量热点和敏感区域（如学校）的污染问题。伦敦交通局以及各行政区将会采取针对性的措施，履行其法定职责，包括利用道路收费、收取差别停车费、封闭街道和限制车辆、处理发动机空转、促进高效驾驶、建设电动车充电基础设施以及支持零排放汽车俱乐部等手段（若适合）。

提案 27

市长将通过伦敦交通局和各行政区，解决地方空气质量热点和敏感区域（如学校周边）由交通导致的污染问题，包括使用市长的空气质量基金和其他资金。

不能仅仅依赖市长使空气质量达到法律的相关限制要求。政府在协调、支持和采取行动方面发挥着独特且重要的作用。伦敦环境战略将规定尽快实现法律合规所需采取的全面计划，但很重要的一点是，政府目前将财务政策与伦敦及其他城市执行的超低排放区费等政策相结合，有助于禁止污染最严重的车辆上路。

提案 28

市长提出，政府应修正财务激励政策，包括车辆消费税，这样有利于最环保车辆的销售；另外执行全国柴油车辆报废基金政策，使污染最严重的车辆不能上路。

“新颁发的地方措施‘宜居街区’计划同样非常重要，可以从各行政区层面解决当地空气质量热点和敏感区域（如学校）的污染问题。”

二、实现零碳城市和良好的空气质量

若不采取强力措施，交通系统的二氧化碳（CO_2）排放不可能迅速减少以实现市长 2050 年实现零碳城市的宏愿。同样，尽管伦敦目前满足直径小于 2.5μm（PM2.5）污染物的法定限制要求，但伦敦仍高于前沿健康专家建议的 10μg/m³ 的 PM2.5 水平，市长决心到 2030 年实现此项目标。然而，若不采取进一步措施，伦敦预计在 2030 年远不能实现这一目标。

政策 7

市长将通过伦敦交通局和各行政区与参与方合作，争取在 2050 年实现伦敦交通网络零排放，为创建零碳城市做贡献，同时进一步提高空气质量，帮助满足更严格的空气质量标准，包括在 2030 年实现健康要求提出的 PM2.5 指标（10μg/m³）。伦敦的街道和交通基础设施将进行改革，以满足零排放操作要求，并支持和加速向超低和零排放技术转变。

政府刺激使用柴油机来减少二氧化碳的做法意味着地方空气质量会受到影响。不能单纯地尝试扭转这一“柴油机化”现象，而是必须综合考虑空气质量和气候变化。这意味着明确指示采用超低排放车辆（ULEV）以避免迅速回归汽油所带来的不利影响。超低排放车辆包括充电式电动车、插电式混合动力车、远距离电动车以及氢燃料电池车。对于重型车辆，明确表明考虑将减少空气污染物和二氧化碳的替代燃料作为在 2050 年实现零排放之前过渡技术。

只有所有车辆在 2050 年实现零废气排放，才能实现零碳城市目标。政府有关的所有新汽车和厢式货车在 2040 年实现零排放的目标并不是无法实现的，应加速进程，以确保所有新汽车和厢式货车在 2030 年实现零排放，所有新重型车辆（超过 3.5t）在 2040 年实现零排放。伦敦交通局须采取强力措施，以实现零排放交通，并加速向超低和零排放技术过渡的进程，公交车辆首当其冲。实现零排放道路交通所需采取的措施如图 3-13 时间表中所示。

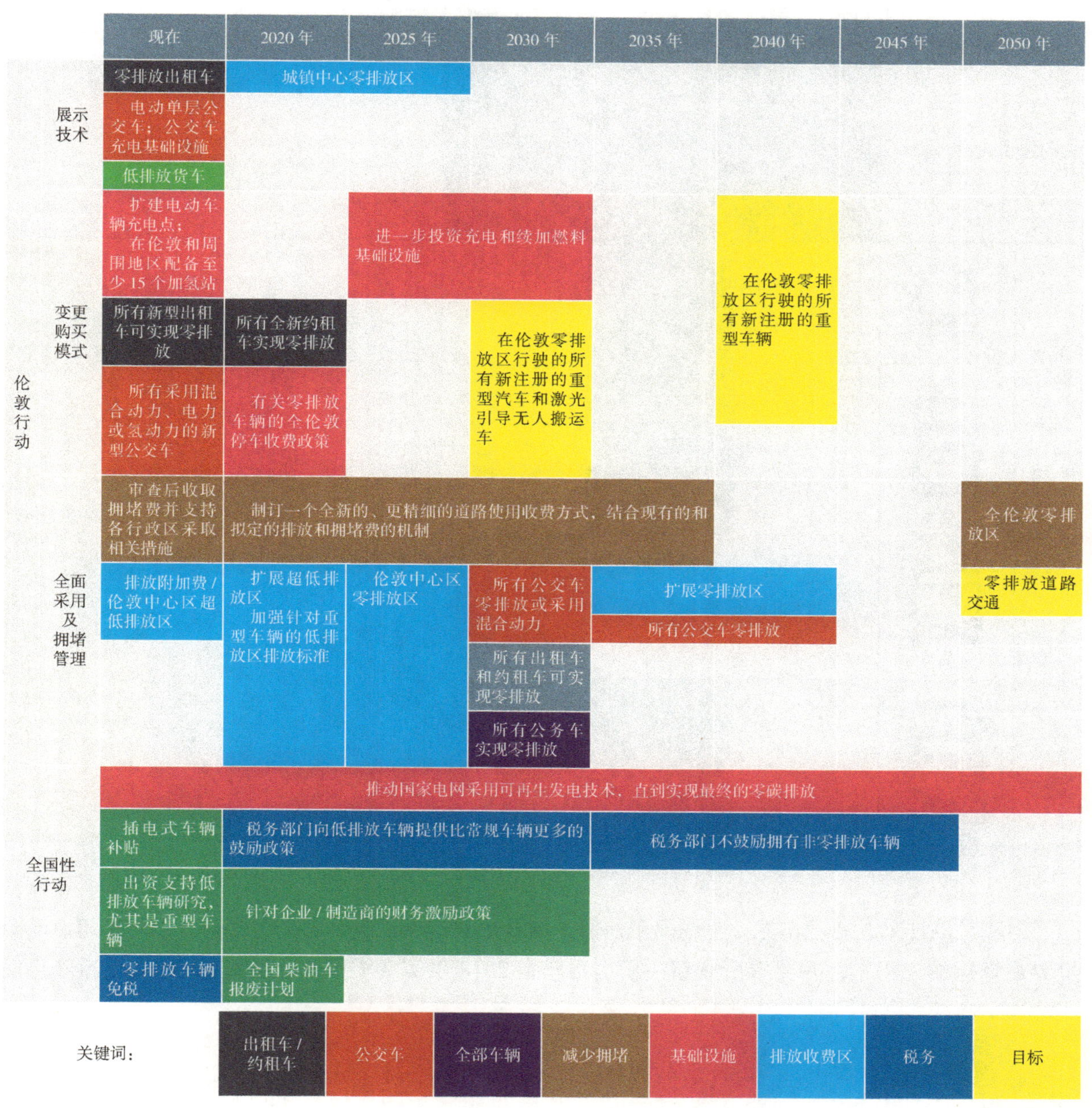

图 3-13　零排放道路交通时间线

零排放公共交通

市长的目标是，伦敦的公共交通应实现零尾气排放。这意味着伦敦的公交车将领先于世界实现向混合动力、电动和氢动力技术的转换。当前的分析表明，全部车辆可以在 2037 年实现完全零排放（图 3-14）。然而，对此问题还需采取进一步措施，伦敦交通局将与供应商协作探讨如何加速这一进程。

提案 29

市长将通过伦敦交通局努力保证，从 2018 年开始，所有新型双层公交车采用混合动力、电力或氢动力。在伦敦中心区，所有双层公交车在 2019 年将采用混合动力，所有单层公交车在 2020 年将实现零排放。伦敦交通局公交车队的目标是尽快实现零排放，不得晚于 2037 年。

<table>
<tr><th colspan="2"></th><th>现在</th><th>2020 年</th><th>2025 年</th><th>2030 年</th><th>2035 年</th><th>2037 年</th></tr>
<tr><td colspan="2">公交车采购和改装</td><td>将现有的双层公交车按照 Euro VI 标准改装；
伦敦交通局仅购买混合动力型双层公交车</td><td>伦敦交通局将仅购买电动或氢动力单层公交车</td><td>伦敦交通局将仅购买电动或氢动力双层公交车</td><td></td><td></td><td></td></tr>
<tr><td rowspan="2">伦敦中心区的公交车队</td><td> </td><td></td><td>所有单层公交车采用电动或氢动力</td><td></td><td></td><td></td><td rowspan="4">所有伦敦交通局公交车为电动或氢动力</td></tr>
<tr><td></td><td></td><td>所有双层公交车满足 Euro VI 标准和采用混合动力车</td><td></td><td></td><td>80% 双层公交车电动或氢动力</td></tr>
<tr><td rowspan="2">内外伦敦的公交车队</td><td> </td><td></td><td></td><td>50% 单层公交车采用电动或氢动力</td><td>90% 单层公交车采用电动或氢动力</td><td>所有单层公交车为电动或氢动力</td></tr>
<tr><td></td><td></td><td>所有双层公交车应至少满足 Euro VI 标准</td><td>超过 85% 的双层公交车采用混合动力、电动或氢动力</td><td>60% 的双层公交车采用混合动力；40% 的双层公交车采用电动或氢动力</td><td>20% 的双层公交车采用混合动力；80% 的双层公交车采用电动或氢动力</td></tr>
</table>

图 3-14 清洁化公交车队

对于长期计划，出租车界一直局限于使用大排量柴油车辆。市政府决定将伦敦出租车建设成全世界最环保的出租车，并要求所有新注册出租车在 2018 年实现零排放（ZEC），从而逐渐停止使用柴油车辆。

提案 30

市长将通过伦敦交通局与参与方协作制订并执行一份全面的计划，通过提供财务激励、必要的基础设施和法规（包括保持出租车使用年限，目前设定为 15 年），鼓励和加速将柴油驱动出租车向零排放车辆的转变，目标是在 2020 年实现至少 9000 辆零排放出租车的规模。

另外，最近约租车的急剧增加（图 3-7）迫切需要减少该领域的排放，主要方式是将约租车向零排放车辆转型。

提案 31

市长将通过伦敦交通局，要求所有新注册的约租车（PHV）满足逐渐提高的最低排放标准。目前，约租车的使用年限为 10 年；自 2020 年起，所有使用年限低于 18 个月的新型约租车需要满足零排放（ZEC）；自 2023 年起，首次注册的使用年限高于 18 个月的约租车需要满足零排放。

重要的是，大伦敦政府及公共部门要优先使用超低排放车辆。

提案 32

市长将努力保证，大伦敦政府及其职能机构在自己的车队中优先采用超低排放车辆（ULEV），并鼓励各行政区采用超低排放车辆。大伦敦政府将努力使所有大伦敦政府内的汽车最晚于 2025 年实现零排放（ZEC）；大伦敦政府的车队中所有新购买的或租赁的汽车和厢式货车（低于 3.5 吨），包括应急车辆，在 2025 年实现零排放；大伦敦政府车队中的所有重型车辆将在 2030 年停止使用化石燃料；整个大伦敦政府车队在 2050 年实现零排放。

三、私有和商务车辆零排放

市长将协助保证超低排放车辆成为需要使用汽车或厢式货车人员的最佳选择，使伦敦在 2050 年实现零排放。伦敦所有新型汽车和厢式货车的目标是最晚于 2030 年实现零排放。伦敦的货运活动也是造成空气质量恶化和碳排放增加的一个因素。通过 LoCITY 计划，伦敦交通局将继续与货运行业合作，协助克服使用较环保厢式货车和重型货运车辆的障碍。

提案 33

市长将通过伦敦交通局和各行政区，引入监管和价格刺激政策，支持伦敦车辆向超低排放车辆转换。

为了成功完成零排放转型，充电基础设施需要彻底改变，包括满足零排放出租车、约租车和商务车辆快速充电的要求，以及与各行政区合作提供路旁住宅充电设施。伦敦交通局将了解住宅充电的长期需求以及作为过渡技术的重型车辆替代能源的潜在要求。超低排放车辆的实现需要大大变更伦敦的能源系统，以保证辅助供电基础设施就位，同时最大限度发挥会产生二氧化碳的基础设施的利用价值。这方面将在伦敦环境战略中说明。

"创建零排放区将成为实现零排放交通的一个重要部分。"

提案 34

市长将通过伦敦交通局和各行政区，协同政府以及全市的参与方确保安装足够且合适的充电和续加燃料基础设施，以支持柴油和汽油动力车辆向超低排放车辆的转型，包括确保伦敦的发电和供电系统可以满足和管理转型工作产生的需求增长。

除了刺激政策和辅助基础设施使现有车辆向超低排放车辆转型外，还需采用非激励因素逐渐停止使用化石燃料车辆。除了引入和扩展超低排放区以外，通过创建零排放区网络而加强排放标准也有助于减少总二氧化碳、氮氧化物和细颗粒物的排放，并须明确表明城市正在向无化石燃料的未来迈进。零排放区很可能要求行驶在其中但未实现零排放的车辆支付道路使用费用（类似于超低排放区或低排放区中的规定）。其他车辆禁止条件和 / 或限制条件也可适用。

创建零排放区将成为实现零排放交通的一个重要部分。市长将与各行政区协作制定并执行镇中心和伦敦中心区零排放区政策，并最晚于 2050 年在整个伦敦推广。这些政策将补充伦敦环境战略中所述的用于减少非交通来源排放的措施。建立零排放区的方法将在接下来的几年内与其他政策和提案一同发展，如创建宜居街区、减少道路危险、更有效地利用街道网络，包括用于货运和服务。任何特定方案将接受法定咨询。

提案 35

市长将通过伦敦交通局和各行政区以及与政府合作，尽力在 2020 年在镇中心执行零排放区政策，旨在于 2025 年在伦敦中心区建造一个零排放区，并采取更广泛的拥堵缓解措施，促使于 2040 年在内伦敦推广更多的零排放区，并最晚于 2050 年在整个伦敦推广。

若想 PM2.5 排放水平得到改善，则需要大大减少轮胎、制动磨损和辅助发动机排放。此类排放在 2030 年预计占道路交通 PM2.5 排放量的约 90%。实现此目标的第一步是通过支持步行、骑行和公共交通以及更有效的运输和服务来减少总的车辆里程数。新技术，包括使用制动能量再生系统，也将有可能减少排放。

提案 36

市长将通过伦敦交通局以及与政府、制造商和其他相关组织合作，努力降低 PM 排放水平，支持并加速技术的开发和学习，减少轮胎和制动磨损以及辅助发动机排放。

聚焦 10：减少非道路交通源的碳排放

除了减少道路交通排放以外，为了实现零排放区的目标，还须减少其他交通形式的排放。对此，交通网络强化以及新基础设施的提供方式须尽可能避免对伦敦能源系统增加额外负担。

1. 铁路排放

铁路电气化将减少二氧化碳排放。到 2050 年，伦敦的所有铁路线路应实现电气化，所有列车都在伦敦内通过零排放动力进行运输。将采取进一步的措施，提高铁路的能效，包括 2017 年投入使用的伊丽莎白线上的新型节能列车，通过车载管理系统以及再生制动可以节约多达 30% 的能源。伦敦交通局将保证，21 世纪 20 年代中叶推广的在皮卡迪利线、滑铁卢及城市线、贝克鲁线和中央线上运行的新型地铁列车将为节能车辆，可以以最少的能源实现更快更频繁的运行。

提案 37

市长将通过伦敦交通局，尽量保证使伦敦交通服务的增长对能源带来的影响最小化。

2. 基础设施排放

市长将减少伦敦交通基础设施的排放。市长新型交通计划（如 Crossrail 2 横贯城铁）将在其寿命周期内积极控制二氧化碳排放，遵循政府基础设施碳评估中规定的原则。

提案 38

市长将通过伦敦交通局，从以下方面减少伦敦的整体排放量：

（1）继续监督、报告和减少伦敦交通局资产和基础设施的操作中产生的二氧化碳排放以及其他空气污染物排放，包括车站、建筑和街道照明。

（2）与参与方（如铁路网络公司）寻求合作，保证最大限度地减少来自交通基础设施施工和运行的二氧化碳和其他空气污染物排放。

3. 内河船舶碳排放

来自内河船舶的空气污染物和二氧化碳排放只是一小部分，但仍然对伦敦整体情况存在重大影响，需要谨慎管理排放，特别是伦敦港口管理局预计在 2035 年水运乘客数量将增加到 2000 万。市长将与参与方协作，提高内河船舶的能源利用效率，在伍利奇轮渡（Woolwich Ferry）投放新型混合动力船只。政府需要新权力来有效控制内河船舶的排放，且市长需要继续游说政府提供此权力。

提案 39

市长将通过伦敦交通局，与伦敦港口管理局协作发布泰晤士河排放战略，减少所有内河船舶的空气污染物和二氧化碳排放量，督促政府采取新立法，保证有效减少船舶的排放。

4. 低碳发电

增加伦敦低碳能源供应的一个重要机遇在于交通基础设施和土地。未来五年内会实现的太阳能发电计划将大大提高伦敦交通局大楼中的太阳能配备水平，伦敦交通局的购买力将进一步刺激伦敦的可再生发电，例如通过市长的“许可简化”计划。同时，伦敦交通局也将在登喜路余热计划（即将北线的热量用于伦敦伊斯灵顿自治市的区域供暖机制）取得成功的基础上寻找其他低碳和可再生发电机遇。伦敦交通局也争取在 2030 年前将其控制下的铁路服务实现零碳排放，将支持伦敦环境战略中规定的实现所有大伦敦政府建筑零碳排放的目标。

提案 40

市长将通过伦敦交通局，尝试执行一系列措施，提高伦敦交通局所有的土地上的低碳发电水平，同时增加资产供电。

战略中规定的措施在2041年会将伦敦的公路、铁路和河流二氧化碳排放量减少72%（与2013年相比，如图3-15所示），并明确规定伦敦交通排放量达到市长有关到2050年建立零碳伦敦的目标。

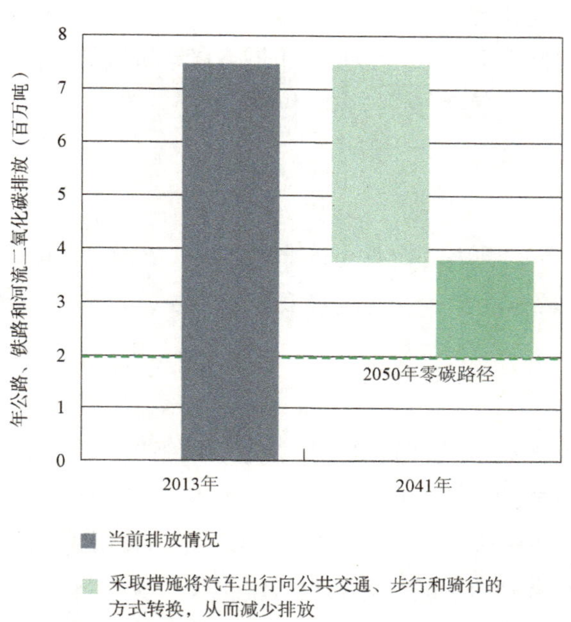

图3-15　2013年和2041年减少公路、铁路和河流二氧化碳排放量

聚焦 11：非道路产生的细颗粒物和其他排放

在 2013 年，施工场地的挖掘机和其他机械［称为非道路移动机械（NRMM）］的排放量占氮氧化物排放量的约 7%，占伦敦 PM10 排放量的 8%。减少此类排放量是很重要的。[1] 非道路移动机械规划政策将在两个区域实行：大伦敦区以及由中央活动区（CAZ）和北道格斯岛（Isle of Dogs）构成的中心区，中心区的排放标准更严格。然而，非道路移动机械低排放区依赖的规划力量并不能有效控制非道路移动机械排放，需要政府获得新的权利。

提案 41

市长将通过伦敦交通局，要求达到或超过非道路移动机械（NRMM）中规定的伦敦道路交通网络施工和维护活动排放标准，并督促政府采取新立法，以保证有效减少所有非道路移动机械排放。

将改善伦敦的空气质量的要求延伸到整个伦敦地下网络中。全面调查表明，PM 的浓度（部分是由列车车轮和制动磨损造成的）在有些地铁网络区域非常高。然而，此类 PM 的成分与地面上空气中的成分不同。另外，电动制动系统使用率的增加以及网络的定期清洁有助于降低 PM 浓度水平。

然而，在此事宜上没有自满的空间，尤其是了解空气质量对健康的影响之后。市长将保证，伦敦交通局会进一步进行有关地铁空气质量对乘客和乘员造成的风险调查，并应采取相应的措施解决新问题（由有力且有说服力的证据支持）。

提案 42

市长将通过伦敦交通局，进一步调查特定物质对于伦敦地下网络造成的健康风险，并采取适当的措施，减轻任何风险的不利影响（若适用）。

[1] 伦敦大气排放清单（LAEI），伦敦数据库，2013 年。

聚焦 12：自然和人造环境及气候变化适应能力

1. 自然和人造环境

市长致力于将伦敦打造成一个国家公园城市，其中超过一半的区域为绿地，自然环境得到保护，绿色基础设施网络得到有效管理，所有伦敦市民将从中受益。

在此背景条件下，保护和加强交通地块的绿色基础设施将有助于改善自然环境，提高伦敦对于气候变化的适应力，并实施健康街道方案。绿色基础设施包括建成绿地和景观，如街道植被和绿色屋顶。绿色基础设施好处多多，包括提高对于恶劣天气和气候变化的适应力，改善空气和水的质量，鼓励步行和骑行，增强生物多样性。改善现有的并提供新的绿色基础设施有利于实现市长关于伦敦绿化面积超过 50% 的目标，以保证所有孩子可以亲近自然。

伦敦具有重要文化价值的人造遗产和遗迹，其中包括四处世界遗址，19000 处国家登记在册的建筑，无数的地方登记资产，1000 处保护区，150 多处登记的园区和公园，以及 150 多座纪念碑。通过设计和相关的公共场所，建筑在定义伦敦的身份和特性方面发挥着重要作用。新建筑应尽可能地补充现有的设施，通过细致设计，可以对人造环境带来积极影响，鼓励人们通过步行、骑行和公共交通出行，鼓励人们在公共场所活动，提高健康街道指标。

政策 8

市长将通过和伦敦交通局、各行政区以及参与方合作，通过以下方式提高伦敦的自然和人造环境：

（1）保证交通机制保护现有的绿色基础设施（若可能），或提供新的绿色基础设施（若损坏），以增强生物多样性。

（2）寻找其他机会，将新的绿色基础设施融入现有的交通产业。

（3）监督和保护交通用地上的指定位置，如重要的自然保护地区。

（4）最大化地保护、促进和增强受交通开发影响的具有文化价值的伦敦建筑遗产和遗址。

伦敦交通局将主要与伦敦各行政区、铁路网络公司和英国高速公路公司合作，寻找额外的绿色基础设施机会，并创建和定期监督生态数据基线，以显示生态多样性的变化。

“绿色基础设施好处多多，包括提高对于恶劣天气和气候变化的恢复力，改善空气和水的质量，鼓励步行和骑行，增强生物多样性。”

道路车辆影响人类健康，同时也对自然和人造环境造成不利影响。他们会导致建筑污垢沉积，并腐蚀某些建筑材料。土壤中氮气水平的提高也会损坏自然生态系统。

行道树可以提供树荫、庇护和散热，有助于减缓城市热岛效应，使每个人都能享受街道。

提案 43

市长通过伦敦交通局和各行政区，可以在伦敦道路交通网络（TLRN）和各行政区路上保有现有的树木并种植新的树木，以保护绿冠覆盖。伦敦道路交通网络上的行道树数量将在 2016—2025 年间每年增加 1%；市长将鼓励各行政区增加街道两侧的树木数量。

近年来，伦敦每年将铺设相当于两个半海德公园的绿地[1]。这一额外的不透水地表区域也将增加地表洪水产生的可能。为了执行伦敦可持续排水行动计划中提出的建议，交通项目应集成可持续排水系统（SuDS），如绿色屋顶、雨水花园或沼泽地，帮助减少地表洪灾的风险。

提案 44

市长将通过伦敦交通局和各行政区，创建可持续排水系统（SuDS），每年新增有效地表面积 50000m^2，使排水首先进入 SuDS 设施，而非常规的排水沟。其他非道路交通项目也可以在设计上实现适当的绿地径流率，并保证地表径流尽量靠近其源头（根据《伦敦规划》中有关排水等级的规定）。在所有情况下，排水在设计和执行上应满足其他市长优先项目的需求，包括改善水质、高速公路网络生态多样性和便利性。

街道照明除了能源消耗大以外，还导致光污染，会影响人类健康并损害自然生态系统。伦敦交通局将继续在伦敦道路交通网络上安装低能耗路灯，以减少能耗和光污染，也鼓励各行政区采取类似措施。

通过设计新基础设施以便更节约资源并促进循环经济，有机会减少自然资源的消耗，使废物产生最小化和回收利用废物，从而减少对自然环境的影响。这应包括可持续性管理

[1] 《伦敦：花园城市？》，伦敦野生动物信托，2010。

新型交通机制产生的施工废弃物和工地废渣料。伦敦交通局也将支持伦敦环境战略中规定的市政垃圾和循环经济措施。

提案 45

市长将通过伦敦交通局，鼓励交通提供商遵守大伦敦政府责任采购政策的指导方针，从而支持伦敦向循环经济过渡。

2. 气候变化适应能力

气候变化已经对伦敦交通造成不利影响。例如，2016 年 6 月，因洪水造成伦敦铁路网络大部分区段关闭，这强调了气候变化可以带来的潜在破坏力。恶劣天气事件（如热浪、干旱和强降雨）是一个气候警告，预计在频率和强度上会增强。若不采取适当的减缓措施，气候变化将降低公共交通的舒适度、安全性和可靠性，并最终对伦敦经济造成不利影响。气候变化将不成比例地影响最脆弱的人，例如越来越多的老人将受到高温影响。需要对伦敦进行更有针对性的气候变化研究，以便制订节约成本的长远减缓气候变化计划。

政策 9

市长将通过伦敦交通局、各行政区以及与参与方合作，努力确保伦敦的交通对于恶劣天气和气候变化具有足够的恢复力，以便运行服务可以有效地应对恶劣天气事件，同时保证运行安全、可靠，以及良好的乘客舒适度。

气候变化对公共交通提出的主要挑战包括保护铁路资产和街道免受洪水影响，管理公共交通上的热量，在恶劣天气期间保持可靠运行。

提案 46

市长将通过伦敦交通局，和交通部门和伦敦的其他基础设施提供商合作进行专门的研究，以便了解对伦敦交通造成不利影响的恶劣天气和气候变化，并对其进行排序，将对最脆弱用户组的影响降到最低。伦敦交通局将领导伦敦交通部门进行此项工作。

一旦分析完风险和成本，应以 3 种方式采取措施：

（1）包括施工和资产更新中的适应措施，以最节约成本的方式适应；

（2）保证重大项目在设计上可以在整个寿命期间适应恶劣天气情况；

（3）确定进行恶劣天气适应预干预的高优先级位置。

提案 47

市长将通过伦敦交通局力图制定和实施基于实证的措施方案，以调整现有的、设计和建造新的交通基础设施，使其在恶劣天气情况以及气候变化影响下具有足够的恢复力。

“恶劣天气事件包括热浪、干旱、强降雨，并预计会在频率和强度上增强。”

聚焦 13：交通噪声和振动

世界卫生组织已经确认，噪声是继空气质量问题之后导致健康问题的第二大环境因素。[1]持续较高的声音水平会导致听力受损、高血压、心脏病、压力和睡眠紊乱。道路交通是伦敦噪声和振动的一个重要来源，十大健康街道指标的其中一项就是“不要过吵”。

提案 48

市长将通过伦敦交通局以及与各行政区合作，通过以下措施减少处于道路交通造成过大噪声和振动环境下的伦敦市民数量：

（1）通过鼓励从汽车出行到步行、骑行和使用公共交通的方式过渡，减少交通量。

（2）通过鼓励使用噪声更小的车辆、降低车辆速度以及减少快速超车和制动等不良驾驶行为，将车辆噪声的影响降到最低。

（3）确保高水平的车道维护，铺设低噪声的道路路面，将道路和街道工程带来的噪声影响降到最低。

（4）监督靠近主要干路的噪声水平，测量道路交通对于受影响社区的不利影响程度。

（5）尝试通过正确设计和管理服务区域、推广负责任的行为、采取最佳方法以及鼓励使用更安静的车辆和设备等减少服务和运输带来的噪声影响。

（6）与交通部合作研究有关减少高噪声车辆噪声的方法，如某些类型的摩托车和超级跑车。

新型铁路基础设施的施工以及铁路服务运行也会造成严重的局部噪声和振动。对于附近的居民，这会造成一定程度的伤害。

《伦敦规划》中还提出了有关机场噪声的市长政策。关于以下方面，参见“聚焦 23：希思罗机场扩建所带来的不可接受的影响”。

[1] 环境噪声引发的疾病负担，世界卫生组织，2011 年。

提案 49

市长将通过伦敦交通局以及与铁路网络公司和列车运营公司合作，尽可能减轻伦敦地铁、轻轨铁路、地上列车、有轨电车和铁路服务导致的噪声和振动的影响，从而使其对伦敦市民健康和生活质量的不利影响最小化。主要措施将包括：

（1）将噪声问题作为铁路工程计划的一部分，采取措施，将其对周围环境的影响降到最低。

（2）规定购买噪声更小的列车。

（3）确保新型铁路基础设施集成有效减少噪声和振动的技术，如减振轨道固定装置。

（4）调查有关铁路施工和／或运营带来的噪声和振动投诉，从源头消除干扰或减轻不利影响。

（5）在施工之前和施工中，若噪声水平可超过平时正常预期和／或听到的水平，需与居民保持坦率的沟通。

（6）从源头减少噪声和振动，从而减轻夜间运行的影响，并采取有效措施应对投诉。

第四章　良好的公共交通体验

伦敦的公共交通网络是世界上最大的城市公共交通网络之一，每日乘坐公交车、有轨电车、地铁、火车和内河船舶的出行量超过 900 万。与 2000 年相比，公共交通系统的使用量已经增长了 65%，主要是由于提升了服务，乘客体验得到改善。

使用方便和高可达性的公共交通系统是健康街道方案的一个重要部分，它为无法通过步行或骑行方式出行的人提供了小汽车出行方式之外的选择。通过对难以用步行或骑行完成出行（不现实或距离过长）的人们提供最有效且最实惠的出行选择，公共交通在过去 15 年内降低了伦敦市民对于汽车的依赖，这一趋势还在继续发展。

> “到 2041 年，公共交通系统需要满足每日约 1500 万人次的出行需求。”

随着城市的不断发展，公共交通需要有能力减少拥挤情况，更积极、高效和环保地支持不断增长的出行要求。如图 4-1 所示，到 2041 年，公共交通系统需要满足每日约 1500 万人次的出行需求。

本章说明了整体出行方法的重要性，其中，公共交通改进是实施健康街道方案的一部分。本章通过四节说明了伦敦公共交通的改进渠道，以及公共交通如何成为优于小汽车的出行方式：

（1）提高安全性、负担能力和乘客服务，使整个公共交通网络方便更多人使用。

（2）改善公共交通可达性，使残疾人和老人能积极且独立出行。

（3）塑造和发展公交网络，根据需求提供便利、可靠、可使用的公共交通选择。

（4）解决拥挤问题，提高铁路出行的可靠性、舒适度和吸引力，使铁路服务成为最有效的长途旅行方式。

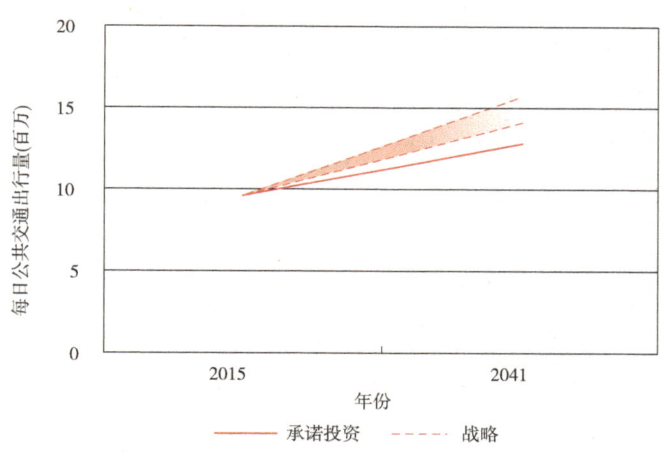

图 4-1　2015 年到 2041 年的公共交通运量增长预测

出行全过程

良好的公共交通体验意味着满足整个旅程的需求（在所有阶段，从规划到返程）。所有公共交通出行以步行或骑行开始或结束，一半的伦敦市内步行从公共交通车站或停靠站开始或结束。[1] 最重要的是将公交车、地铁、铁路和有轨电车服务与街道环境提升结合起来，向伦敦市民提供除了汽车出行之外的其他选择。

然而，车站周围和内部的区域可能很混乱且难以导航，自行车停车位可能无法统一，出行方式之间的换乘也可能比较复杂。

公交车站和停靠站将主要针对积极、高效和可持续的出行进行设计。乘客进入车站后首先看到的将是明确的道路指示和地图、自行车出租设施、公交车连接点以及具有吸引力的、可使用的包容性公共场所，而不是汽车车位和上客 / 下客区。

[1] 《伦敦的交通需求调查》（LTDS），2013/2014 年度—2015/2016 年度，《伦敦交通局分析》。

政策 10

市长将通过伦敦交通局和各行政区以及与各参与方合作，利用健康街道方案执行公共交通和街道的综合改进措施，提供具有吸引力的整体出行体验，促进从汽车出行到其他出行方式的转型。

无论出行的距离有多短，停靠站或车站之间的步行是很多人保持健康的一个重要部分。对于更综合的交通系统来说，一个关键措施是使每天步行或骑行至少 20 分钟的人口比例每年都保持增长。

健康、高效和可持续的出行方式选择每次必须是最便捷的选择，尤其是在交通方式的换乘处。这需要优质、安全的自行车停车位，满足当前需求以及未来增长的需求。公交车、自行车出租、拨号叫车服务以及社区交通服务需要便于使用和便于导航，出租车停靠站也需便于到达。

提案 50

通过伦敦交通局、各行政区，市长使得改进情况可以根据健康街道指标进行衡量和排序，以改革公交车、地铁、伦敦地上铁、轻轨铁路和其他车站周围以及码头周围的街道空间和交通设施的设计和布局，创建安全、可使用、自给自足、受欢迎、精心设计的公共交通通道和路线，包括提供：

（1）满足当前和未来步行流量的充分空间和需求线路的相关性。

（2）提供高质量骑行设施（遵守伦敦骑行设计标准），包括安全且位置良好的自行车停车位。

第一节　提高安全性、经济性，提高乘客服务质量

一、公共交通安全下的零伤亡愿景

伦敦市民希望公共交通服务可以安全运行，在管理和政策上确保其个人安全。在安全运行多年后，2016 年 11 月桑地兰兹路口的一条弯道上发生有轨电车倾翻事故，其中 7 人丧生，50 余人受伤。这一悲剧警醒我们，安全是最重要的。伦敦交通局将执行从铁路事故调查部门（RAIB）报告[1]和更广泛的有关伦敦交通局[2]运行的独立调查报告中获得的相关经验。伦敦交通局将继续更大范围地与有轨电车行业合作，保证执行所有铁路事故调查部门的建议，并继续提高有轨电车的安全性。

除此以外，市长承诺保证伦敦市民在整个交通系统安全出行。公共交通网络的所有部分在实现零伤亡愿景中发挥着重要作用，计划到 2041 年消除伦敦交通系统的死亡和重伤现象。本章中的政策和提案说明了对于新型基础设施的投资和服务加强计划以及员工培训等其他因素，将有助于开发一个更安全的公共交通系统。

[1] “2016 年 11 月 9 日克罗伊登桑地兰兹路口电车倾覆事故”，铁路事故调查部门：铁路事故报告，2017 年 12 月。

[2] “2016 年 11 月 9 日克罗伊登桑地兰兹电车倾覆事故”，伦敦交通局委员会报告：安全可持续性人力资源专家组（铁路事故调查部与伦敦交通局联合调查），更新于 2018 年 1 月 22 日。

优先事项包括减少使用交通网络本身造成的危险（例如在上车和下车时），更大范围内减少给伦敦市民带来的危险（如平交路口和道路上方的低铁路桥）。

不幸的是，每年会发生多起交通系统自杀事件，对此，将继续采取大范围的措施，包括与铁路行业和撒玛利亚会（Samaritans）等组织合作。

政策 11

市长将通过伦敦交通局和各行政区以及与交通部、铁路网络公司、列车运营公司和其他交通基础设施提供商和服务运营商合作，致力于消除伦敦铁路、地铁、伦敦地上铁、轻轨铁路、有轨电车、河道和缆车服务的死亡和重伤事故。

（1）确保住房和基础设施根据所需的安全标准进行维护，所有新型资产和基础设施在设计时考虑“零伤亡愿景方案”。

（2）确认并执行新方法，减少或消除受伤率。

（3）对员工进行岗位培训，使其帮助乘客和用户保持安全。

（4）开发向乘客和用户通知安全信息的新型、更具创新思维的方式。

（5）对维护和其他承包或授权的支持服务进行适当的安排。

（6）与应急服务部门密切合作，确保对事故快速回应。

“零伤亡愿景”方案旨在解决包括公交服务在内的道路危险，具体请见第三章。

二、价格实惠的公共交通

全面包容的公共交通系统可使所有伦敦市民都能够利用这座城市所提供的一切机会。无论是在现在还是未来，一个价格实惠的票价体系是鼓励人们从小汽车出行转向公共交通出行的关键。

为了确保人人都能够负担得起公共交通，将继续推行目前的优惠政策（例如自由通行卡）。此外，在 2020 年之前，已经固定了各类有关伦敦交通局现有服务的单程票，降低了使用伦敦交通局服务的实际成本。2016 年 9 月新推出了“Hopper”票价，并且该票价策略将延长至 2018 年 1 月，乘客可以在一个小时内无限制地换乘公交车或电车，期间也可以采用 Oyster 模式进行其他出行。对于需要多次换乘公交车或电车的出行，此举改善了其可负担性。特别是对于那些无法负担长途铁路出行的人群，此举可帮助他们节省开支，相较于小汽车出行，公交车或电车使出行更具成本竞争力。

政策 12

市长将保证公共交通票价维持在所有伦敦市民均能够负担得起的水平。

但是，对于不使用伦敦交通局服务的公众，他们将承担价格更高的票价。如果此类铁路服务的运营权能够下放至伦敦交通局，其票价将与伦敦市交通局的廉价票价政策保持一致，在 2020 年以后保持票价的可负担性是第一要务。为了使这种实惠的公交服务尽可能惠及更多的伦敦市民，无论这些服务是否由伦敦交通局提供，都应在伦敦市的整体交通系统内施行统一的票价结构和政策。

提案 51

虽然政府尚未出台关于进一步下放伦敦铁路管理权的决定，但是，市长将敦促政府在 2020 年之前配合伦敦交通局的固定票价政策，并在 2020 年以后优先考虑票价的可负担性。

三、提升乘客服务

在伦敦，几乎所有居民、工人和游客都是其交通系统的乘客。近年来，伦敦的出行体验已经得到显著改善。但是，考虑到质量、可靠性、信息提供以及不同交通选择之间的统一整合，伦敦的整体交通网络仍然存在众多矛盾。这样的问题会造成个人压力，概括地说，会削弱伦敦市民对公共交通系统的信心。因此，急需提高服务质量，以使更多伦敦市民能够主动使用公共交通工具来替代小汽车。

政策 13

市长将通过伦敦交通局和各行政区与参与方合作，使用户可以更方便、更愉悦地使用公共交通网络，使乘客能够享受到舒适、自信、安稳、信息通畅且无压力的出行。

1. 做好基础工作

对于各类出行方式，乘客最看重的是服务提供商“做好基础工作”。这意味着提供商要提供可靠的公共交通服务，让乘客安全准时地到达目的地。乘客在出行时应获得准确的实时信息和帮助。不同公共交通服务以及步行和骑行的换乘应简单便捷。

这意味着伦敦的铁路和地铁网络应提供更多车次、更可靠的列车；推行更公平、更直观的票价（包括在更多伦敦郊区车站推行 Oyster 方案和非接触式支付方式）；建设现代化、配备服务人员的车站；就出行中的各阶段提供相关信息。对于公交网络，在服务中断和延误期间提高乘客信息服务，改善车上服务（例如提高清洁度，增加座位和空调的舒适度）。针对公交车站，制定新乘客服务标准，面向所有公交车驾驶员和一线人员开展以乘客为导向的培训，持续重视质量问题，尤其是对于老年人和残疾人。

伦敦每天的出行量达到了 2700 万次，一些时候出现问题是不可避免的。所以，当出现问题时，伦敦交通局和其他交通服务提供商能够为乘客提供的支持服务是非常重要的。当服务中断时，应为乘客提供最新信息，使用户能做出其他出行安排。乘客应相信工作人员能够帮助他们，因为工作人员具备充足的知识，有能力在乘客需要时提供帮助。

应该使乘客感觉他们能够信任票价系统。重要的是，向用户收取最低的费用，并且无论任何问题都能及时解决。在此承诺中，伦敦交通局与其他运营商应采取措施，减少在乘客忘记“刷卡下车”时收取最高票价的次数，例如，对于使用 Oyster 和非接触式支付方式的乘客，可根据其出行历史记录收取平均票价。而且，当乘客因任何原因需要退款时，退款流程应简单。

2. 一致的服务水平

乘客非常重视始终如一的优质服务，将更多的伦敦郊区铁路网络交由伦敦交通局管理有助于实现这一点，从而在现有地铁和地上铁路网络之外的地区，为车站配备充足的服务人员，保证服务水平的一致性。伦敦交通局已经证明了他们能够改善伦敦的交通系统，让乘客满意。图 4-2 展示了伦敦交通局在接管并投资了伦敦地上铁路网络之后所做出的改进。

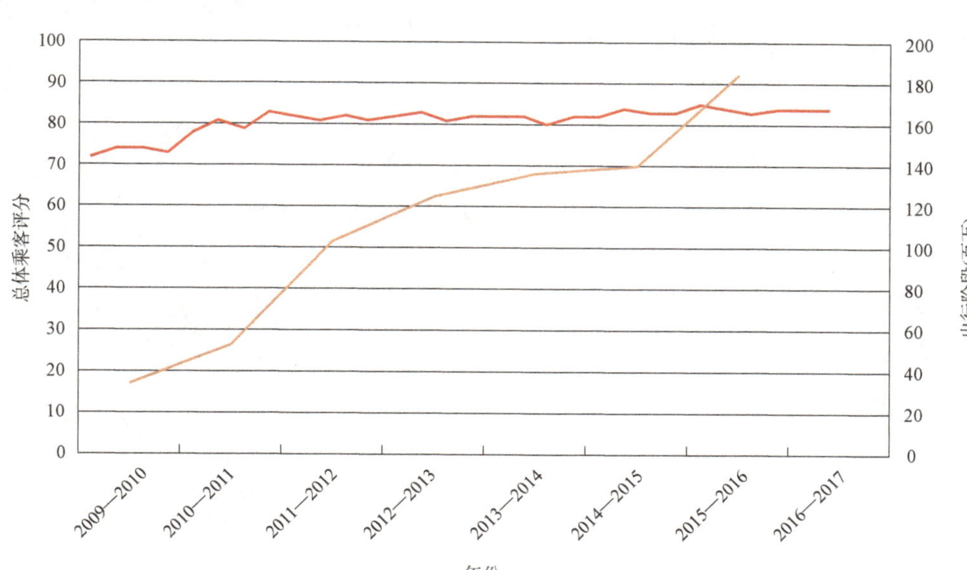

图 4-2　2009/2010 年—2016/2017 年伦敦地上铁路网络用户评分及乘客出行阶段

伦敦市民的出行习惯正在改变，非高峰期、周末和夜间的公共交通服务也需要得到更好的发展，使伦敦成为一个面向所有人开放的 24 小时不夜城，实现繁荣的夜间经济。将郊区铁路服务下放由市长负责，将有助于实现服务整合，为整个公共交通系统内的乘客提供更一致的服务体验。

3. 创新

现在有 80%以上的伦敦市民使用伦敦交通局的网站，500 万人关注了伦敦交通局的 Twitter 账号。此外，超过 40%的伦敦市民使用由伦敦交通局数据支持的 600 个应用程序。随着新信息技术的出现，乘客期望继续改进。乘客服务创新是吸引伦敦市民使用公共交通、步行和骑行的关键，同时还要让这些服务更便捷、更具包容性。

对于铁路和地铁网络，越来越多的车站提供 WiFi 网络，有助于工作人员为乘客提供信息。为工作人员配备移动设备，为乘客提供实时信息，将个性化的实时信息整合到出行规划和Twitter出行通知中。伦敦地铁是英国最引人瞩目的“盲点”之一，通过改善现有的紧急通信技术，将在伦敦地铁上实现4G移动通信覆盖。由此带来了一个提供公共移动电话服务的独特机会，在2019年，伊丽莎白线路将成为首条提供4G网络的线路之一。

对于公交网络，可以改变车辆布局和品牌，以应对乘客对于不同类型线路的需求。另外，还可以探索全新的“机动性”模式（例如，需求响应型服务），这些模式可以使公共交通工具成为比汽车更具吸引力的选择。

提案52

市长将通过伦敦交通局和各行政区与其他交通运营商合作，改善整个交通系统的乘客服务水平，聚焦于：

（1）加强员工培训，包括培训公交车驾驶员。

（2）在所有的交通方式中提供相同水平的服务（包括从交通部下放的铁路服务）。

（3）充分利用乘客服务新技术和创新，包括提供地下移动通信网络。

第二节　提高公共交通的可达性和包容性

使公共交通系统更加便捷、更包容是改善残疾人和大量老年人整体出行体验的关键，同时也应保证所有伦敦市民能更方便地使用公共交通工具。交通系统应满足各类残疾人的出行需要。包括存在心理健康问题、长期健康状况不佳、行动不便、视力或听力障碍的残疾人。

然而，目前的公共交通系统可能会对残疾人和老年人造成一系列障碍。这些障碍包括面对复杂的交通网络，需要提前且频繁地做出具体的出行规划，工作人员的可用性和服务能力不一致，以及车站和换乘处不方便到达。这些障碍对出行的限制程度因人而异，某些障碍由于会导致人们完全无法使用公共交通网络，因而对人们的出行产生巨大的影响。

要想解决这些障碍，创造一个更便捷、更包容的公共交通系统可以使残疾人和老年人采用新方式出行，同时让当前的出行更加轻松快捷。让更多人享受到伦敦所提供的各种机会，这将有助于提高社会融合度，形成更具包容性的城市。

除了提高可达性，还应该保障市民使用的各类出行方式和出行空间能够更好地连接起来。考虑到所有用户的需求，车辆、站牌、车站、街道应尽可能设计得具有包容性，且方便使用。通过提供优质信息和沟通，重点关注乘客的需求，尤其是当服务延误或中断时，应能够提供乘客支持和协助。

可达性和包容性也意味着公众的出行安全有保障。交通运营商必须重视各类出行需求，以帮助改善其服务。他们应该在交通规划和实施的各个方面中融入可达性和包容性。

政策 14

市长将通过伦敦交通局和各行政区与参与方合作，加强伦敦的街道和公共交通网络，使残疾人和老年人能够更轻松地自发独立出行，使交通系统可以抵达任何地点，减少残疾人和老年人额外耗费的出行时间。

一、实现自发独立出行

目前，45%的残疾伦敦市民认为使用公共交通来规划行程和进行出行的压力很大，有时候不得不依靠工作人员的协助来上下车，而且如果服务延误或中断，通常很难有其他备选方案。这种情况可能使残疾人和老年人感觉难以依靠公共交通工具自发独立地出行，无法做到“说走就走（Turn up and go）”。

继续改进出行规划工具和旅行指导程序是非常重要的，因为其有助于残疾人和老年人建立对公共交通网络的信心。当有需要时，是否可以方便地获得工作人员的协助对于残疾人和老年人自发独立出行也具有重要意义。

在提供服务期间，伦敦交通局在各地铁站、伦敦交通局管理的火车站和地上车站配备了工作人员，同时，部分码头、所有船只、阿联酋航空航站楼和维多利亚长途汽车站（VCS）都配有工作人员。有轨电车和公交车配备专门驾驶员，每辆码头区轻轨列车（DLR）上都配备了一名客运服务助理。这意味着：

（1）无须提前预订即可享受伦敦交通局的服务。

（2）车站工作人员可以陪同乘客找到列车，帮助他们上车，包括提供活动梯，客户仅需要通过无障碍通道即可进入站台，安排往目的地。另外还鼓励工作人员为那些看起来需要帮助的人提供协助。

（3）如果在地铁站、伦敦市交通局火车站或地上铁车站无法使用无障碍通道，工作人员将帮助乘客规划替代路线，或者如果没有合理的替代方案，则预定出租车（费用由伦敦交通局承担）将乘客送至目的地或另一配备无障碍通道的车站，使他们能够继续出行。

（4）码头区轻轨列车和有轨电车上的工作人员可提供协助。

（5）在维多利亚长途汽车站、阿联酋航空航站楼、码头和船只上，应可以快速地找到工作人员。

（6）可通过伦敦交通局网络，找到问询处，及时获取帮助，以获得信息或在紧急情况下联系工作人员。

“说走就走”服务已经在伦敦地上铁路系统中提供，还将被引入到其他当地停靠服务，这些服务的运营将从英国交通部下放到伦敦交通局。

提案 53

市长将通过伦敦交通局与交通运营商合作，采取下列措施帮助残疾人和老年人自发独立出行：

（1）改进出行规划工具，实现技术进步，使各类工具更易于使用；指导人们做出最方便的出行选择。

（2）提供出行指导和其他机会来帮助伦敦市民建立使用公共交通的信心。

（3）继续在所有由伦敦交通局运营的车站提供当前的“说走就走”服务，当国家铁路服务下放至伦敦交通局时，在其他车站也提供这一服务。

（4）继续根据伦敦残疾人和老年人对于公共交通服务的意见做出行动。

二、使公交车服务更便捷、更包容

公交车通常是老年人、残疾人和带儿童出行的乘客最常用的公共交通工具，后者往往会使用婴儿车或婴儿手推车。公交车是一种相对便利的公共交通工具，因为所有伦敦公交车都严格遵循无障碍要求，且95%的公交车站已支持轮椅通行。目前正在培训公交车驾驶员为无障碍需求用户提供帮助，伦敦交通局与公交运营商合作，确保此类培训能够作为一项日常服务提供。尽管如此，车辆的拥挤程度，抢占指定的轮椅空间以及车辆的内部布局都会对公交车乘坐体验产生负面影响。因此，迫切需要借助未来的公交车设计进一步改善公交车的便利性。

除了使更多公交车站方便轮椅通行，还应在换乘处等关键地方做出更高层次的改进，包括改善候车亭、提高座椅质量、提供换乘信息、找到距离关键目的地最近的站牌、提供优良的步行通道。

提案 54

市长将通过伦敦交通局和各行政区，采取下列措施，改善公交车的便利程度：

（1）继续为所有公交车驾驶员提供无障碍培训，与运营商合作，确保其驾驶员提供的服务水平满足要求。

（2）审核现有的公交车设计，包括增加轮椅空间和改善内部布局，提高出行的方便性和安全性。

（3）确保新公交车能为所有乘客提供更好的无障碍设施，包括车上更多的轮椅空间、改进的上车坡道、感应线圈，以及关于优先座位的一致性标识和信息。

（4）继续升级现有的公交车站，包括无固定停靠站的（hail and ride）路线区段，确保符合轮椅无障碍标准，保证所有新建的和改造后的公交车站支持轮椅出入。

（5）在关键地点提供更方便的公交车站，例如主要交通换乘处、关键的健康与教育枢纽。

三、使地铁、铁路和其他服务更加便捷与包容

伦敦的地铁和铁路网络为数百万人提供了出行机会，但是对于老年人或残疾人以及携带儿童出行的乘客，由于需要无障碍通道，所以他们的出行有时候会遇到困难，耗费的时间也比其他乘客更长。伦敦交通局分析发现，对于通过无障碍通道实现的出行，其耗时平均比最快的路线多 15% 左右，而且，在无障碍通道较少的地铁线路上，其耗时也明显更多（图 4-3）。

要想释放伦敦铁路和地铁网络的全部潜力，对车站和服务进行包容性和无障碍设计对于包括残疾人和老年人在内的所有伦敦市民而言是至关重要的。这些服务包括提供清晰的最新通道信息，合理且一致的导向标识系统，铺设盲道，采用触感舒适的扶手、操作简单的售票机，为站立困难的用户提供更多的座位，扩大整个网络中助听感应回路的使用。目前大部分网络都具备这些功能，但是，伦敦交通局将继续检查这些功能，确保其能够使用户持续受益。

伦敦交通局已经定下了远大目标，旨在改善无障碍通道，并且正努力在 2022 年之前使 40% 的地铁网络实现无障碍通行（远高于目前的 26%）。在这期间，伦敦交通局将制定提案，在 2022 年之后交付使用更多的无障碍车站。市长的长期目标是让大量的地铁网络实现无障碍通行，由于某些车站的使用年限和布局，很难彻底实现无障碍通行。铁路网络公司必须继续建设无障碍国家火车站，从而提高总体交通网络的便捷性。必须在车站提供平台通道、平台隆起和上车坡道，方便人们上车，同时，配备经过培训的工作人员来协助乘客，为视力障碍患者和轮椅使用者等需要帮助的乘客提供“说走就走”服务。

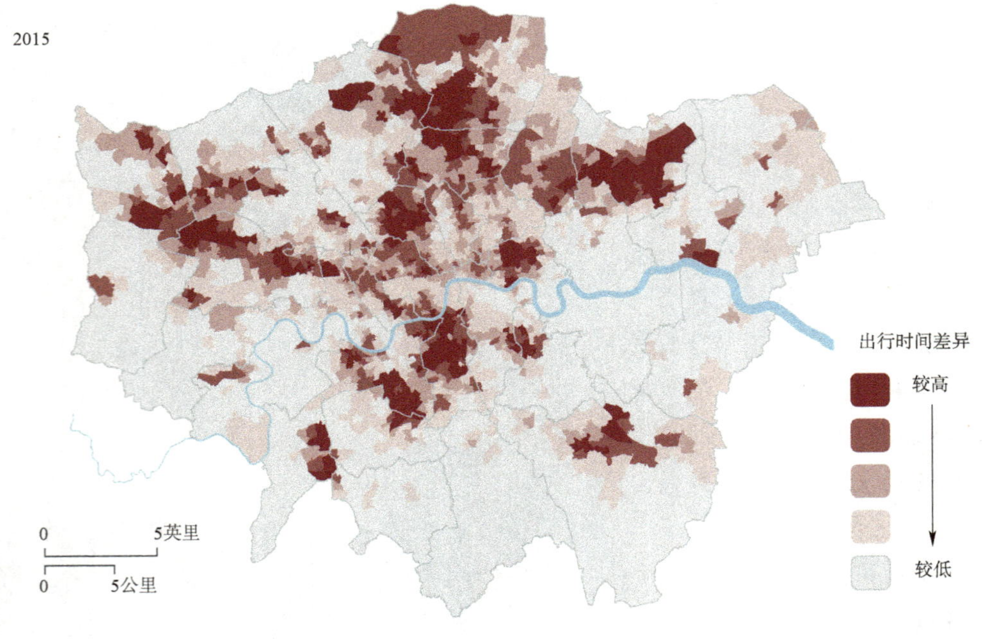

图 4-3　2015 年和 2041 年使用无障碍网络与完整网络的出行时间差异

地铁改善项目将通过下列两种主要途径，使残疾人、老年人和携带儿童的乘客受益。第一，该项目将提高运力，降低拥挤程度（残疾人出行面临的最大障碍之一）。第二，作为项目的一部分，新引入的列车将整合包容性设计功能，例如提供轮椅和婴儿车空间，改进照明，提供视觉和听觉实时信息。这些设计以及在某些车站设置的隆起平台也将使轮椅乘客更容易地上下车。

新基础设施将在设计之初考虑便捷性和包容性，因此新线路和扩建线路将为残疾人和老年人开辟更多出行机会。最显著的是伊丽莎白线路和和 Crossrail 2 横贯城铁将使残疾人和老年人更方便地进出伦敦中心区。

除了公交车、铁路和地铁服务之外，为了保证整个出行的便捷性，还应继续改善出租车停靠站、河岸码头及其服务、维多利亚长途汽车站（及其潜在替代方案）的可达性。

提案 55

市长将通过伦敦交通局，与交通部、铁路网络公司以及其他参与方合作，采取下列措施，提高交通网络的便捷性和包容性：

（1）使用包容性设计，例如车站、火车布局以及标志、信息展示、座椅等设施均采用包容性设计，照顾到各类残疾人。

（2）在特定的火车站和地铁站以及新建的基础设施设置无障碍通道，节约那些只能使用无障碍网络的乘客在出行时额外耗费的时间，使无障碍网络占用的出行时间与更广泛的公共交通网络保持在相当的水平。

（3）在伦敦较远的国家铁路火车站提供无障碍通道。

（4）改善出租车停靠站、河岸码头及其服务、维多利亚长途汽车站（及其潜在替代方案）的可达性。

图 4-3 显示了在 2041 年之前，本战略的实施将使得无障碍通行网络与完整网络在出行时间上的差异缩小。

四、辅助交通服务

上述提案将使残疾人和老年人能够更方便地使用公共交通网络。然而，还应为需要上门交通服务的伦敦老年人和残疾人提供更可靠、更便捷的服务，例如伦敦交通局的电话约车服务和伦敦议会运营的出租车卡计划。这些服务以及伦敦交通局的出行指导服务统称为辅助交通服务（ATS）。

伦敦交通局已经审核了辅助交通服务的供给情况，并制定了路线图[1]，要求伦敦在 2021 年之前实现提供全球领先的服务的阶段性目标。该路线图确定了五项设计原则：安全可靠的出行、便捷性、灵活性和选择性、综合性、创新性。该路线图规定的行动包括：建立更简单的途径来获取辅助交通服务，一开始是通过伦敦交通局的网站；更好地告诉伦敦市民哪些服务可以为他们、他们的家人或朋友提供支持；试行新办法提高灵活性，选择如何以及何时使用辅助交通服务。建成后，将提供综合服务，使乘客无缝接入一系列交通选项，包括伦敦的公共交通和核心辅助交通服务。随着改进服务的实施，伦敦交通局将与其他服务提供商合作，通过进一步调研，扩大其在伦敦的覆盖范围。

提案 56

市长将通过伦敦交通局和各行政区，围绕安全可靠出行、便捷性、灵活性和选择性、综合性和创新性原则设计辅助交通服务，在 2021 年之前实现该路线图，并继续为需要的人提供相关服务。

图 4-4 列出了实施无障碍改进的拟订时间表。

[1] “辅助交通服务”，伦敦交通局委员会报告：乘客服务与营运绩效小组，2017 年 11 月 1 日。

关键词：
支持项目
服务改善
升级基础设施
车站升级
网络扩展
现在
2020 年
2025 年
2030 年
2035 年
2040 年
实现自发独立出行
无障碍街道
在规划和设计宜居街区、零伤亡愿景计划和其他健康街道项目时融入可达性和包容性
继续改进伦敦街道，包括安全和无障碍的步行路线，消除障碍物，拓宽路面，铺设盲道，增设座位，方便人们过马路，满足残疾人骑自行车的使用要求
乘客服务和工作人员
改善无障碍出行的规划与信息提供
继续改进街道与在线导航以及出行规划工具
实行固定票价，延长 Hopper 票价政策
持续保证公共交通票价维持在所有伦敦市民均能够负担得起的水平
提供员工培训项目
安全与安保
设计保障环境，为伦敦的交通系统配备专员和综合警员，将伦敦街头和交通系统内的犯罪情况和犯罪恐慌保持在低水平
公共交通
继续提供改进措施，方便所有用户使用公共交通，包括在车站中融入包容性设计，评估“说走就走”服务，提高伦敦交通局各类服务的一致性
出租车
提供无障碍出租车停靠站
使公交车服务更便捷、更包容
乘客服务和工作人员
提供公交车驾驶员培训项目
公交车基础设施
提供无障碍公交车站
各行政区 95% 的公交停靠站能适合轮椅无障碍出入
公交车优先通行，提高可靠性
公交车服务费
调整公交车服务量，应对不断变化的需求模式
使地铁、铁路和其他服务更便捷与包容
国家铁路和伦敦地上铁路
实现国家铁路和伦敦地上车站（例如黑马路站，邦斯贝利站和西汉普斯特站）无障碍升级
实现火车站的无障碍升级（每 5 年升级 5~10 个车站）
实现国家铁路网络的车站运力改善方案
引入全新的伦敦地上轨道列车
地铁站（无障碍与运力升级，包括设立无障碍通道）
建成 14 个无障碍地铁站
建成约 25 个无障碍地铁站
建成约 15 个无障碍地铁站
建成约 15 个无障碍地铁站
建成更多无障碍地铁站
实现地铁站运力改善方案（例如托特纳姆法院路站）
实现地铁站运力改善方案（例如卡姆登镇）
实现地铁站运力改善方案（例如霍尔本）
无障碍地铁站的大致数量（末期）
86
111
126
141
地铁改进计划（增设新列车减少拥挤）
完成四条线路的现代化改造项目
实现深层地铁的升级——皮卡迪利线
实现深层地铁的升级——贝克鲁线、中心线与滑铁卢及城市线路
交付地铁升级项目计划——朱比莉线路、北部线路与维多利亚线路
轻轨 & 有轨电车
实现码头区轻轨列车和有轨电车的升级，提高运力，改善可靠性
船舶和客车
改善河岸码头和维多利亚长途汽车站的可达性（及其潜在替代方案）
新基础设施（新建无障碍基础设施，通过无障碍公共交通提高连通性）
延长北部线路（包括 2 个无障碍车站）
将伊丽莎白线路延长至艾比伍德东部（在外伦敦东南部地区提供无障碍通道）
建成伊丽莎白线（包括 41 个无障碍车站）
将贝克鲁线延长至刘易舍姆地区（在内伦敦东南部地区提供无障碍通道）
将贝克鲁线延长线沿刘易舍姆地区延伸（在伦敦东南部地区提供无障碍通道）
建成 Crossrail 2（提供无障碍通道，穿越伦敦中心区连接伦敦南部地区和伦敦西南部地区）
辅助交通服务评估
实现辅助运输服务路线图
继续为有需要的人提供综合辅助运输服务

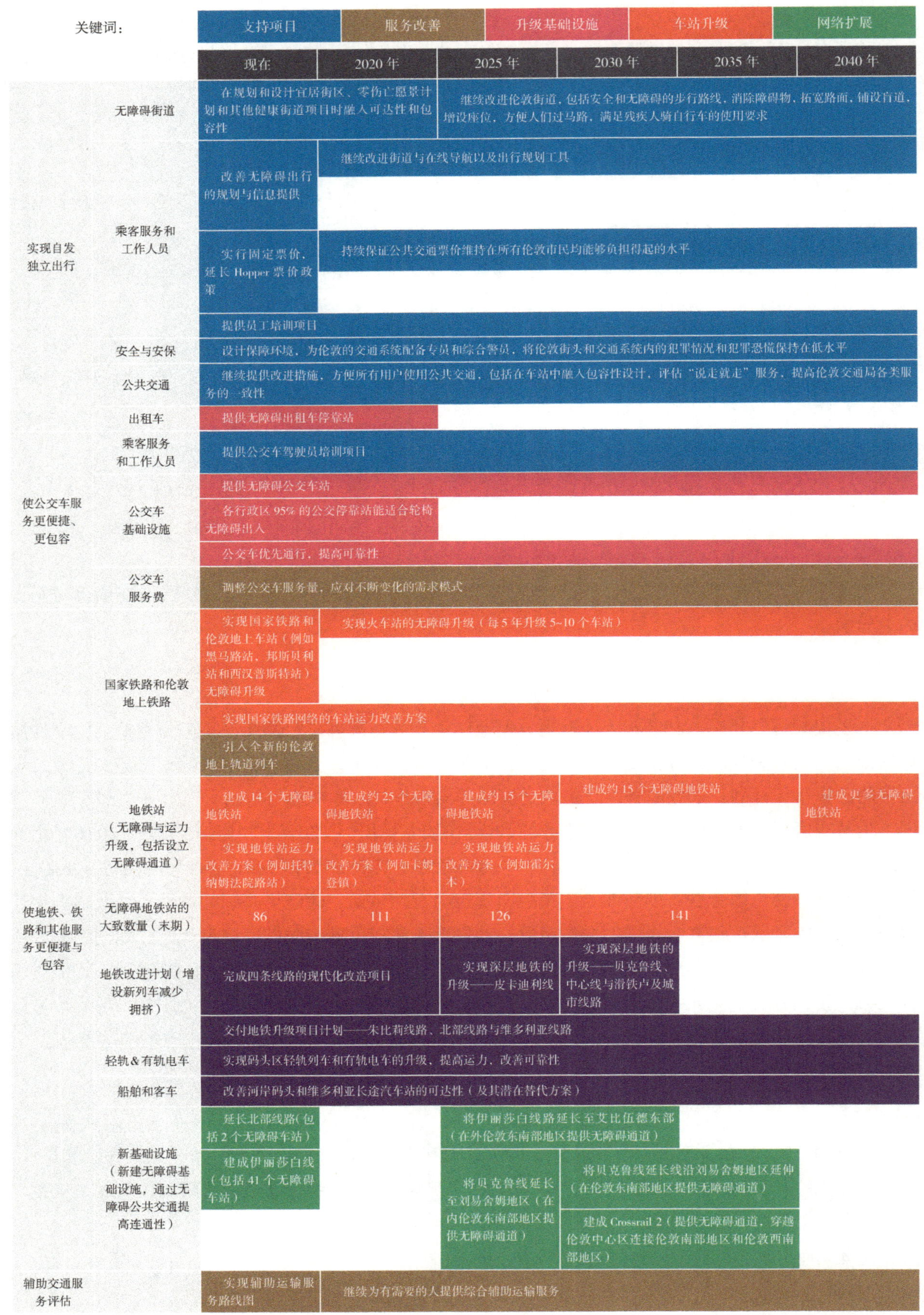

图 4-4　无障碍实施计划

第三节　公交网络的改造和发展

公交车在伦敦生活中发挥了独特的作用。公交车是最方便乘坐的公共交通工具，在出行距离太长不适合步行或骑行的情况下，公交车为人们提供了覆盖范围更广和线路更多的出行选择。要想降低人们对私家车依赖，有效利用街道空间，支持伦敦的可持续发展，良好的公交车服务是根本。

在部分内伦敦区和外伦敦区，要想使公交车的吸引力超过小汽车，需要大幅改善公交车服务质量。公交车的出行时间必须能够与小汽车相媲美，提供高质量的公交车站、站牌以及其他设施也至关重要。除此之外，更好的乘客沟通和品牌建设也必不可少，它使得公交网络易于理解，提高对现有乘客和潜在乘客的吸引力。

政策 15

市长将通过伦敦交通局和各行政区与参与方合作，改变公交车服务的质量，通过公共交通提供更快速、更可靠、更实惠、更舒适、更便捷的出行，同时整合和补充铁路与地铁网络。

一、 公交车在降低小汽车依赖性方面的作用

过去几十年来公交网络通过小心翼翼地发展来适应不断变化的出行需求。交通网络和乘客期望是不断变化的，需要进一步的服务发展来适应这些近期变化。

公交网络的美妙在于其灵活性。相较于地铁和铁路线路，公交线路的变更难度更低，因此，与其他公共交通形式相比，公交车具备更强的应变能力。这意味着公交车在支持重建和社会融合方面有重要作用，因为其无须像铁路建设一样投资昂贵的永久性基础设施，新增的公交线路可以通过规划来连接新建社区，支持住房和就业增长。

这种灵活性使得公交车成了一种完美途径，为伦敦改造地区提供了便捷的公共交通选择。随着健康街道方案在整个城市的推行，人们意识到步行、骑行和公共交通使用量增加所带来的效益，伦敦的诸多地区特征也将随之变化。通过使用公交车来支持这些变化，可以在需要的地方增加公共交通设施，之后，随着骑行和步行在未来成为更普遍的出行选择，还可以进行再评估。

健康街道方案将通过强调步行、骑行和公共交通方式而非汽车的使用，采取综合方法来规划这些互补模式，从而为公交车提供支持。因此，在这个决定未来伦敦交通系统的关键时刻，重要的是应采取怎样的公交网络运营战略思想。

如果公交车能够发挥自身潜力为未来的伦敦交通提供支持，那么伦敦交通局的公共汽车服务必须能满足伦敦市民和游客的需求，并且能够作为替代私家车的可行选择吸引新用户。充分利用公交网络的灵活性，减少并消除伦敦中心区和内伦敦区的现有服务方式，利用释放的运力，为外伦敦区提供全新的或改进的服务方式，这一点非常重要。这种情况可能出现在服务质量较差的现有社区，预计出行需求将会增加的房屋新建区域，或者在可以通过公交车前往新建或改建后铁路服务点的地区，例如伊丽莎白线路。 伦敦交通局在推行这些变化时会听取自各行政区的意见。这对于实现本

策略的目标具有重要意义，即减少对汽车依赖而导致的破坏性影响，特别是对于外伦敦区。

二、重塑公交网络

目前针对公交网络的发展而采取的策略是重新分配资源以应对不断变化的需求模式。在伦敦中心区，随着乘客转移到新建及升级后的铁路网络（例如伊丽莎白线路）以及选择骑行和步行，对公交车的需求已经开始并将持续下降。但是，预计外伦敦区的公交车需求将增多，因为在这里乘坐公交出行的可能性会很高，并且会出现大幅住房增长。因此，伦敦交通局将重塑公交网络，将重点放在外伦敦区。无论是从目前来看，还是从中长期来看，这都将有助于改善外伦敦区的公交车服务水平。

公交服务将集中在可允许优质公交车优先通行的街道上，保证可靠快速的服务（图 4-5）。在伦敦中心区，公交车服务集中在给予公交车高优先权的街道上，因此可以显著提高可靠性。减少公交车的街道线路数量，提高服务频率可以减少乘客的等车时间，简化乘车网络。此举能够在伦敦中心区建成高频率、真正可靠的公交服务网络，通过健康街道方案设计有益于步行、骑行和使用公共交通的街道。

在外伦敦区，将引入全新或改善后的服务，减少人们对汽车的依赖，支持公交出行增长，特别是在伊丽莎白线路站周边，以及预计的房屋增长地区，包括巴尔金河滨、克罗伊登、皇家码头、科林达、李谷等。

随着外伦敦区人口密度越来越高，新型服务将使公交车在长途出行中发挥愈发重要的作用，人们将不必再依赖于汽车。这些服务包括“高速”服务，与“当地”线路在同一轨道上运行，但停站次数更少，因此可以更快地完成较长的出行。为了使高速服务和地方服务都能高频率顺畅地运行，这种方法最适合公交车需求大的地区，以及给予公交车优先权、允许公交车自由通行的地区。在可实现的地区，高速线路可连通外伦敦区周边，而以前这只能通过铁路来实现。

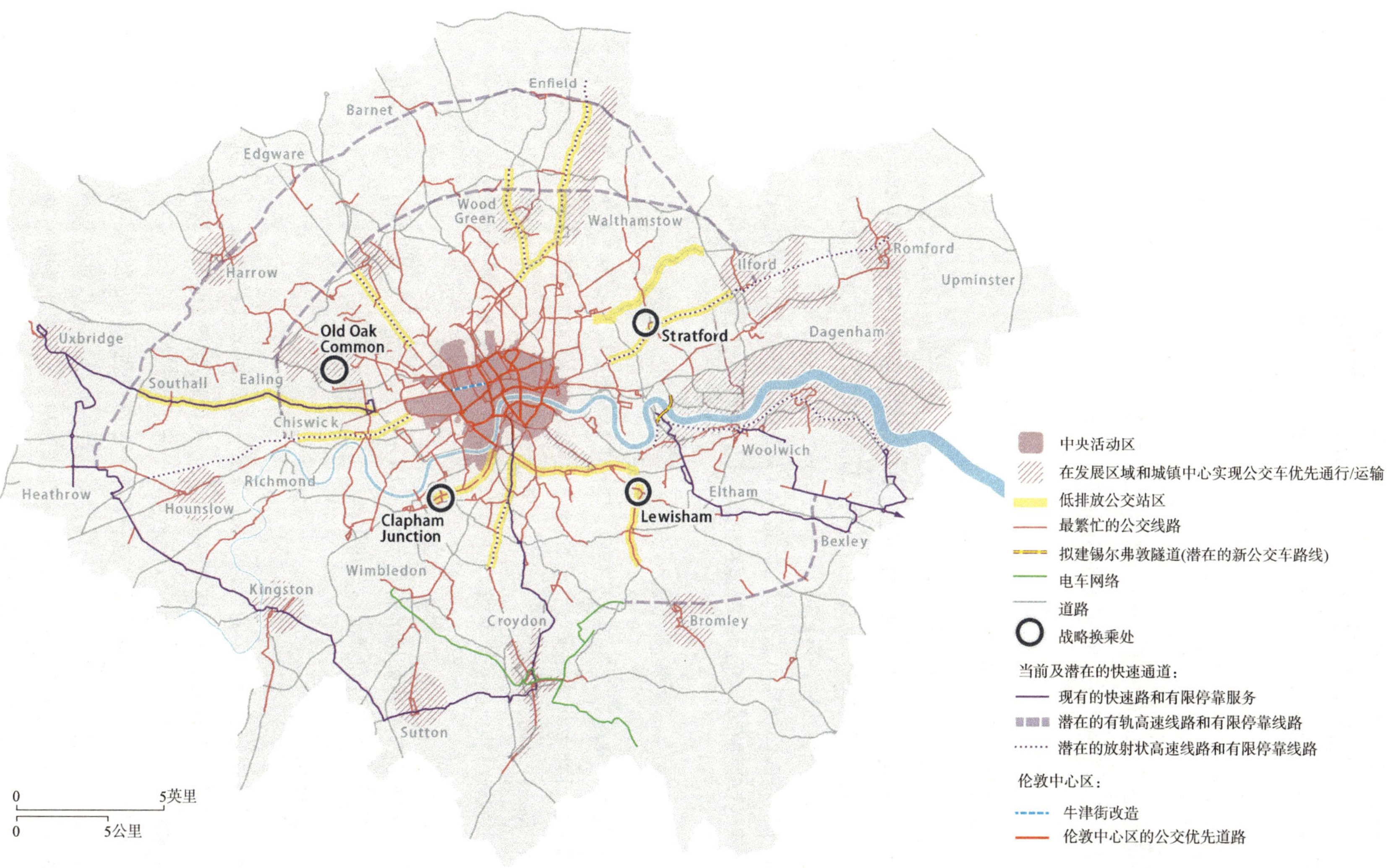

图 4-5　公交网络的改造和发展

该战略方案得到了专题服务评估的支持，例如近期完成的医院公交线路研究。该研究认为，尽管为大多数医院提供了良好的公交车服务，但是，国民医疗服务体系服务的变化需要某些公交车服务做出相应调整。伦敦交通局已经制定了一套具体的提议❶，需要额外的资金以及公交车站等基础设施。

提案 57

市长将通过伦敦交通局，调整公交车服务量，考虑新型公交车服务，通过支持性措施减少汽车的使用，同时改善铁路服务、步行和骑车环境。

三、改善公交车出行时间与可靠性

在内外伦敦推行健康街道方案，需要大大增加公交车出行量，以取代汽车。

在全伦敦，合理可靠的公交车出行时间是公交车服务吸引现有和潜在乘客的关键。伦敦交通局将确保公交线路获得足够的资源，通过签订合同保证出行的可靠性，保护并改善支持性基础设施（例如公交车优先道路、停靠站和停车场）。

然而，对于出行时间及其可靠性而言，最大的威胁来自于汽车、其他交通方式以及公用道路工程量增多所造成的交通拥堵。因此，需要在伦敦街道上给予公交车优先通行权。

提案 58

市长将通过伦敦交通局与各行政区合作，实施下列措施，保护公共汽车免受交通拥堵的影响：

（1）在方案设计之初，将步行、骑行和公共交通工具作为街道设计中心，同时照顾到公交车乘客、步行和骑行者的需求。

（2）对于街道网络中服务中断情况的管理，优先考虑公交车、步行和骑行。

要想保护公交车免于交通拥堵的影响，需要通过公交车优先计划，投资于特定的高质量街道改造项目，保障公交车的出行时间，提高其可靠性 。

公交车优先计划

伦敦交通局将通过审核公交车的运营时长，减少一般交通方式的干扰，从而充分利用现有公交车优先措施。市长将调查目前那些未在非高峰时段、午夜或周末运营的公交线路，评估是否可以延长这些公交线路的运营时间。该举措可以快速实现，且成本较低。

要想改善伦敦市民的公共交通体验，进一步推行公交优先措施是关键。其规划需要以全新的方式进行，照顾到其他道路使用者， 例如：在方案设计中整合进一步改进骑行体验的机会。这样可以实现最佳的公共交通、步行、骑行体验和关键货运效果，改善公共场所环境，减少排放。

通过部署公交车优先措施，伦敦中心区的公交车出行时间和可靠性最有可能得到改善，其中包括 24 小时公交专用道以及公交和自行车专用线路。所有这些措施都将有助于方便伦敦中心区公交

❶ “伦敦医院公交车服务评估”，伦敦交通局委员会报告：乘客服务与营运绩效小组，2017 年 7 月 13 日。

车服务的使用，同时改善空气质量，进一步防止公交网络继续受到交通拥堵的影响。

在内伦敦区，多数放射形干道形成通往伦敦中心区的主要公交线路。这些线路可运输大量的乘客，而持续保持其可靠性至关重要。但是，这些公交路线也必须为沿线上的社区和城镇中心提供良好服务。为了提高这些公交线路的可靠性，可采取的措施包括修改公交专用道的使用时间、交通信号的优先级、监督和执法规定、行为改变举措和优先通行措施等。为了改善空气质量，应在这些路线上部署低排放公交车。

提案 59

市长将通过伦敦交通局和各行政区，实施下列措施，改善公交车出行的时间和可靠性：

（1）通过提供公交车优先线路，在伦敦中心区建立可靠的公交车服务核心网络。

（2）实现公交车优先通行，支持在 12 个低排放公交站区使用低排放公交车。改善措施包括改进信号方案，审查公交专用车道的限行时间。

（3）在最繁忙的客运线路上实现公交车优先通行，包括与各行政区合作，根据数据审查所有公交专用车道的使用时间，填补公交线路上公交车优先通行的空白。这些公交专用道是宝贵的交通资源，当公共乘客和骑行者有迫切需要时，这些公交专用道必须发挥作用。

（4）改善内外伦敦区镇中心的公交车服务条件，提供辐射连接。

（5）在新开发区等发展区域实现公交车优先通行，提高公交车频次，使公交车服务可以覆盖到新建的铁路服务线路，例如伊丽莎白线。

要想提供可靠的公交车服务，还需要相应的基础设施来支持其运营，包括在合理的公交场站布局和公交驾驶员服务设施。

要想支持新建住宅和新增就业，提高公交车服务水平和实现公交车优先通行也是至关重要的。关于此问题的具体讨论请见第五章。

只有给予公众制订和评价伦敦交通局各项计划的机会，那么上述各项举措才能取得成功。因此，伦敦交通局将针对各项服务变更进行有针对性的咨询，与各行政区合作，共同讨论关于公交优先通行和当地公交网络的想法。这项工作将持续受益于公交车运营专家，他们对于高质量公交网络的建设发挥了重要作用。

四、需求响应型服务

随着不同商业模式和技术的发展，出现了新型公交车服务，例如可响应需求水平和需求位置而灵活运营的公交服务。如果设计得当，这些服务可以补充伦敦的步行、骑行和公共交通的使用，降低人们对小汽车出行的依赖程度。然而，如果这些服务使用了不合适的车辆或选择了错误的运营地点，那么可能会阻碍步行、骑行和公共交通的使用，有可能威胁到现有公交车服务的生存力，而现在仍然有大量的乘客依赖于现有的公交车服务。关于需求响应型服务和其他新交通模式的建议方案请见第六章。

第四节　提高铁路服务质量，解决拥堵问题

一、铁路和地铁的重要性

相较于任何其他英国城市，伦敦对铁路的依赖性很高：在英国有70%的铁路出行（包括地铁出行）是进出伦敦的。伦敦的成功与否与其铁路服务的未来发展息息相关。市长将继续改善地铁、伦敦地上轻轨、码头区轻轨列车和电车服务。铁路网络公司和列车运营公司（TOC）应更好地满足伦敦的需求，并且市长应对于这些服务的规划和实施投入更大的努力和影响，这一点非常重要。

铁路运输对于伦敦的经济增长和未来繁荣至关重要。通过以铁路为基础的运输网络，伦敦中心区可方便地获得伦敦周边的大量劳动力，帮助构建企业联系和供应链联系。平均每个工作日的早高峰期间有 130 万人进入伦敦中心区，其中约 80% 的人采用铁路出行方式。国家铁路网络和伦敦交通局线路网络需要集散的客流量是巨大的。由于现有铁路网络的“超级连通性”和运输能力集中在伦敦中心区，使得伦敦中心区成了就业集中地。

如图 4-6 所示，大部分伦敦居民可以在 1 小时内到达中央活动区（CAZ），大多数内伦敦区居民可以在不到 45 分钟的时间内到达中心区。

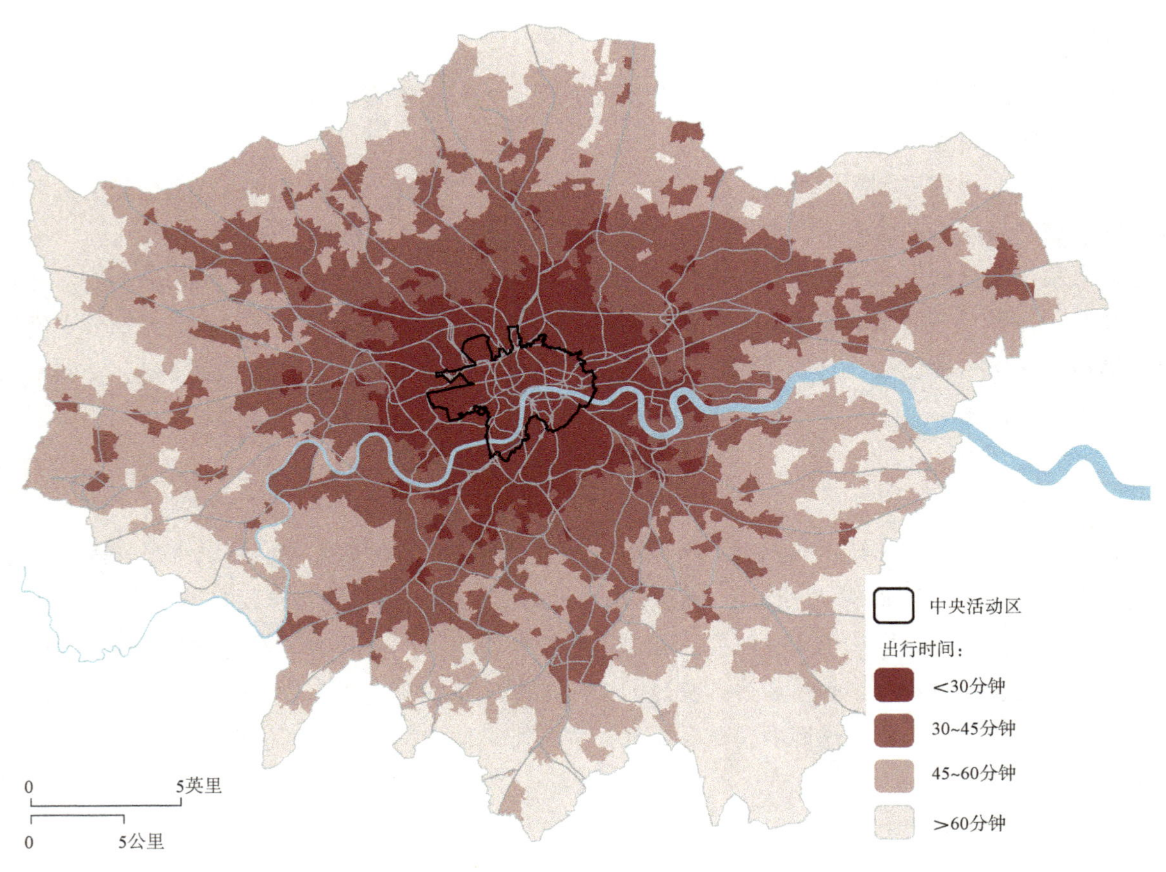

图 4-6　乘坐公共交通到达伦敦中央活动区的用时（2015 年）

地铁和铁路服务对于城市的运行发挥了重要作用，但是，使用这些服务的体验往往不够出色。在每天通往伦敦中心区的多数线路上，真正的问题在于拥挤：人们上车困难，出行体验也不够舒适。对于某些公共交通的用户，例如残疾人和携带儿童的乘客，公共交通工具的使用面临着重重阻碍。

政策 16

市长将通过伦敦交通局和各行政区与参与方合作，努力改变伦敦的铁路服务，提供更安全、现代化、可靠、综合、便捷和用户友好型的服务，改善出行时间，在 2041 年之前使运力至少提高 80%，以解决拥挤问题，并促进向铁路出行方式的转移。

二、进出伦敦中心区服务的增长与拥挤程度

在进入伦敦中心区的 10 条地铁线中，有 6 条线路的拥挤程度达到了 4 人 /m²。在一些国家铁路线上，例如通往滑铁卢的铁路线，拥挤问题也很严峻。在 1 区内 60%的车站，地铁列车的载客密度为 4 人 /m² 以上。对于通往国家火车站的地铁站，拥挤问题的解决尤其具有挑战性，超过 75% 的车站受到了影响。拥挤问题在某些情况下会导致人们上车困难，延误出行。

就业增长将加剧这一问题，在 2041 年之前，各类轨道交通模式的出行量将至少增加 50%，需要逐步改变运力来解决这些挑战。如果只推行当前的投资计划（不包括 Crossrail 2 横贯城铁），那么到 2041 年，早高峰期间的地铁和铁路拥挤程度将超过容许水平，如图 4-16 所示。

解决拥挤问题的第一步是告诉公众哪些出行方式、出行线路以及出行时间是最合适的，以便他们尽可能避开网络中的拥挤路段。例如，在早高峰期间，可以选择步行或骑行，而不是乘坐拥挤的地铁进行短途出行。在出行前后提供相关信息，充分利用新技术带来的机会，帮助伦敦市民做出最好的出行方式选择。

提案 60

市长将通过伦敦交通局，利用多种乘客渠道，持续提供实时的地铁、铁路、公交车、街道数据、信息和可视化图表。伦敦交通局将为运营人员开发实时工具，将拥堵信息更及时地告知乘客。

然而，在公共交通系统拥挤地段出行的大多数乘客难以改变其出行模式。因此，提供额外的公共交通运力是解决拥挤问题的关键，从而推动实现出行方式转移，应对伦敦人口的预期增长。

只有通过开设新线路，特别是 Crossrail 2 横贯城铁，才可以大幅提高运力，充分发挥现有网络的作用（图 4-7）。本战略将提高所有线路的运力，缓解网络中最拥堵地段的运行压力。图 4-8 显示了通往伦敦中心区铁路线路的运力改善情况。要想实现这样的运力改善，需要实现本战略中本章节和第五章中提出的所有改进措施。

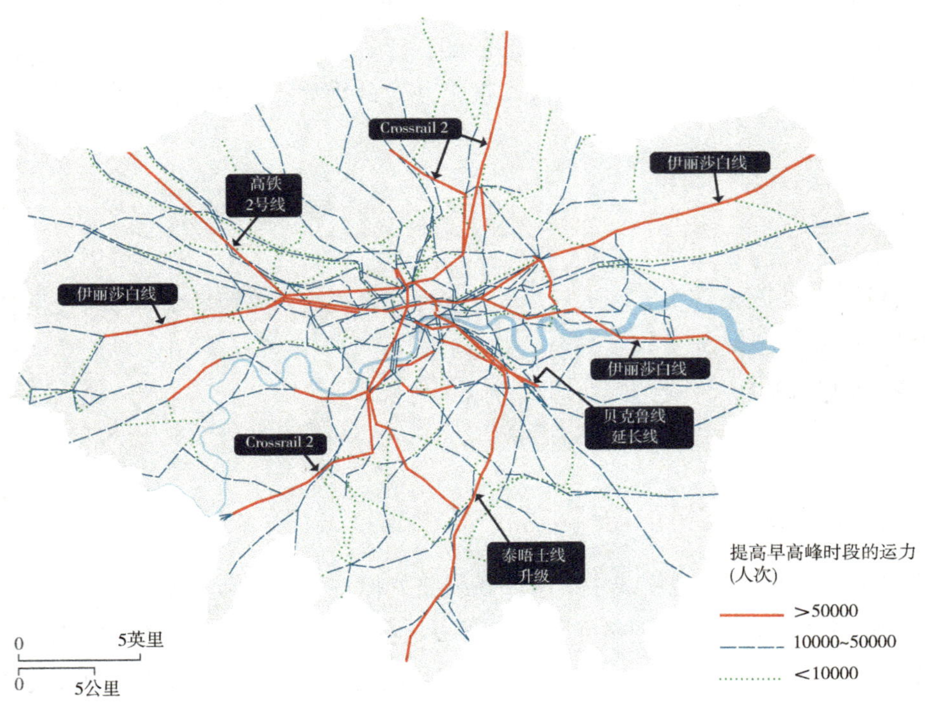

图 4-7　拟订的在 2015—2041 年间早高峰时段铁路和地铁的运力提高情况

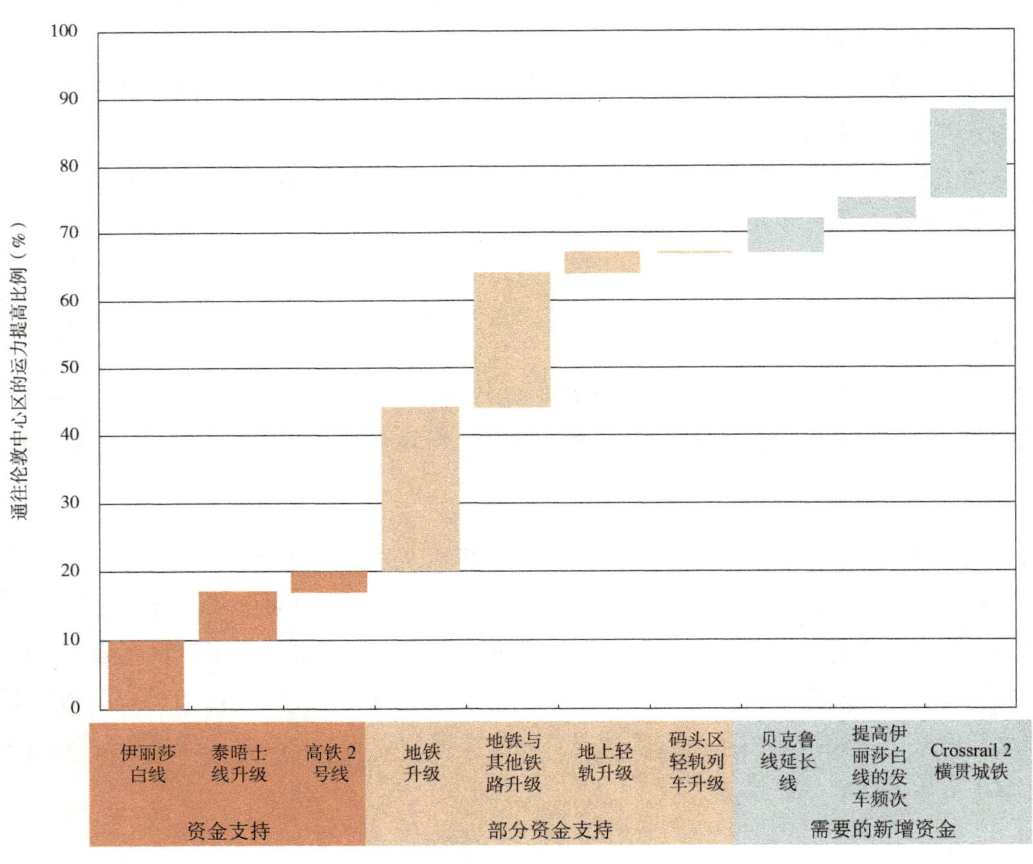

图 4-8　拟订的在 2015—2041 年间早高峰时段通往伦敦中心区铁路和地铁的运力提高情况

聚焦 14：Crossrail 2 横贯城铁

随着人口和就业的增长，如果伦敦想要保持其成功，支持英国经济，为其居民提供高质量的生活，需要大幅改善其交通基础设施。

伦敦是卓越的国际金融和商业中心，也是英国最具生产力的经济区。伦敦人口数量仅占英国人口总数的 13%，其贡献的国民增加值（GVA）约为 23%，占国家税收收入的 25% 以上。通过贸易和运输联系，伦敦也成为全英国的国际门户，使英国从伦敦的贸易和投资中受益。然而，尽管目前取得了成功，但是重大的交通挑战和严峻的住房短缺问题将威胁到这座城市未来的国际竞争力。

Crossrail 2 横贯城铁是一项重要的新建铁路项目，是伦敦解决这些挑战的关键。此举将造福于整个伦敦，尤其是广大东南部乃至全国的企业、居民和通勤乘客。横贯城铁的建成将帮助 27 万人在早高峰时段进入伦敦中心区，保证伦敦经济继续高效增长。此举将创造 20 万个新增就业机会，并额外新建 20 万套住房，其中 30% 以上位于伦敦之外。

更重要的是，Crossrail 2 横贯城铁是一项具有国家意义的基础设施计划。这条线路将成为英国“脱欧”后的经济核心，是旨在提高英国竞争力的一系列重要区域项目之一。优先推行这些计划并不是零和游戏：各地区都需要进行一系列基础设施投资，各新建项目都将支持国家发展。由此发出了一条明确的信息，即英国欢迎各种商业活动，并准备参与竞争。

Crossrail 2 横贯城铁将连通萨里郡和赫特福德郡的现有国家铁路线，包括新建两条从温布尔登发往托特纳姆海尔和新索斯盖特的 37 公里长隧道线路（图 4-9）。在这一主要路段上，每个方向每小时运载 30 辆列车，使伦敦的总体铁路运力增加 10%。

结合提高的互联互通性，新线路将连通八条地铁线路、伦敦地上轻轨线路、伊丽莎白线，高铁 2 号线（HS2）以及国内和国际铁路服务。提高后的运力将使 Crossrail 2 横贯城铁能够缩短人们抵达伦敦各目的地的出行用时。例如，从克拉珀姆枢路口到托特纳姆法院路站的出行时间将缩短约 15 分钟。

Crossrail 2 横贯城铁将缓解可能在 21 世纪 30 年代初进一步恶化的地铁拥挤问题。例如，Crossrail 2 横贯城铁将减少现代北部线路上最繁忙路段 20% 的需求。如果没有 Crossrail 2 横贯城铁，由于人满为患，整个网络中大量的地铁站入口将需要经常关闭。Crossrail 2 横贯城铁将避免这种情况在最繁忙的地铁站发生，包括滑铁卢、尤斯顿和维多利亚等主要换乘处，对于保障伦敦的正常运转发挥重要作用。

此外，Crossrail 2 横贯城铁有助于提高交通网络的便利性。所有 Crossrail 2 横贯城铁都是无障碍式，Crossrail 2 横贯城铁列车将配备宽敞的车门和充足的过道空间、专门的轮椅空间以及详细的乘客上车信息。类似于伊丽莎白线，它将逐步改变伦敦的铁路运力，连通伦敦与广大东南部，并且可以在关键站点更方便地换乘公共交通工具、步行或骑行。

图 4-9　Crossrail 2 横贯城铁线路图（2015 讨论会）

Crossrail 2 横贯城铁的重要性不仅体现在防止伦敦的交通网络陷入停滞状态，还连通了广大东南部地区。约 1/3 的好处是乘客可以在伦敦之外的地区享受交通带来的便利，从英格兰南部苏兰特至沃什的出行时间将缩短。

例如，进入滑铁卢的西南干线是英国最为繁忙的干线铁路，其拥挤问题已经非常严重。根据预测，在没有 Crossrail 2 横贯城铁的情况下，西南干线在进入 21 世纪 30 年代后，高峰期的拥挤程度将达到 5 人 /m^2。Crossrail 2 横贯城铁将在早高峰期间每小时提供额外 10 列郊区列车和 8 列地区列车，以及在温布尔登通往伦敦中心区线路上提供额外 10 列新列车，以此来缓解该拥挤问题。Crossrail 2 横贯城铁所释放的新运力将实现通往朴次茅斯、吉尔福德和南安普敦等城市的长途服务，这些地区是住房和商业增长的关键地区。

同时，Crossrail 2 横贯城铁还将改善伦敦东北部及更远地区等关键发展区域的连通性。Crossrail 2 横贯城铁将允许至少 12 列停靠列车在西安格利亚干线的各条独立轨道上运行，释放额外的区域服务运力。Crossrail 2 横贯城铁将缩短伦敦、剑桥和斯坦斯特德机场之间（这是一条关键的发展线路）的出行时间，提供更可靠的出行。

只有通过重点项目，实现“说走就走”的铁路服务，才可以再次激活伦敦城内某些需要重建的重要地区，尤其是伦敦东北部。事实上，这条线路的设计旨在改善连通性，并为新住房建设带来重大机遇，例如贫困的李谷（Lee Valley），该地区是伦敦最大的住房“机会区域（Opportunity Areas）”之一。

但是，整个英国也将会感受到 Crossrail 2 横贯城铁的投资所带来的好处。它将为英国经济带来高达 1500 亿英镑的增长。Crossrail 2 横贯城铁将为全国的工程、建筑和制造部门提供支持，建立起投资和发展信心。基于对伊丽莎白线供应链的分析， Crossrail 2 横贯城铁的供应商预计将为西米德兰兹经济区贡献超过 10 亿英镑，为英格兰东北部贡献超过 2 亿英镑，为苏格兰经济区贡献高达 1.7 亿英镑。施工期间，Crossrail 2 横贯城铁还将为全英国提供大约 60000 个全职工作，以及数千个学徒机会。

Crossrail 2 横贯城铁的票价实惠。Crossrail 2 横贯城铁的总成本大约为 300 亿英镑，伦敦已经表明了他们将如何募集一半以上的成本，并且该项目对国家经济发展有巨大推动作用，将产生 4 倍于另外一半成本的额外税收收入。这些收入包括印花税和营业税的增长，根据伦敦交通局提供给伦敦金融委员会的证据[1]，Crossrail 2 横贯城铁车站周边地区将产生额外 90 亿英镑的收入。

关于 Crossrail 2 横贯城铁的提议得到了广泛的公众支持。政府独立机构——国家基础设施委员会在 2016 年得到明确授权，将负责对该提议进行具体审核。根据议会通过的混合法案，政府已经投入了足够的资金来获得必要的权力进行 Crossrail 2 横贯城铁的建设。最早将在 21 世纪 20 年代开始建设，然后在 21 世纪 30 年代初，在高速 2 号线（HS2）尤斯顿站 2b 期施工开始之前正式运营 Crossrail 2 横贯城铁。这个项目的实施对于国家利益有重要意义。

提案 61

市长将通过伦敦交通局与政府和参与方合作，共同确定 Crossrail 2 横贯城铁的最终选线和车站，在详细设计阶段获得相关权力，以便在 21 世纪 20 年代初能够开始施工建设，确保项目进展，力争在 21 世纪 30 年代初正式运营 Crossrail 2 横贯城铁，及时赶上高铁 2 号线 2b 段的开放运营。

[1] 土地增值费——最终报告，www.london.gov.uk，2017 年 2 月。

伊丽莎白线将于 2019 年开放，能够使通往伦敦中心区的运力提高 10%左右，改变伦敦整体的出行体验。列车将设有无障碍车厢、配备空调、闭路电视，提供实时出行信息。如图 4-10 所示，该线路将缓解地铁网络拥堵情况，缩短伦敦东西部地区的出行时间，包括从希斯罗机场至伦敦中心区和道格斯岛（the Isle of Dogs）的出行时间。这将缓解帕丁顿和利物浦街道以及伦敦西区（West End）的交通拥堵问题。伊丽莎白线的开设意味着将新增 150 万人能够在 45 分钟内抵达伦敦西区，例如城市东南部的居民将能够首次直达伦敦西区。

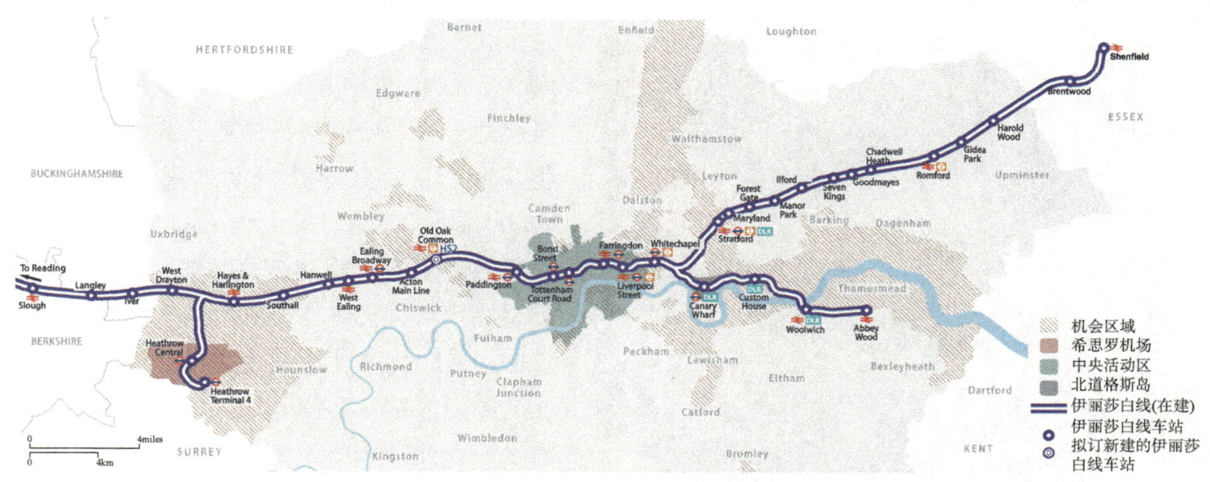

图 4-10　伊丽莎白线

考虑到伊丽莎白线的服务区域，由于人口和就业增长将拉动预期的需求增长，所以，其设计旨在提高未来的运力。

提案 62

市长将通过伦敦交通局与交通部合作，在 2019 年开放伊丽莎白线，初期将提供每小时 24 列通往伦敦中心区的列车，然后在 21 世纪 20 年代，根据需求提高列车频次。

1. 提高运力并改善地铁服务

即使开通了伊丽莎白线，伦敦的发展也将大大加剧地铁的拥挤情况。投资地铁网络是支持这一预期发展的关键，从而充分利用网络可提供的潜在运力。为了提高服务频次，缩短出行时间，改善可达性，提供更宜人的出行环境，需要增加新列车，升级信号、轨道与列车控制系统。实现网络升级，同时提供安全、高频率的日常服务极具挑战性，需要大量资源。在本战略的整个生命周期中，需要持续保证用于完善地铁的相关投资。

目前的 4 条现代化线路项目有助于提高可靠性，确保大都会线、区域线、哈默史密斯城市线以及环线的高效服务。在推出全新的无障碍列车后，该计划将升级信号与列车控制系统，提高服务频率。在 2021 年之前，将每小时增加 30 列通往伦敦中心区的列车，在早高峰期多运送 102000 名乘客，之后，在 21 世纪 20 年代中期进一步增加到每小时 32 列列车。该计划还将提供从列车至站台的无障碍通道，提供更舒适的出行体验。

从长远来看，需要提升整个网络的运力。在皮卡迪利线（Piccadilly line）上，将新引入更高运力的无障碍列车，并对信号和轨道进行升级。这将实现每小时 33~36 车次的运行频率，在早高峰期

多运送 77000 名乘客。伦敦交通局将通过运营皮卡迪利线路服务而非通过区域线(District line) 通往伊灵大道 (Ealing Broadway), 优化伦敦西部地区的服务。在完成这些线路的升级之后,该举措将于 21 世纪 20 年代进行,其将提高区域线上里士满和温布尔顿繁忙支线的服务频次。

在维多利亚线 (Victoria line) 上, 服务频次在 2017 年提高至每小时 36 列列车, 并且将通过进一步改进措施延长高峰时段, 改善早间服务, 在早高峰期最高可额外运送 15000 名乘客。在朱比利线 (Jubilee line) 上, 可实现最高每小时 36 车次的频次, 在早高峰期最高可额外运送 27000 名乘客。在北方线 (Northern line) 上, 将实现每小时 30~32 车次的频率, 在早高峰期多运送 54000 名乘客。滑铁卢 & 伦敦城线 (Waterloo & City Line)、中央线 (Central Line) 和贝克鲁线 (Bakerloo line) 的运力也将提高。

提案 63

市长将通过伦敦交通局投资地铁网络, 提高列车服务运力及可靠性。

2. 提高国家铁路服务的运力来解决拥挤问题

国家铁路服务对伦敦经济至关重要, 其在每个工作日可运载 50 多万人前往伦敦中心区。除了来自伦敦以外地区的通勤者, 伦敦大部分地区, 特别是伦敦南部地区, 也都依靠国家铁路网进入伦敦市中心。预计早高峰期间对于通往伦敦中心区的网络需求量将在 2041 年之前至少增长 50%, 拥挤程度将加剧, 因此运力提升迫在眉睫。

需要投资建设现代数字信号和列车控制系统, 提高服务频次及其可靠性。"数字铁路计划" 将通过针对性地利用数字技术实现英国铁路现代化的计划, 预计将改善性能和运力。在某些情况下，尤其是在繁忙的城市地区，相较于建设新轨道等替代方案，这种方案的破坏性更小，成本效益更高。该计划主要侧重于交通管理，通过优化整个网络中的列车流量来改善性能，并通过欧洲列车控制系统，即列车信号系统，来可减少车头时距，从而提高运力。

除了数字铁路之外，改善关键瓶颈的轨道布局以及升级车站的容量都有助于增加列车运行数量。本地和长途服务都需要提高运力。其中，长途服务的用户主要是外伦敦区居民以及更远地区的居民。市长、伦敦交通局、铁路网络公司、英国交通部之间的合作关系是落实这些改进的关键。

首要任务是升级布莱顿干线（Brighton Main Line），需要通过重大升级解决东克罗伊登（East Croydon）和盖特威克机场（Gatwick Airport）线路沿途的瓶颈问题，使来自克罗伊登和伦敦以外地区的乘客在体验快速服务时能享受到实质利益，同时解放运力，为伦敦南部地区提供更优质的服务，让更多人可以乘坐火车前往克罗伊登镇中心。

其他优先项目包括增加东南部线路的列车数量，提高通往摩尔门（Moorgate）的列车频次，延长通往芬丘奇街（Fenchurch Street）的列车线路以及改善西安格利亚干线（West Anglia Main Line）。重新配置鲍（Bow）和巴特西线（Battersea）的轨道，将可以使更多的列车分别通往利物浦街和滑铁卢。另外还需要让铁路网络更大比例地实现电气化［例如连接到福音橡线（Gospel Oak Line）以及通往马里波恩 (Marylebone) 的列车服务］，并提供超过 12 节车厢的列车服务（通过站台扩展和改善为此提供支持），从而提高进入伦敦和在伦敦地区内的必要运力。

从长远来看，需要通过改善工程来解决克拉珀姆路口（Clapham Junction）、刘易舍姆区（Lewisham）、黑尔讷山（Herne Hill）等地的瓶颈。在这些计划中，多数将支持增加城郊铁路服务的建议，如下所述。

提案 64

市长将通过伦敦交通局与铁路网络公司和英国交通部合作制订方案，提高通往伦敦的国家铁路网络和伦敦市内铁路网络的运力和可靠性，控制本地和长途服务的拥挤程度。

三、通过轨道交通服务促使内伦敦和外伦敦地区由小汽车向轨道交通的出行方式转移

尽管铁路和地铁是进入伦敦中心区周边地区的主要方式，但是，汽车仍然是内外伦敦区居民绕城出行的主要途径。自伦敦交通局改造内伦敦区地上环线轻轨服务以来，其使用率增长了 5 倍。这个成功的案例说明如果提供了良好的公共交通服务，伦敦市民是愿意使用公共交通服务的。

除了伦敦地上轻轨和伦敦交通局铁路，市长无权直接控制为伦敦提供本地列车服务的列车运营公司（Train operating company，TOC）。总的来说，这些列车运营公司的服务是大部分伦敦市民日常需要使用的，其可靠性和质量仍然落后于伦敦地上轻轨和伦敦交通局的服务，因此市长担心他们是否有能力实现本战略的愿景和目标。

所以，这些服务的责任应该从英国交通部转移到伦敦市长身上（参见“聚焦 15：郊区铁路服务管理权下放给伦敦交通局”），市长将确保改善这些服务，以提供高质量的服务。

1. 新建一条伦敦郊区地铁

伦敦南部地区依靠其郊区铁路网进入伦敦中心区。然而，伦敦南部地区国家铁路可提供的服务水平与地铁和公交网络的现有频次和可靠性之间存在着巨大的差距。应改造大北方线（Great Northern line）和伦敦南部地区的当地列车服务（图 4-11），以建造伦敦郊区地铁，提高频次，缩

短出行时间，改善换乘机会。这些改进预计在 21 世纪 20 年代末实现，能够使得多达 124000 个伦敦南部地点在高峰期连接到伦敦市中心，以及在高峰期连接内伦敦和外伦敦多达 38000 个辐射道路服务区以外的地点，出行时间最高可以节省 15%。正如提案 64 所述，伦敦交通局将与铁路网络公司合作，确定并改善信号指示、列车控制系统、路口和车站，以充分利用其网络。

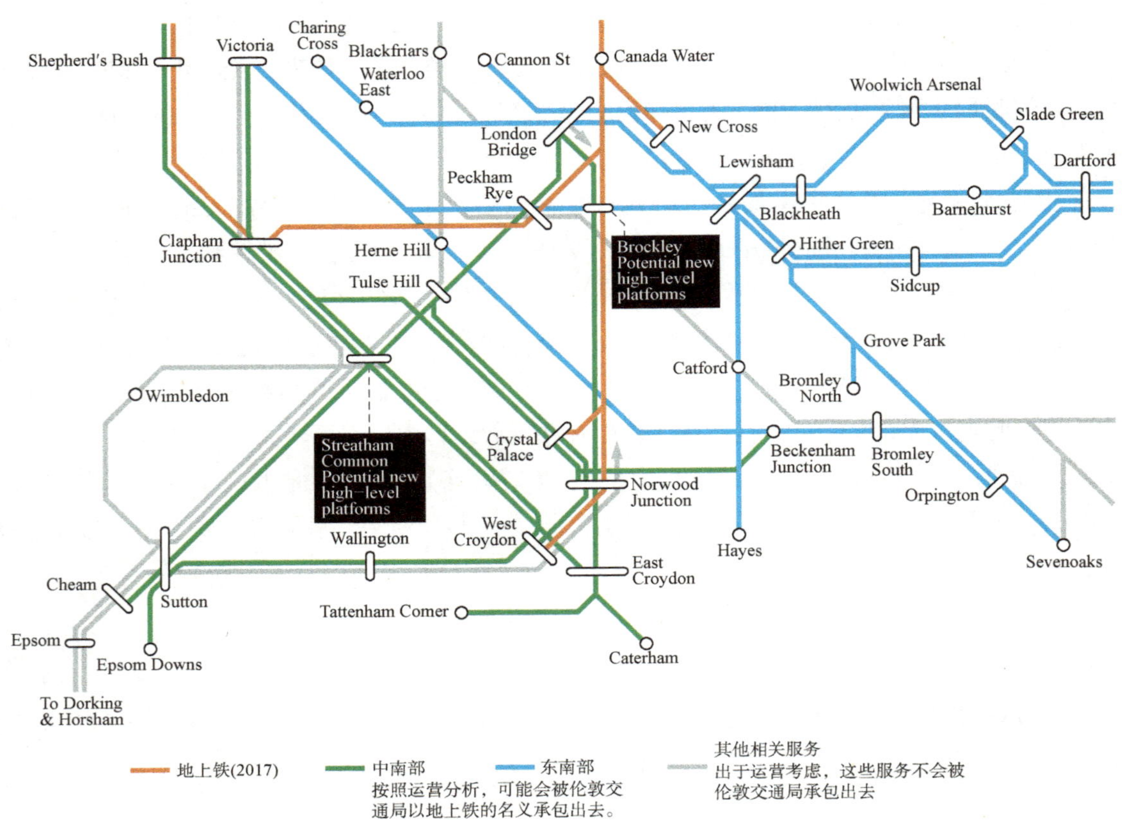

图 4-11 拟建的伦敦南部郊区地铁

提案 65

市长将通过伦敦交通局与铁路网络公司、培训运营公司和参与方合作，改造来自摩尔门、维多利亚和伦敦桥的本地列车服务，在 21 世纪 20 年代之前，建设伦敦郊区地铁，提高服务频次，缩短出行时间，改善换乘机会。

聚焦 15：郊区铁路服务管理权下放给伦敦交通局

通过伦敦地上铁（London Overground）的成功，伦敦交通局证明了它有能力显著提高乘客服务的质量，而所有的伦敦市民都应享受到同样质量的服务。虽然上述增加运能的措施很关键，但如果伦敦东南部、西南部、中西部和大北方部的本地火车服务特许经营权能尽可能从英国交通部下放到伦敦交通局，那将会给伦敦市民带来更大的益处。此类服务的下放有过成功的案例，这样做能使伦敦郊区地铁的建设更为简单快捷，为伦敦市民和游客们带来更大的方便。

权力下放能使市长采取更好的激励措施，鼓励特许经营者采用与伦敦地上铁一样的可靠性标准，增加非高峰期的发车频次，尤其是在周末。车站会变得更舒适惬意，从首班车到末班车都配备充足的员工，提供更整洁、明亮的出行环境。还将提供更完整统一的出行建议和更丰富的信息，票价会越来越合理、统一，付费方式更简单，会有更多的无台阶通道，乘坐轮椅的残障人士出行也会更方便。

权力下放后，伦敦交通局的作用将限于伦敦（或稍远一些、铁路网络在地理位置上需要的地方）地区内选定的当地客运上。而较远距离的客运服务，仍将由英国交通部负责，在费用、火车停站方式或相对交通优先权方面不会受影响。伦敦交通局将不能更改时间表，但据估计，因地方停站权下放给伦敦交通局，会在可靠性方面有所改进。

图 4-12 展示了拟定的需要转交给伦敦交通局控制的地方站点。这些地方站点几乎 50% 的客运出行来自于现有的伦敦地上铁网络，未来将形成伊丽莎白线的一部分。

提案 66

通过伦敦交通局，市长将继续争取英国交通部将伦敦地区地方铁路服务停站权下放给市长或伦敦交通局，以便更有效、更快地改进乘客服务，并将这些站点更好地与伦敦更为广泛的交通系统整合在一起。

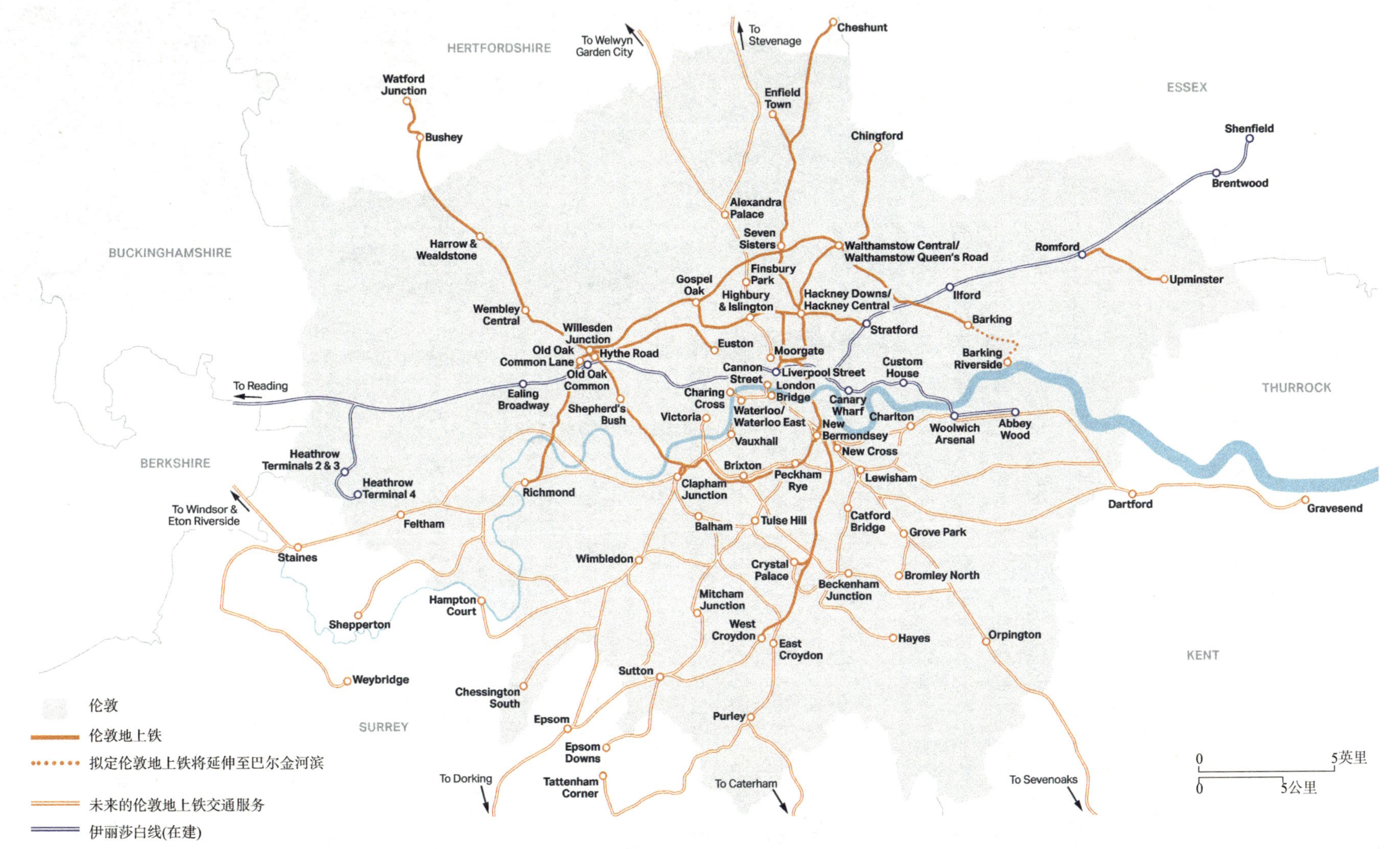

图 4-12　假定需要转交给伦敦交通局控制的地方站点

2. 将铁路服务延伸到城镇中心

内外伦敦许多地方将通过改进的铁路线路直接连向城镇中心，形成新的铁路枢纽。各个城镇中心将连接形成“微型辐射状”网络，现有的线路将改进火车服务，增设一些新的线路，形成新的换乘枢纽。在连接起来后，这些微型辐射网络将为内伦敦和外伦敦中的环形铁路出行做好准备。图4-13显示了拟定的微型辐射状枢纽和环形铁路路段。

图4-13　内伦敦和外伦敦中拟定的微型辐射状枢纽和改进的环形铁路路段

改进的环形铁路服务，加上公交服务和改进的步行和自行车路线，会使大多数现有的铁路基础设施给内伦敦和外伦敦的许多地方带来明显的益处。环形网络的改进，将为伦敦市民乘坐高质量、可靠的快速交通工具到达内外伦敦目的地提供新选择，有助于出行方式的改变，减少对人们汽车的依赖。站台无台阶设计也会以一种低成本高收益的方式“延伸”，并因此为残疾人用户和那些推婴儿车或携带行李箱的人提供更多的选择。

改进的环形网络，会给网络中最拥挤和拥堵的一些地方带来“连锁”式的益处：它将减少通过到达/穿过伦敦中心区到达远处目的地的需要，因此减少了铁路终点站和通往伦敦中心区的公共交通路线的压力。环形网络还能在交通服务中断时，提高公共交通网络的连通性和遭遇服务中断时的复原能力。

提案 67

市长将通过伦敦交通局，致力于促进内外伦敦铁路服务和多方式换乘枢纽的发展和整合，以便构建通往城镇中心的“微型辐射状”公共交通路线，并提高“环形”公共交通的连通性。

首先，改进环形铁路网络意味着强化克拉珀姆路口、刘易舍姆、斯特拉特福德以及 Old Oak 的换乘枢纽，这些换乘枢纽能够最大化保持内伦敦和外伦敦公共交通网络的连通性。

因其在各自区域内具有绝佳的连通性，这些换乘枢纽极其重要。每个换乘枢纽能提供通往伦敦中心区的多条高频次辐射型公交服务、连接伦敦其他地区的高质量环形公交服务以及高频的本地公交服务。

斯特拉特福德和克拉珀姆路口是成熟的交通枢纽，但今天它们变得越来越拥堵，急需提高客运能力。刘易舍姆是一个非常重要的区域中心，但目前需要进行重大改造，增加连接伦敦南部地区其他地方的火车车次，完善它作为潜在战略换乘枢纽的作用，一条新建的伦敦郊区地铁将助于发挥其作用。Old Oak 是一个新出现的中心，它需要新的车站和连通线路，以使其成为伦敦西北部地区的主要战略性换乘枢纽。

还需要优先考虑增强各车站和繁忙的公交车换乘处的无障碍连通性，以便兼容各种方式的出行。

通过目前的投资，将在 2018 年使用车体更长的电力机车，以便改进从福音橡（Gospel Oak）到巴尔金线（Barking line）的火车服务。除此之外，到 21 世纪 20 年代中期时，运输能力增强方案将给伦敦北部和伦敦西部地区提供车体更长的列车和 / 或更多的车次，而在 Old Oak，新的站点能使克拉珀姆路口与 Old Oak 之间每小时 10~12 车次的发车频率成为可能。这将满足不断增长的交通需求，为 Old Oak 和斯特拉特福德的发展提供支持。

到 21 世纪 20 年代时，改进的信号系统将使伦敦东部地区线路的发车频率从每小时 16 车次增加到 20 车次，然后再增加到每小时 24 车次。会有更多的车次服务克拉珀姆路口，并经过森林山（Forest Hill.）服务线路的其余部分。通过与铁路网络公司的合作，沃特福德—尤斯顿和西安格利亚线路的预期目标客运量也会得以提高。

提案 68

市长将通过伦敦交通局，与英国交通部一起努力，到 2030 年时将伦敦地上铁网络的客运能力增加 45%。

电车和码头区轻轨列车（DLR）网络分别为快速发展的克罗伊登、伦敦城和道格斯岛地区提供了辐射状交通服务。同时，这些网络还有助于增进伦敦的环形连通性。目前这些网络均需要运力和其他方面的提升，以便为它们所服务区域的交通模式的改变（摆脱小汽车依赖）提供支持，并更好地连接到更广阔的环形网络中。

伦敦东部地区快速的办公楼和住宅开发大大增加了轻轨列车的使用率，预计这一情况会持续下去，因此，增加客运能力是必要的。

提案 69

市长将通过伦敦交通局，使用更高载客量的新列车编队并增加频次（部分达到每小时 30 车次），同时增加正在开发中的主要站点和交通换乘枢纽的容量，到 2041 年时，将把码头区轻轨网络的客运量增加 120%。

为解决拥挤问题、应对预期的伦敦南部地区住宅区和就业的增长，有必要显著增加连接克罗伊登和伦敦南部地区有轨电车系统的客运能力，避免对小汽车过于依赖。完成这一任务需要新建有轨电车轨道，以便到 2030 年时，能有更多的有轨电车通往克罗伊登中心，同时还应增加有轨电车的数量。通往克罗伊登西部（温布尔顿方向）的高峰期有轨电车发车频率，将从每小时 12 车次增加到 18 车次或更多，通往克罗伊登东部（贝肯汉姆路口 / 埃尔默斯恩德站 / 埃尔默斯恩德站方向）的高峰期有轨电车发车频率，将从每小时 22 车次增加到 30 车次或更多，并将使用车体更长的有轨电车来增加载客量。

以上措施将使进出克罗伊登镇中心的有轨电车客运量增加 85%，大多数乘客等车的时间将不超过 4 分钟。

提案 70

市长将通过伦敦交通局，升级有轨电车系统来改善它的可靠度（更准时准点），到 2030 年时，使进出克罗伊登的电车客运量增加 85%。

四、站点的容客量

在增加上述电车客运量的同时，还必须增加一些地方站点的容客量。如果不这样做的话，站点将成为交通瓶颈，降低整个系统的交通能力，甚至导致为了保证安全而关闭站点的情况。简单地说，站点容客量的增加必须与列车客运量的增加同步进行，以便保证系统整体的运行。

在地铁网络方面，维多利亚市、庞德街和班克的工程已经在进行中。贝克街、霍尔本、卡姆登镇和其他一些伦敦中心区站点需要增加容客量。在铁路网络方面，需要考虑的站点包括利物浦街、克拉珀姆路口、温布尔顿、东克罗伊登、巴尔金、刘易舍姆和碧琴赖（Peckham Rye）。

用来缓解车站拥堵的主要车站方案，还能增强车站和换乘处的可达性，包括提供包容性设计、电梯和无障碍坡道。这些措施能使在车站等车的所有人受益。

提案 71

市长将通过伦敦交通局，与铁路网络公司和各行政区协作，实施车站容客量增加方案以配合线路客运量的提高，改善伦敦总体的公共交通出行体验。

从贝克鲁线到刘易舍姆及更远地区（延长后在早、晚高峰期时可增加额外 65000 人次的地铁客运量）之间、从伦敦地上铁到巴尔金河滨之间、从北线到巴特西之间、从码头区轻轨到 Thamesmead 之间线路的延长，能使更多的伦敦市民使用公共交通工具，减少了未来对小汽车的依赖。这些方案有助于促进发展，详细情况见第五章。

五、拥挤和连通性

一些改进铁路和地铁网络的提案如图 4-14 所示。本战略中公共交通能力的提升将减少拥挤的发生，增加整个城市的连通性。图 4-15 和图 4-16 分别显示了仅由目前已提供资金的所有方案达到拥挤减少的情况，和采用全部战略方案达到的拥挤减少的情况。图 4-17 显示了新的、改进的公共交通服务怎样提高通向工作地点的可达性。

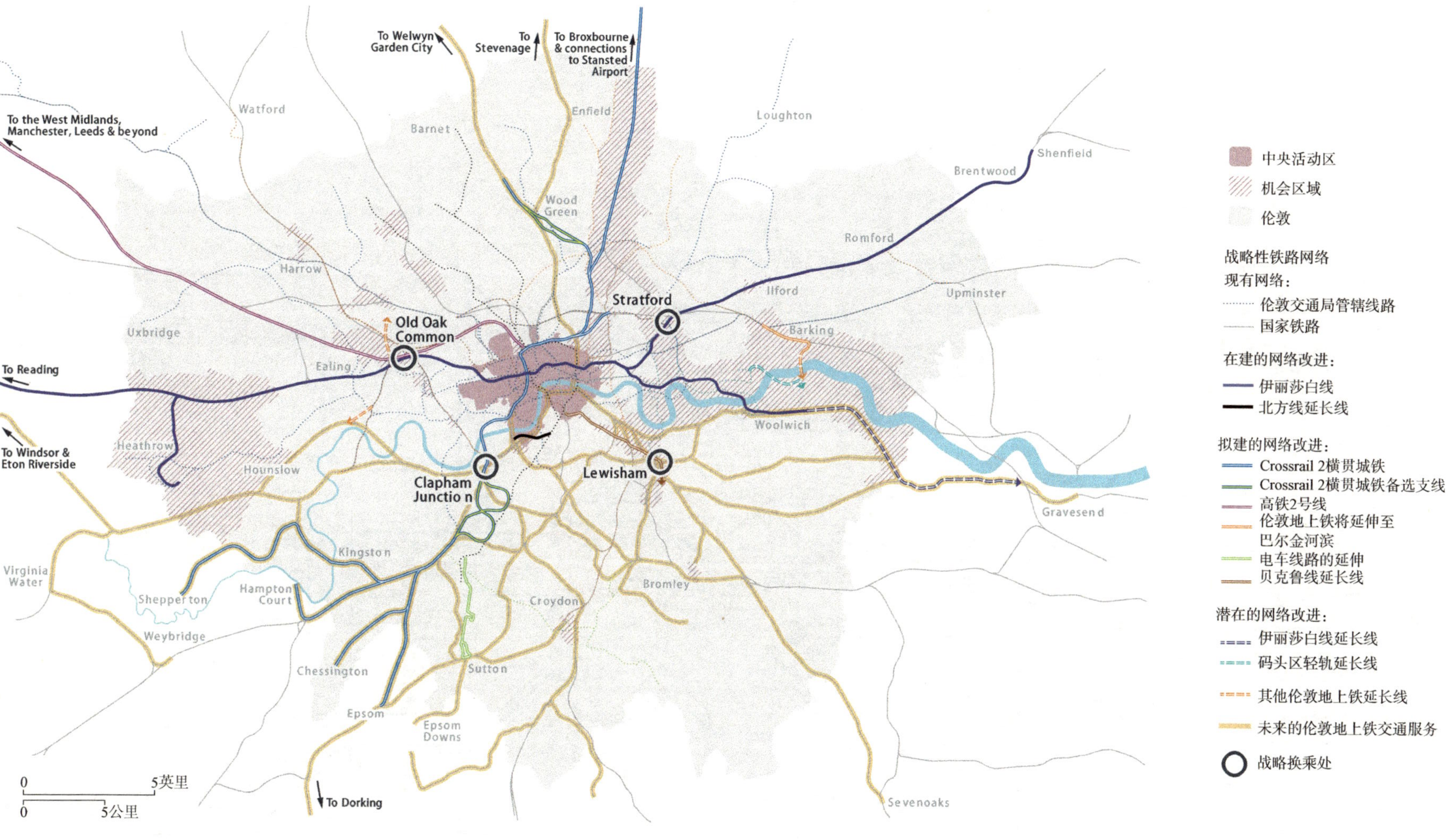

图 4-14　战略性铁路网络

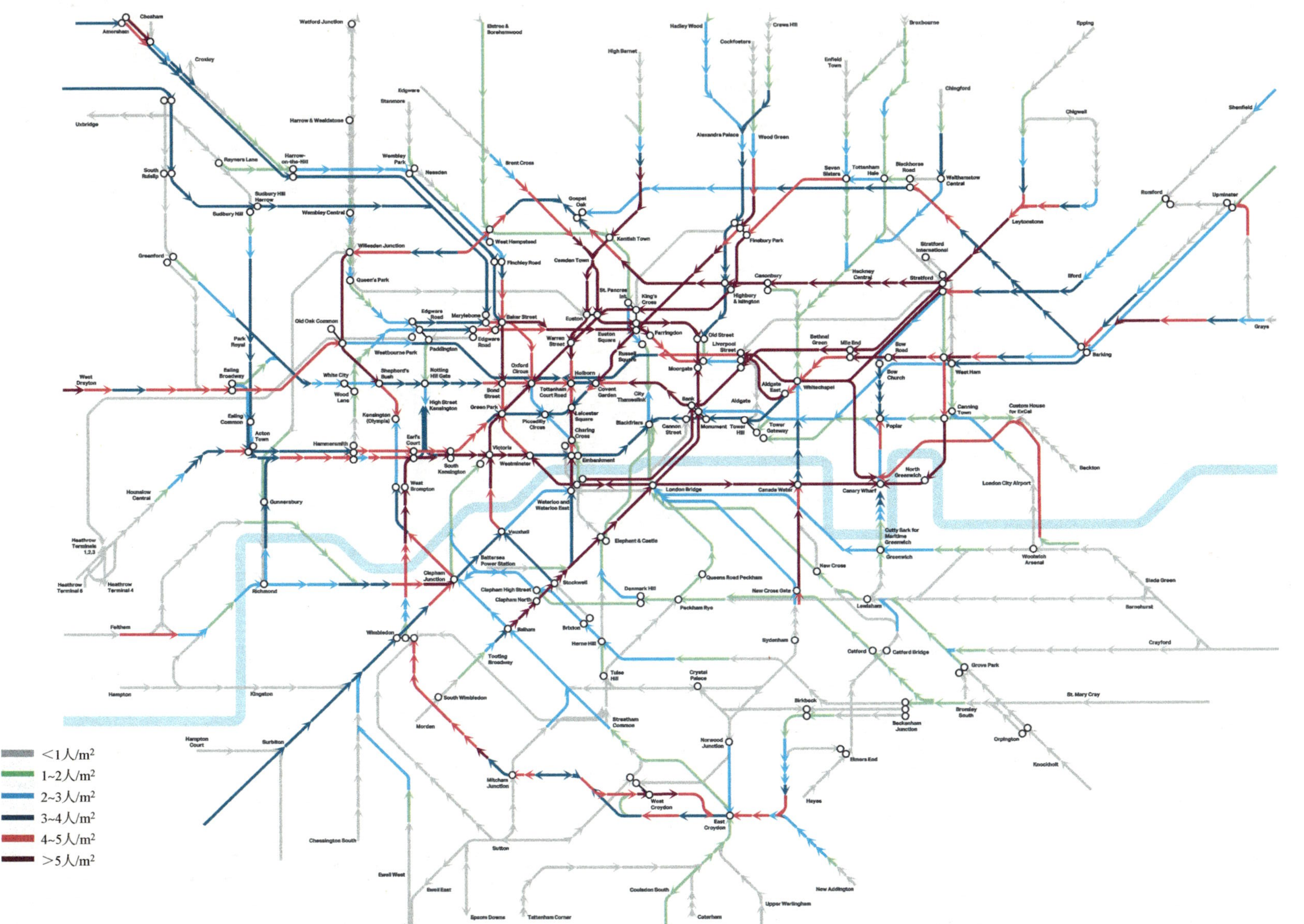

图 4-15 仅实施承诺的投资方案（即不包括 Crossrail 2 横贯城铁和其他目前无资金支持的方案）的情况下，2041 年早高峰期火车、地铁、轻轨和电车网络的拥挤情况

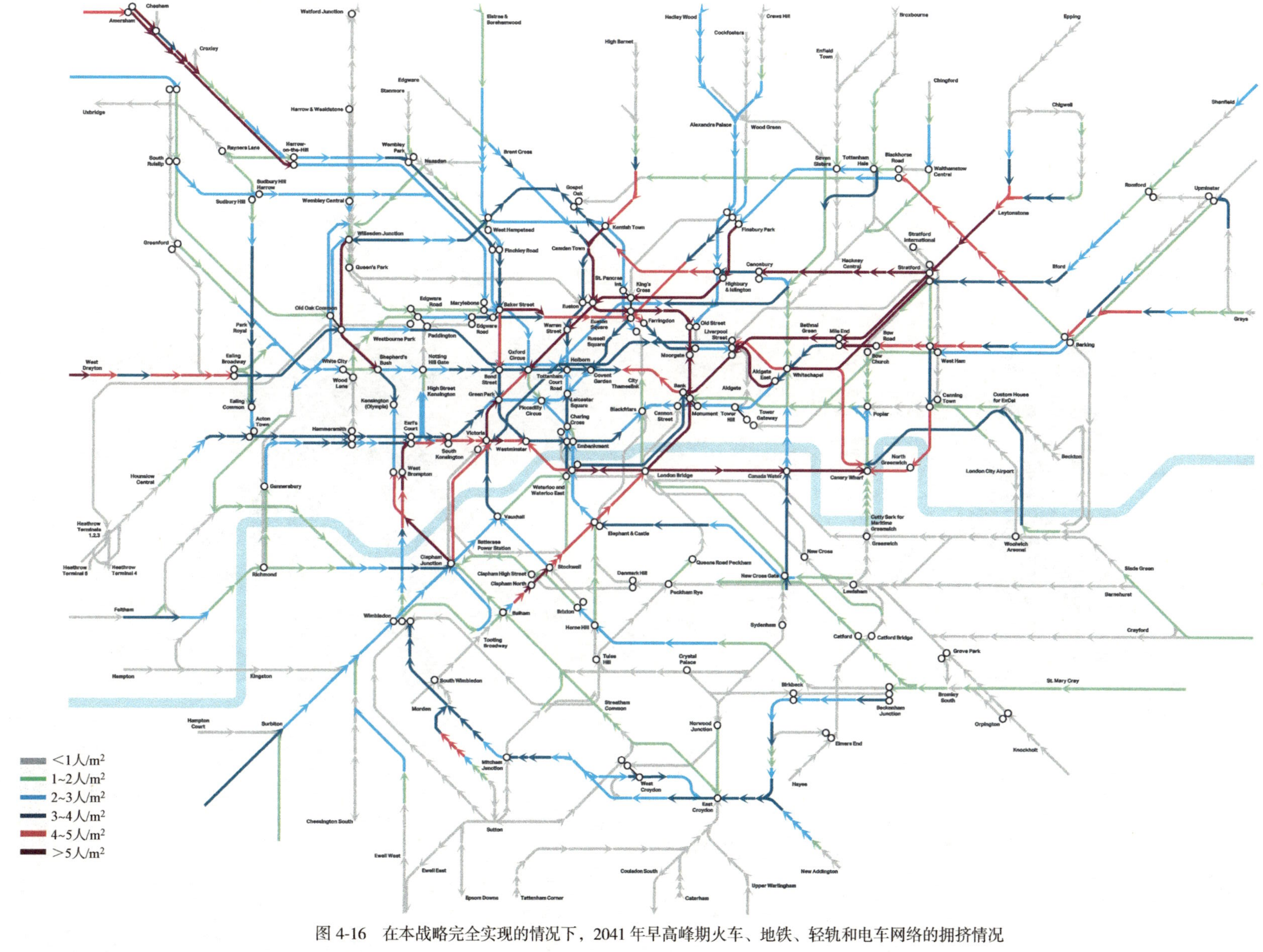

图 4-16　在本战略完全实现的情况下，2041 年早高峰期火车、地铁、轻轨和电车网络的拥挤情况

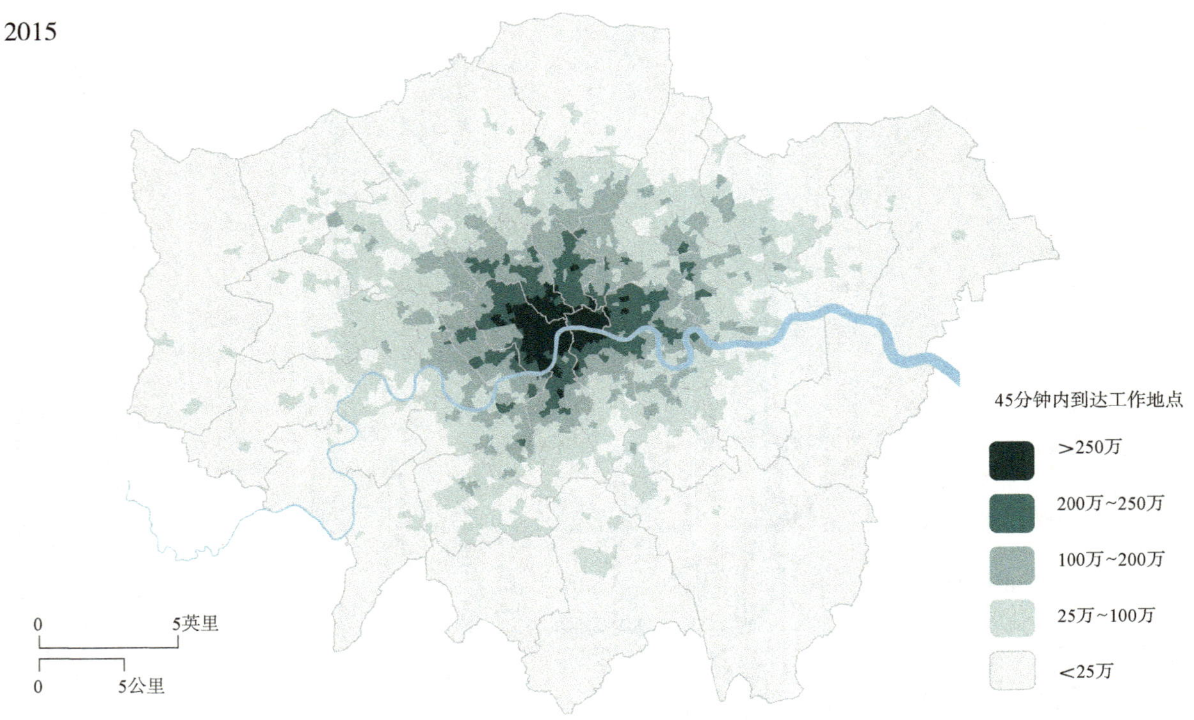

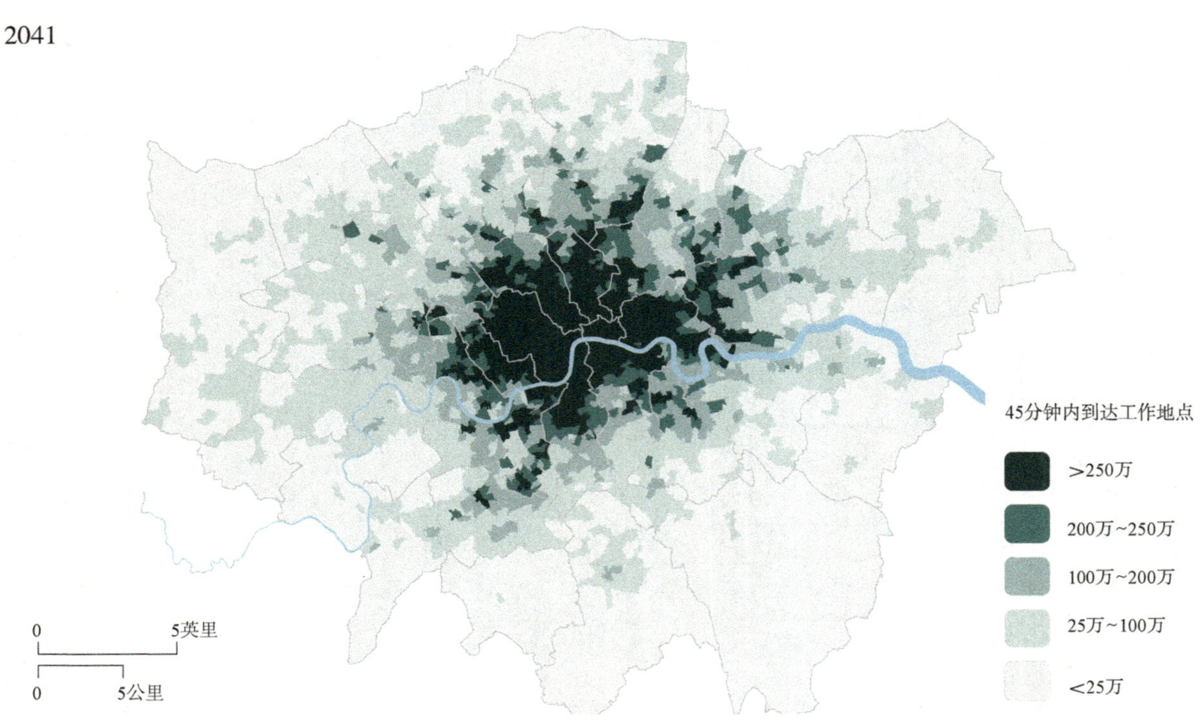

图 4-17　2015 年和 2041 年乘坐公共交通工具到达工作地点的可达性提升情况

聚焦16：航运服务

航运服务是伦敦公共交通系统不可或缺的一部分，在支持伦敦发展（尤其是在公共交通可达性有限的伦敦东部）方面扮演着重要角色。伦敦港口管理局的《2035年泰晤士河未来规划》提出了将一些码头和航运服务与其他交通模式（如步行和骑自行车）整合起来的提案。市长支持更多的货运通过航运方式进行，认为这样既有利于航运的发展，又能减少货运车辆对交通的影响。目前已举行了新的泰晤士河和伦敦航道研讨会来协调改进问题。

政策17

市长将通过伦敦交通局和各行政区，与各参与方合作，设法发挥泰晤士河的全部客运潜力，将航运与公共交通系统、步行和自行车网络整合在一起，使货运能从陆地转移到河流，以便减少拥堵和创建健康街道。

提案72

市长将通过伦敦交通局，与伦敦港口管理局一起，制定《伦敦客运码头战略》，增加码头数量，提高战略性码头的客运量。伦敦交通局还将调研新的跨河轮渡服务的可行性，包括道格斯岛和北格林尼治之间的轮渡交通，以便增强繁忙的朱比利线交通走廊的恢复力。

延长巴尔金河滨的水上公交服务时间，可形成通往机会区域（Opportunity Area）的新线路，有助于达到伦敦港口管理局在《2035年泰晤士河未来规划》中提出的“到2035年时将每年航运客运量翻倍达到2000万人次”这一目标。这一延长线很有可能缓解其他公共交通工具和街道网的拥挤情况，有助于鼓励人们更多地选择步行或骑自行车出行。作为河岸开发的一部分，将增加新的码头，使其能连通新的航运服务。

提案73

市长将通过伦敦交通局，与有关行政区和航运运营商一起，研究到2020年初期将航运服务延长到巴尔金河滨（Barking Riverside）的可行性，目的是将关键增长区（key growth areas）与金丝雀码头（Canary Wharf）和其他伦敦东部的新开发区连接起来。

为支持泰晤士河的可持续客运和货运发展，市长将与伦敦港口管理局和其他参与方协作，研究在泰晤士河（如艾伯特岛，Albert Island.）上提供增强型码头的可行性。

如果监管船只安全性和河流排放的权力能下放给伦敦市，市长和伦敦港口管理局将能更好地管理河流，因此，市长将游说英国政府下放这些权利。

聚焦 17：伦敦与广大东南部及更远地区的交通联系

为降低伦敦对小汽车的依赖，确保更大范围的城市区域保持经济繁荣，仅为伦敦市域内的出行提供有充分包容性的公共交通是不够的，还应将这一做法扩大到伦敦与广大东南部地区、英国其他地区之间的出行，以及伦敦通过英法海底隧道和港口与国际城市之间的出行。

政策 18

市长将通过伦敦交通局和各行政区，与各参与方合作，共同支持改进公共交通系统，以便增强伦敦与英国其他地区和国际目的地之间的联系，此举还需要将地区、全国和国际性的交通方案尽可能地整合进伦敦的公共交通系统。

伦敦的机场在保持和增强国际连通性方面也扮演着重要的角色。与机场有关的提案见第五章。

1. 广大东南部

伦敦及广大东南部地区（英国的经济发动机）经济的增长和新住宅区的建设，取决于战略性交通网络的连通性的增强及客运量的提高。铁路网络的改进尤其重要，这一网络能支持更加积极、高效和可持续的出行方式。图 4-18 显示了广大东南部地区各参与方一致同意追加投资的初步战略性基础建设优先项。环形连接线（如多佛到南安普敦）对于穿越广大东南部的出行非常重要，可减少伦敦交通系统的拥挤和拥堵。

提案 74

市长将通过大伦敦政府和伦敦交通局与相关的参与方合作，设法确保广大东南部地区的交通投资能够支持实现有关经济和住房供给增长的潜力。

2. 高铁 2 号线

高铁 2 号线是政府为提高伦敦、中部地区和北部地区之间火车客运量提出的方案。为确保这条线路的成功，必须将其完全整合进伦敦的公共交通网络，以确保可从英国的其他地方到达伦敦中心区，使整个国家能够分享交通投资带来的益处。能方便地从高铁 2 号线终点站继续向前通行，对于实现这一点非常重要。在尤斯顿（Euston）——预计这里早高峰客流量将从目前的大约 30000 人次增长到高铁 2 号线二期开通后的 60000 人次以上——这使得下列配套措施成为必需：建设 Crossrail 2 横贯城铁，改造一座地铁车站，增加新的公交车、出租车和自行车设施，同时还应改进当地的步行道路。此外，还有必要把 Old Oak Common 站建成一个新的交通枢纽，以便连接高铁 2 号线和伊丽莎白线、伦敦地上铁和地铁（图 4-19）。

图 4-18　13 个初步的战略性基础建设优先项

图 4-19　高铁 2 号线与伊丽莎白线和 Crossrail 2 横贯城铁的整合

提案 75

市长将通过伦敦交通局，致力于鼓励英国交通部确保将 Crossrail 2 横贯城铁作为高铁 2 号线的补充，在尤斯顿和 Old Oak Common 建立两个联运交通站，以及对伦敦交通系统做出其他改进，以便使人们能通过公共交通工具、步行或骑自行车更为高效地及时到达目的地。

聚焦 18：伦敦长途客运服务

长途客车对于来伦敦观光、休闲和商务的人非常重要，可使人们到达英国和欧洲的其他地方。这种较廉价的出行方式是一种高效的团体出行方式，例如学校组织到外伦敦出游。

长途客车在伦敦的高效运转非常重要，并应整合进更大的公共交通和街道网络。这将增强从伦敦到达英国其他地方和国际目的地（包括机场）的连通性。

但是，长途客车的使用必须符合创建健康街道的需要，必须考虑它们可能对交通弱势群体的影响。这意味着长途客车也必须服从减少汽车主导性这一战略，尤其是在伦敦中心区和内伦敦。

伦敦交通局不负责长途客车的营运，但负责管理一些供长途客车使用的设施——特别是维多利亚长途汽车站（VCS）。预计从 2023 年起，因 Crossrail 2 横贯城铁工地施工和租约到期的缘故，维多利亚长途汽车站的部分设施将不再对长途客车开放。

提案 76

市长将通过伦敦交通局、各行政区和参与方合作，确保新长途客车设施与伦敦公共交通系统连接在一起，同时设法减少伦敦中心区内长途客车的行驶里程。包括：

（1）与各参与方共同努力，在一个或多个交通枢纽寻找代替维多利亚长途汽车站的设施。

（2）继续与长途客车行业共同努力，在整个伦敦区域内寻找合适的地点提供充足的路内和路外长途客车设施，为长途客车预订服务和长途客车观光服务提供帮助，保证长途客车出行的安全性和高效性。

（3）与各参与方如长途客车业和观光业共同努力，将长途客车纳入车队运营商认证方案（FORS）。

聚焦 19：公共交通和夜间经济

伦敦的夜间经济占整个城市生产总值的 8%，每年的营业额达 263 亿英镑，占整个英国夜间经济的 40%，其共有 700000 以上的从业人员。[1]市长希望这一经济活动能继续发展，已经专门成立了一个夜间经济委员会，任命了 Night Czar（直译：夜间监督者，伦敦市长任命的负责推广俱乐部文化和活动的专职人员），以便负责各种商业、酒店、剧院和其他文化活动来增加城市的活力，为伦敦市民、游客和来访者提供激动人心的体验。而这需要全面、一体化的夜间公共交通服务。

政策 19

市长将通过伦敦交通局和各行政区与各参与方合作，努力发展伦敦的公共交通服务，以便为夜间经济的增长提供支持。

2016 年 8 月，在地铁中心线和维多利亚线，市长首次启用了夜间地铁服务，朱比利线、北方线和皮卡迪利线随后跟进。在最繁忙的周末，这些夜间地铁的客运量可达到 200000 人次，与使用其他形式的公共交通工具比，平均可节省 20 分钟。

夜间地铁服务已经延伸到了部分伦敦地上铁，且出于对交通需求和其他因素的回应，有可能进一步延伸到交通网络的其他部分。

在扩大夜间交通网络时，必须考虑噪声和振动对周围居民的影响，并安排警力应对任何可能出现的反社会行为。将夜间活动聚集在新的和现有的公共交通线路沿线，有助于减少噪声公害。

一些需要关闭街道的文化活动也有助于促进夜间经济，使伦敦市民和游客感受到与白天不一样的街道体验。

在未来 30 年时间里，预计夜间地铁能增加 2000 个固定工作岗位和 3.6 亿英镑的夜间经济收入。

为促进繁华的夜间经济，作为夜间轨道交通服务的补充，还将提供夜间公交车服务。此外还将在一些具备战略意义的地方和换乘处提供专门的出租车停靠站，与夜间轨道交通服务相衔接，为乘客提供方便。

伦敦街道的照明也会进一步增加，夜晚将变得更多姿多彩，为那些步行和骑自行车出行的人提供更安全、稳妥、愉快的体验。这些措施有助于伦敦全天候保持它商业和文化之都的面貌。

[1] 伦敦的 24 小时经济，London First and Ernst & Young，2016 年 8 月。

聚焦 20：出租车和约租车

伦敦的出租车为伦敦市民和来自国内外的游客、商务人士提供了可靠、值得依赖的服务，熟悉伦敦街道的驾驶员能安全、快捷地将乘客带到目的地。出租车在伦敦中心区非常重要，工作日时平均占据街道空间的 17%，而约租车占据的街道空间约为 10%。

政策 20

市长将通过伦敦交通局和各行政区与各参与方合作，确保伦敦有一个安全、稳妥、便利的世界级出租车和约租车服务环境，为各运营商提供发展的机会。

对于那些需要安全、便利出行方式的人来说，出租车扩大了他们的选择范围，而在整个伦敦提供位置合理、方便的出租车停靠站对于这一点极为重要。从 2018 年起，伦敦交通局将开始评估约租车驾驶员在安全、平等和监管法规等方面的知识。随着夜间地铁的扩展，各地铁站新的、改进的出租车停靠站将为出站的乘客提供安全、便利的交通服务选择。

在实施改善伦敦空气质量这一战略目标中，出租车扮演着关键性的角色。从 2018 年起，将提供电动出租车充电站，以便支持零排放出租车的推广，具体见第三章的超低排放提案。

即使环境不断变化，保护和发扬标志性的伦敦出租车品牌仍是必要的。这意味着要继续监督服务标准、保证乘客反馈渠道的通畅、采用新技术改善乘客体验（如在伦敦交通局的出行规划中提供出租车选项）等，以及采用新方法减少成为黑牌出租车（伦敦的一种老牌出租车）驾驶员的障碍（同时不影响服务质量）。

约租车虽然在交通运输中有很重要的地位，但日益增加的拥堵也有它们的“功劳”，因此，提高约租车的标准十分重要。伦敦交通局应拥有更大的约租车管理权，包括限制约租车总体数量的权力。政府应立法来规定租用和预订车的法律定义，以明确出租车和约租车之间的区别。

出租车和约租车在远离他们许可区域的地方载客是一个日益普遍的问题，这样做是错误的，在某一许可区域获得执照的出租车和约租车驾驶员不应大部分时间在非许可区域工作。

出租车和约租车立法还应考虑到技术发展、新服务类型等，这是因为约租车和出租车行业仍在不断改变着，例如乘客订车方式、预约平台和共享服务等方面的变化。驾驶员和乘客的安全和公平待遇仍然是要优先考虑的问题。

提案 77

通过伦敦交通局，市长将寻求：

（1）限制伦敦约租车总体数量的权力，以便减少整体交通拥堵，尤其是伦敦中心区。

（2）有权采用新规定要求伦敦交通局许可的驾驶员在驾驶出租车和约租车载客时，起点或终点必须在伦敦市范围内。

非法和不合规定的出租车和约租车对乘客的安全存在着威胁，而且影响合法和遵守法纪驾驶员的收入。对于市长和伦敦交通局来说，提高出租车和约租车的合规性，保证乘客的安全，一直是优先考虑的问题。

提案 78

通过伦敦交通局，市长将以高效透明的监管和执法来提高所有出租车和约租车乘客的安全标准。

必须制定监管伦敦载客三轮车的法规，以便确保乘客及其他道路使用者的安全，减少载客三轮车对拥堵的影响，特别是在伦敦西区。

第五章　新住宅区和工作机会

与以往任何时候比，现在有越来越多的人想在伦敦生活和工作。据预计，到 2041 年时，伦敦的人口将比目前增加 130 万人。为迎合不断增长的人口的需要，专家称从现在起到 2041 年，每年必须在伦敦寻找合适的地方建造至少 65000 套住宅。

伦敦人口的增长，正是它作为一个世界经济和文化中心城市成功的标志，但这需要付出代价。伦敦日益高涨的房价已达到了市民难以承受的地步，许多人疲于支付房租，以致无法承受他们需要或想要购买的住宅的价格。如果这种情况持续恶化下去，必将对伦敦不利。

虽然人口增长对伦敦是件好事，但人口增长不应该建立在人们生活质量要付出代价的基础上——随着伦敦变成一个更大的城市，它必须变得更好，所有的伦敦市民都应该享受到人口增长带来的好处。

> “良性发展（Good Growth）意味着所有伦敦市民都应能享受到步行、骑行和乘公共交通工具出行的益处，而生活在某些地方的伦敦市民早已享受这些益处多年。”

交通网络对于实现这一点起着重要的作用。公共交通网络能使伦敦的部分地区首先成为适宜建造新住宅和创造就业岗位的地方。采用健康街道方案来围绕着“短途出行靠步行和骑行、较长途出行靠骑行和公共交通工具”这一原则来规划发展，将有助于人们享受积极、健康的生活方式，有助于城市在人口增长的同时更高效地运转。

本章阐明了良性发展的交通原则，随后又分两节解释了如何规划交通，以便以一种能提高生活质量的方式来供给住房和提供就业岗位，具体方法是：

（1）规划伦敦的发展类型，在交通便利处建立高密度、混合用途的社区，市民可通过步行或骑行到不远处的生活设施处，较远出行时采用公共交通工具。

（2）规划城市，通过交通来支持和引导良性发展，释放城市中欠发达地区的新工作和新住房的潜力。

交通和良性发展

采用健康街道方案围绕人口增长规划交通，制定出一系列良性发展原则，这些原则可使伦敦市民享受发展带来的益处。

这将有助于《伦敦规划》把重点放在良性发展上，建设稳固、包容性强的社区，充分利用土地，创造健康城市，提供伦敦市民需要的住宅，培养良好的经济发展势头，增进伦敦市的运转效率和适应能力。

良性发展意味着确保所有居住在伦敦中心区、内伦敦和外伦敦的人，在购物、上学或上班时能够有除驾车之外的其他交通方式选择。所有伦敦市民（无论是现有的居民还是未来的居民）都能享受到步行、骑行和公共交通工具带来的益处，而生活在伦敦部分地区的市民早已享受这些益处多年。

采用良性发展的交通原则意味着，随着伦敦的发展，将有更大比例的人口生活在离工作地较近的地方，因距离较近，他们从事其他活动时也更倾向于选择步行、骑行或公共交通工具。

“良性发展”的交通原则

（1）良好的公共交通可达性。

（2）高密度、混合用地开发。

（3）人们选择步行和骑行。

（4）无汽车和少汽车场所。

（5）包容性、可达性设计。

（6）零碳出行。

（7）高效货运。

政策 21

市长将通过伦敦交通局和各行政区与各参与方合作，确保伦敦现在及未来为伦敦市民所新增的住宅和就业符合良性发展的交通原则，具体方法是通过交通：

（1）创建高密度、混合用地的区域；

（2）发掘城市中欠发达地区的增长潜力。

第一节　改变发展类型

一、提高公共交通的可达性

住宅区、商业和其他方面的发展应能鼓励人们选择步行、骑行和公共交通等积极交通方式，尽可能减少对汽车的使用。从根本上来说，这意味着发展应面向有着良好公共交通可达性的地方。

在公共交通便利处发展可建设成高密度、混合用地的社区，在这些地方，当地的生活便利设施就在步行和骑行能到达的地方，较远出行时可选择公共交通工具。采用健康街道方案来规划这种积极的生活方式，将促进形成一个更为紧凑型的城市，充分利用宝贵的土地资源。

生活在人口更为密集、经济发达地区的人，会较少依赖汽车出行，更倾向于选择使用公共交通工具、步行和骑自行车出行。此外，如果公共交通服务更便利的话，人们就更愿意使用它。图 5-1 显示了伦敦目前的人口密度与使用汽车进行工作通勤之间的关系。

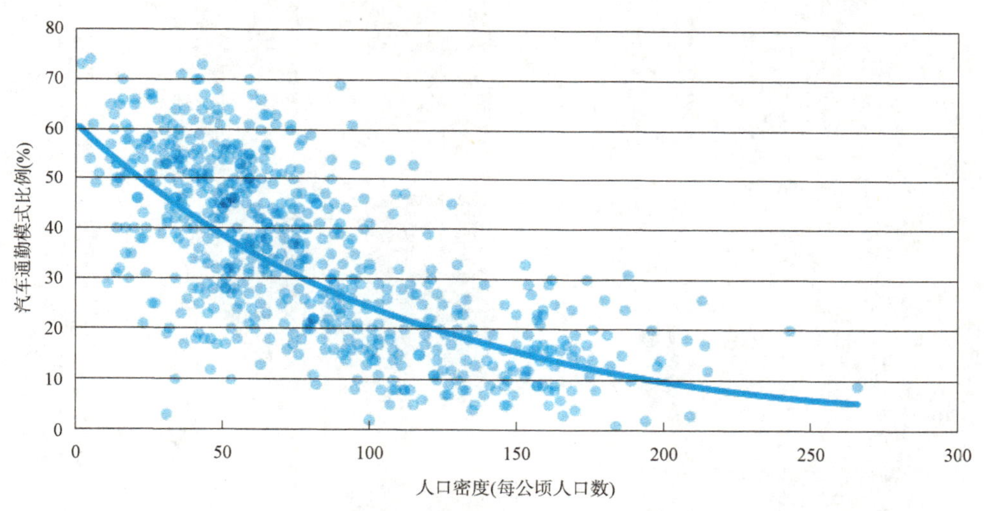

图 5-1　通勤汽车的使用和人口密度

创建高密度、混合用地的区域

交通站点周围的土地最适合建成高密度、混合用地的社区——在这里建成的社区与本地的生活便利设施、工作地点以及更远一些的地方在连通性上更为理想。这一项构成过去公共交通投资中最主要的一部分，通过在附近提供新房（包括多种期限的经济适用房）和工作，未来公共交通投资将收获更大利益。

伦敦共有约 600 个铁路车站和地铁站，应探索在这些交通站点周围的开发机会，例如，将土地开发形式从低密度使用方式（商业区、仓库、停车场等）转换成高密度、混合使用开发形式。此类变化可以作为一种催化剂，有利于城镇中心和邻区的重建，在振兴主要街道方面发挥重要作用。车站周围的开发机会对于“租赁房建设（built to rent）”尤其具有吸引力。

Canada
Water

对于在车站步行距离范围内建造高密度住房的规划政策和决策，不仅仅方便居民通过铁路或地铁上班，还方便其通过公共交通、步行或骑行去学校、医院和商店。车站周围的地块通常由伦敦交通局、铁路网络公司和其他公共部门土地所有者拥有，这提供了一个很好的机会，可以将多余的或未充分利用的土地建设房屋来满足不断增长的住房需求。

通过改进公交车和自行车路线，距离车站较远处的地块也可以进行高密度开发。此类网络可以大大增加一个车站的服务范围，提供更多的就业机会，减少伦敦市民对于小汽车的依赖。

图 5-2 展示了典型住宅区内标准的和改善后的公共交通可达性水平（PLAL）。通过延长铁路车站的接驳距离（包括骑行以及步行方式），可以提高公共交通可达性水平，同时使得更多的区域适用于高密度住宅开发。与此同时，还可以改善与自行车相关的基础设施，如新建自行车停车位和有隔离的自行车道（若有必要）。

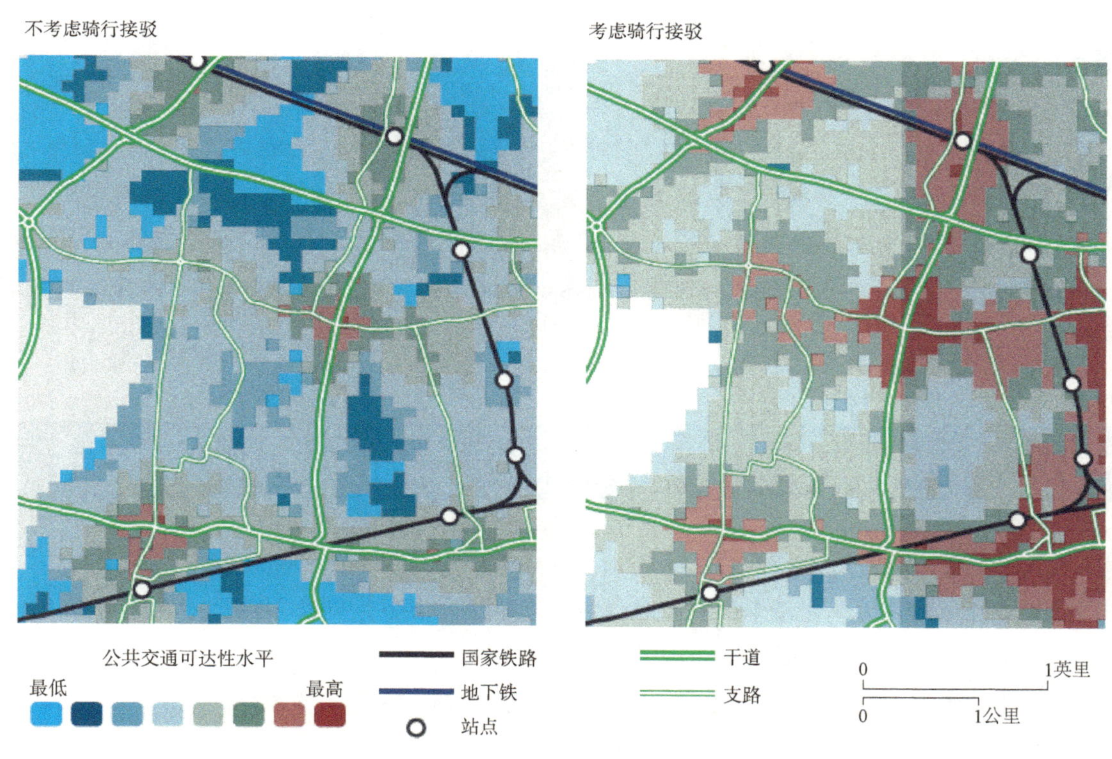

图 5-2　与骑行相关的公共交通可达性水平提高

提案 79

市长将通过伦敦交通局和各行政区，寻找利用公共交通网络进行高密度开发的机会，尤其是在公共交通车站和停靠站周围。用于改善车站环境、换乘处、当地步行和骑行网络的投资，包括针对周边低密度区域重新开发第三方投资，将促进更广泛的发展。

二、在新开发区中考虑积极出行

所有新开发区应包含人们选择步行和自行车的街道和地点。所有开发商在设计地方街道网络时，应计划提高十大健康街道指标，明确地将“人”放在“机动车”之前，强调以人为本。这些街道网络应满足整个社区的需求。采取包容的、易达的设计，使各个年龄段和各种活动能力的人可以享受服务，这在整个伦敦是基本的原则，应在最开始就纳入所有开发项目中。

所有新开发区须具备安全的自行车停车位和存放区，在未来实现较高的骑行水平，使每一位居民拥有一辆自行车。

所有未来开发将围绕积极的、高效的和可持续的交通方式进行规划，在规划上将抑制小汽车的使用，无汽车（car-free）和少汽车（car-lite）地点必将成为伦敦出行的首选。

应有限制地提供小汽车停车场地，若配备停车场，则应允许停车场未来随着小汽车依赖性下降而用于其他用途。在可达性较高以及公共交通连接性较好的区域，已经呈现出无汽车发展的趋势，尤其是在伦敦中心区和城镇中心。随着无汽车发展成为服务健全所有地区发展的起点，这一趋势需要继续发展和扩散。若小汽车停车位在新开发中被视为是合适的，则应为超低排放车辆提供停车位。

提案 80

市长将通过伦敦交通局和各行政区：

（1）对开发商提出高期待，预期其提供的交通解决方案将加速向积极、高效和可持续出行方式转移的进程，缓解道路拥挤，提高空气质量，协助开发吸引人的、健康和活跃的地区。

（2）限制在新开发区内配建小汽车停车场，公共交通可达性较好的位置预期将实现无汽车化。新开发区应包含高水平的自行车停车和存放基础设施，并促成在城镇中心和其他高需求地点的道路旁提供自行车停车位。

汽车和自行车停车位的指导方针

（1）预期在伦敦可达性较强的区域进行无汽车开发以及在其他地点进行少汽车开发。

（2）任何可允许的住宅停车位应为超低排放车辆做好准备，以便零碳出行。

（3）适当为残疾人驾驶员准备专用停车位。

（4）可以在中央活动区（CAZ）外部配备汽车俱乐部，取代私家车停车场。

（5）提供位置较好且可达性较强的自行车泊车位。

《伦敦规划（London Plan）》中提供了更多详情，包括汽车和自行车停车位标准。

三、在新发展中引入高效货运和服务

预期新开发区将在设计上鼓励高效、安全和低排放的运输方式。规划许可应保证支持非高峰时段（包括夜间）配送的货运和服务计划。

提案 81

市长将通过伦敦交通局和各行政区与各参与方合作，在新开发区中考虑高效货运和服务方式：

（1）确保配送和服务计划通过静音技术（quite technology）以及采用更为积极、高效和可持续的运输方式促进非高峰时段运输，包括在可行的地方使用物流配送车（cargo cycles）和电动汽车。

（2）确保大范围开发和整个区域规划中纳入地方货运和服务战略（措施包括共享采购消耗品、协调废物回收利用、制定运输时间表、规划居民"门店提货"和灵活卸货区）。

（3）在机会区域和主要发展区周围制订大胆的开发计划，如高铁 2 号线，以降低货运和工程运输车辆的影响。

第二节　塑造城市形象

一、利用交通来支持和引导良性发展

创建高密度、混合用地的区域要求交通投资全面符合《伦敦规划》中规定的发展战略。

《伦敦规划》草案表明，城市发展潜力集中于中央活动区以及城镇中心和机会区域内部，郊区集中化管理也具有发展潜力。这意味着将现有公共交通网络的容量最大化，扩展交通网络，开发新住宅区，优化车站周围的土地利用，从根本上改善步行和骑行条件，支持更高密度开发。

每一个伦敦的区域都是独特的，需要量身定做的交通系统来支持其发展。

1. 中央活动区

投资公共交通系统，尤其是铁路网，对于促进伦敦中心区的就业发展具有重要作用，此类改进项目在第四章中有详细说明。另外，伦敦中心区的活力取决于良好的公共场所和健康清洁的环境，包括采取措施改变小汽车交通主导地位，改善空气质量，提供更好的步行和骑行条件，上述内容已在第三章中说明。

2. 城镇中心

城镇中心提供了一系列重要服务和设施，以满足伦敦市民的需求，还提供了一个就业和休闲中心。通过提高城镇中心之间和城镇内部的交通可达性（通过各种交通方式以及更好的步行和骑行条件），其作为发展节点的作用可以得到加强，支持更高的开发密度以及更大的住房容量。城镇中心和周围地区的开发重点在于公共交通、步行和骑行网络，减少汽车依赖性，改善地方环境。

3. 机会区域（Opportunity Areas）

伦敦增长走廊（growth corridor）和机会区域（在《伦敦规划》中指定为具有特殊发展潜力的区域）的规划应纳入有关良性发展的最佳实践。在这些区域的核心，应该提供专用的公共交通以及步行和骑行设施（如快速公交以及有隔离的自行车道），以及方便长途出行和进入伦敦中心区的人换乘地铁或铁路的换乘枢纽。在它们的增长走廊内，机会区域应与周围城镇中心、学校、就业中心和车站良好连接，包括为周末出行提供公共交通服务，推广无汽车生活方式。

机会区域的战略性规划应确保不鼓励非必要的汽车出行，可采取的措施包括限制停车位（包括强制性无汽车和少汽车开发）、根据时间 / 车辆类型限制用车以及通过限速措施减慢车辆速度。在新开发区（或现有住宅街道），设立一个汽车俱乐部提供共享车辆使用设施，而非提供私家车停车位，这是降低小汽车支配度的例子，将节约的空间用于其他基础设施，以支持积极的交通出行

方式。

机会区域内的开发从一开始就应恰当设计，保证紧凑、安全，使相邻区域之间可步行来往，便于人们享受设施和服务。在生活 - 工作区可以减少不必要的出行，在区域内集成高效的配送和服务基础设施以减少车辆活动。

提案 82

市长将通过伦敦交通局和各行政区，通过中心活动区内、城镇中心内部和周围、车站附近区域和机会区域的交通投资和规划来支持发展。市长期望在上述区域设定比其他区域更激进的交通方式分担率指标来规划框架，并要求各行政区和其他参与方说明发展规划将如何促进出行方式从汽车向步行、骑行和公共交通转移。

4. 伦敦郊区

伦敦郊区的很多地区也有能力支持新开发计划，尤其是与伦敦中心区和城镇中心连通性较好的地区。然而，很重要的一点是，郊区开发需要以不依赖小汽车的方式实现。对此，交通网络需要连接伦敦各个部分（利用公交网络），尤其是更好地连接各个区域，并创建一个鼓励更高水平步行和骑行的公共空间。

为了在伦敦郊区提供新住房和工作，需全面利用伦敦的交通网络。这意味着需要在选定的数个地区扩展公共交通网络，以支持重要的发展机会。但这也意味着更多地发挥现有网络，不仅需要升级铁路网络的质量和载客量，还涉及公交车等其他出行方式。

外伦敦的很多城镇中心提供高密度混合用地的可重新开发空间，可以改善城镇中心对于生活在郊区的伦敦市民的服务。随着开发项目的涌现，为了最大化公共场所以及提高在其中生活、参观或工作的每个人的生活质量的改善潜力，应在罗姆福德（Romford）、豪恩斯洛（Hounslow）、萨顿（Sutton）和伍德格林（Wood Green）等地区实施健康街道方案。通过改善步行和骑行条件以及加强公交服务水平和公交优先权，城镇中心的服务范围能够得到增长，还将大大增加伦敦郊区市民就业和休闲的机会，同时有助于外伦敦的重建。

5. 广大东南部地区

交通在增强伦敦与大伦敦政府所管辖范围外区域之间的连接性方面发挥着重要作用，包括支持增长。在规划伦敦交通时，很重要的一点是考虑在广大东南部地区的其他区域创造新的住房和工作机会，与支持者一起合作，支持战略走廊（从伦敦增长走廊向外延伸，如图 4-18 所示）沿线的开发计划。

二、通过新铁路线释放发展潜力

1. Crossrail 2 横贯城铁

除了一定程度地减缓交通系统的拥挤情况以外，Crossrail 2 横贯城铁还将释放整个区域的住房和就业潜力。Crossrail 2 横贯城铁将向更广泛的经济领域提供重要利益，是一个具有全国意义的项目。新建成的铁路将提供支持 200000 套新住房和 200000 个新工作岗位所需的基础设施，并且随着一些进入伦敦的最拥挤的国家铁路线运载能力的释放，将进一步促进增长。Crossrail 2 横贯城铁的整体情况参见第四章的说明。

提案 83

市长将通过伦敦交通局和各行政区，努力保证充分利用 Crossrail 2 横贯城铁提供的机遇，最大化增加住房供应，创建健康的新型地区，并完全与其周围环境相融合。

西安格利亚干线（West Anglia Main Line）和新的公交服务将支持李谷（Lee Valley）的部分地区以及之外区域的发展，这是 Crossrail 2 横贯城铁改进项目系列行动的一部分。可以采取分阶段的方法，从创建新斯特拉特福德（Stratford）-天使路（Angel Road）道路服务开始，然后增加到布罗克斯本（Broxbourne）的载客量（双复线，four tracking）。因此，市长正在更新大李谷地区（wider Lee Valley）的规划框架，将考虑战略性工业用地是否可以重新进行配置（无工业占地面积净损失），以了解承诺的以及潜在的交通改进项目的住房开发潜力。

提案 84

市长将通过伦敦交通局和相关各行政区，鼓励铁路网络公司继续增强西安格利亚干线，以帮助在李谷地区创建和支持新住房和就业机会。

2. 贝克鲁线延长线（Bakerloo line extension）

市长已经咨询了有关贝克鲁线路的延长方案，以提高伦敦东南部地区和伦敦中心区之间的公共交通连接性和载客量，如图 5-3 所示。除了提供交通福利以外，贝克鲁线路的延长还可以在老肯特路和刘易舍姆、卡特福德和新十字机会区域（New Cross Opportunity Areas）开发 25000 多套新住房和提供 5000 多个工作岗位。贝克鲁线延长线为老肯特路机会区域提供了一个独特的机会，使其可以在中央活动区周围创建一个高密度、混合用地区域。以此创造一种新的开发类型，在城市环境下支持高水平的就业和住房机会，可以作为内伦敦其他地区的榜样。这种开发类型能保证大量住房和职位实现恰当的平衡。规划的延长线二期可提供大运量、高频率的运行服务，促进刘易舍姆以外地区的发展。

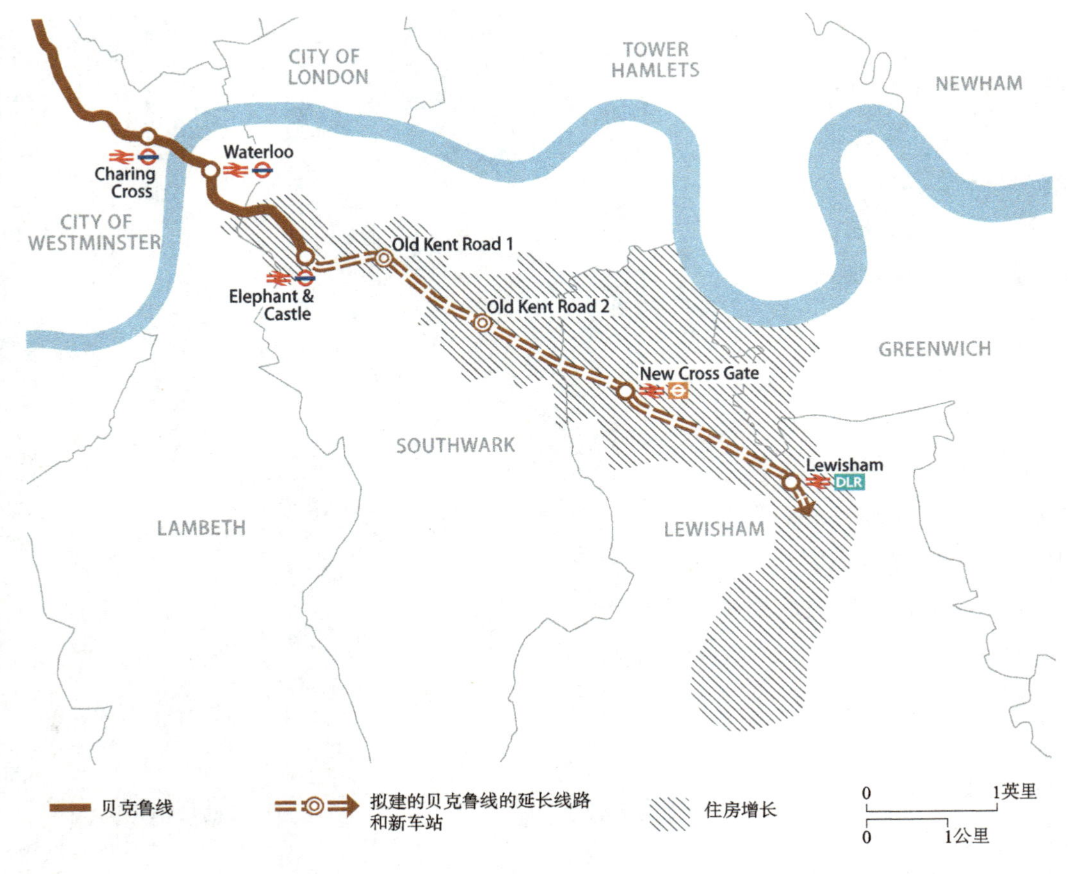

图 5-3　拟建的贝克鲁线延长线

提案 85

市长将通过伦敦交通局和相关各行政区，和铁路网络公司尝试把贝克鲁线延伸至刘易舍姆及以外地区，以提高该区域的公共交通连接性，提供新住房和工作机会。延长线在设计上将促进在内伦敦创建一个有吸引力的、密集的区域，伴随着积极、高效、可持续的出行行为和混合用地的开发模式。

3. 伊丽莎白线延长线

用于延伸伊丽莎白线的土地作为《横贯城铁法案》的一部分受到保护。如图 5-4 所示，伊丽莎白[1]线延长线将支持贝克斯利和北肯特线路延长线新增 55000 套新住房和 50000 个新工作。对此，现有铁路网络上的运行服务也需要改进。除了为肯特发展计划提供重要支持以外，伊丽莎白线延长线也将连接艾贝斯费特的高铁 1 号线，提高整个广大东南部的铁路连接性。因此，政府应将其作为具有区域和全国意义的项目进行推广。

提案 86

市长将通过伦敦交通局和相关各行政区，在政府引导下支持将伊丽莎白线从阿比伍德（Abbey Wood）向东延伸，每小时提供多达 12 辆列车，促进伦敦内部和外部的泰晤士河航道的良性发展。

[1] 评估伊丽莎白线延长线支持的住房和工作数量的方法与用于其他项目的方法不同，所以不应直接比较数据。

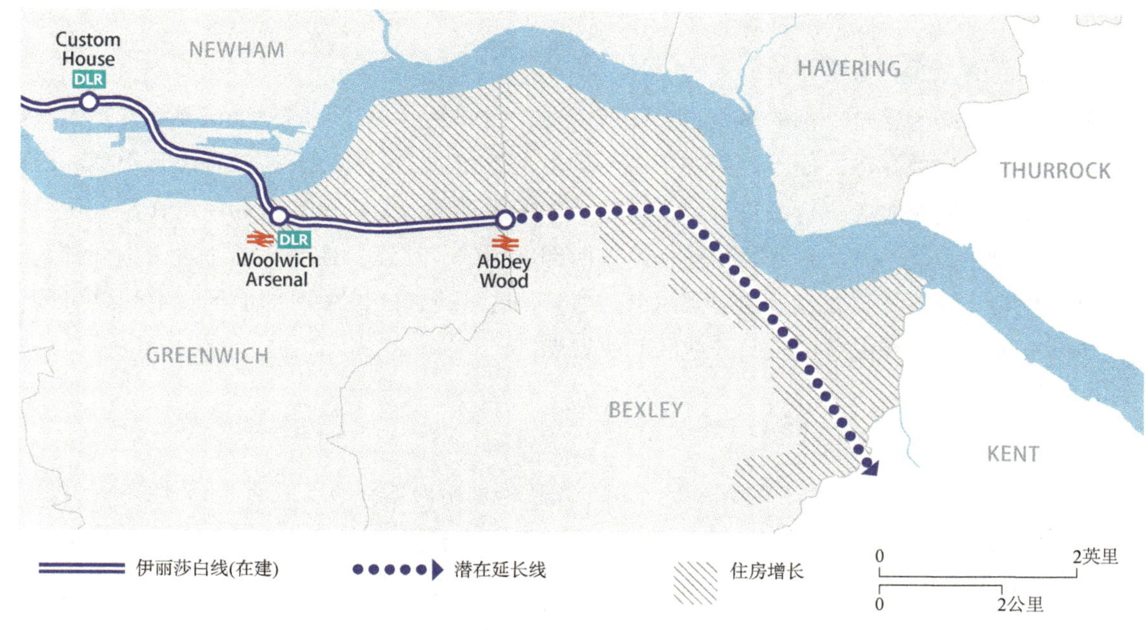

图 5-4　预计将铺设的伊丽莎白线延长线

4. 新车站

伦敦交通局将与各行政区和开发商协作，在现有交通网上确定通过建造新车站可以进行更大力度发展的地点。伦敦东部的比姆帕克（Beam Park）已经开始实施，目前正在评估很多地点新建车站的可能，包括 Old Oak 地区。

提案 87

市长将通过伦敦交通局和各行政区，通过确定有可能创造大量工作和住房的新建站点的机会，充分利用伦敦的交通网络。

其他支持良性发展的方案

除了本章所述内容之外，第四章中所述的很多方案也为伦敦的良性发展做出贡献，例如改善伦敦南部地区的有轨电车服务以及实施全国铁路升级，提供始于芬乔奇街（Fenchurch Street）的更长的列车运行服务。另外，有些将近完工的项目（如伊丽莎白线和泰晤士连线升级）已经证明了交通投资在促进发展方面的重要作用。

三、通过改进的铁路服务释放发展潜力

1. 伦敦郊区地铁提供的机会

近年来，伦敦交通局车站附近的区域已经像其他区域一样迅速完成了二次开发。这是因为这些车站的运行服务提供了更高的发车频次以及相比伦敦其他地区更好的连接性。存在特定的机会可以改革国家铁路网的服务质量和发车频次（参见第四章中所述的郊区地铁提案）。这将作为更新已有街区的催化剂，促进城镇中心住宅集约化以及其他新开发项目。通过与各行政区镇合作，以协调伦敦郊区地铁网络的规划政策和投资，有可能会促进伦敦南部地区车站周围的可持续发展区域达到更

高密度。

2. 伦敦地上铁改进的机遇

伦敦地上铁网络为穿过首都的多个机会区域服务，因此是促进发展的一个重要因素。大多数伦敦市民想每日绕着伦敦移动，而不是来往于中心地区，伦敦地上铁可以支持这种出行类型。因此，需要对伦敦地上铁列车服务进行改进，以支持整个内伦敦和部分外伦敦地区的新工作和住房机会。尤其是有机会改进通往 Old Oak 地区和整个伦敦西部地区的“轨道”连接，通过达德山线到达豪恩斯洛区和布伦特十字区中间的克里克伍德（图 5-5）。这一新建的伦敦西部地区轨道线路可能会支持创建 20000 套住房，并促进伦敦西部地区就业发展。

提案 88

市长将通过伦敦交通局、伦敦西部联盟各行政区和铁路网络公司，致力于创建一个伦敦地上铁“伦敦西部地区轨道”线路，通过 Old Oak、尼斯登和布伦特十字连接豪恩斯洛与克里克伍德。

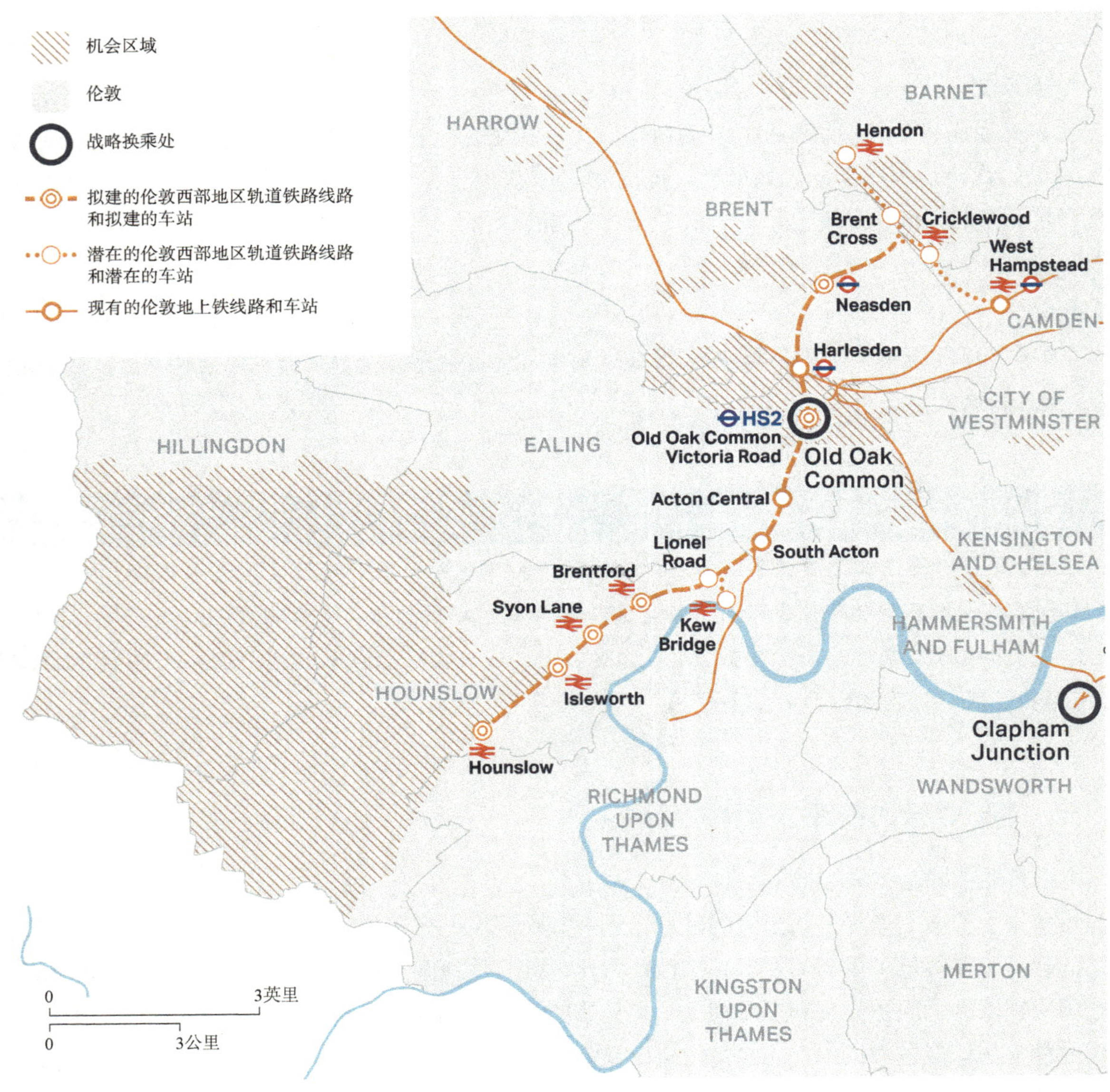

图 5-5　拟建的伦敦西部地区轨道铁路线路

四、通过有轨电车网络扩展释放发展潜力

根据良性发展指导方针，若有轨电车网络扩展可以创造新住房和工作岗位，则将考虑执行。此类项目将受到地方计划支持，并通过地方衍生的来源进行融资。

如图 5-6 所示，延伸至萨顿的线路是在本背景条件下考虑建设的第一条扩展线路，其他扩展线路若符合本方法的指导方针，也可以考虑。萨顿扩展线将建于始于萨顿镇中心的南北线路上，连接现有的有轨电车网络以及位于延长线北部终点更广泛的公共交通网络。

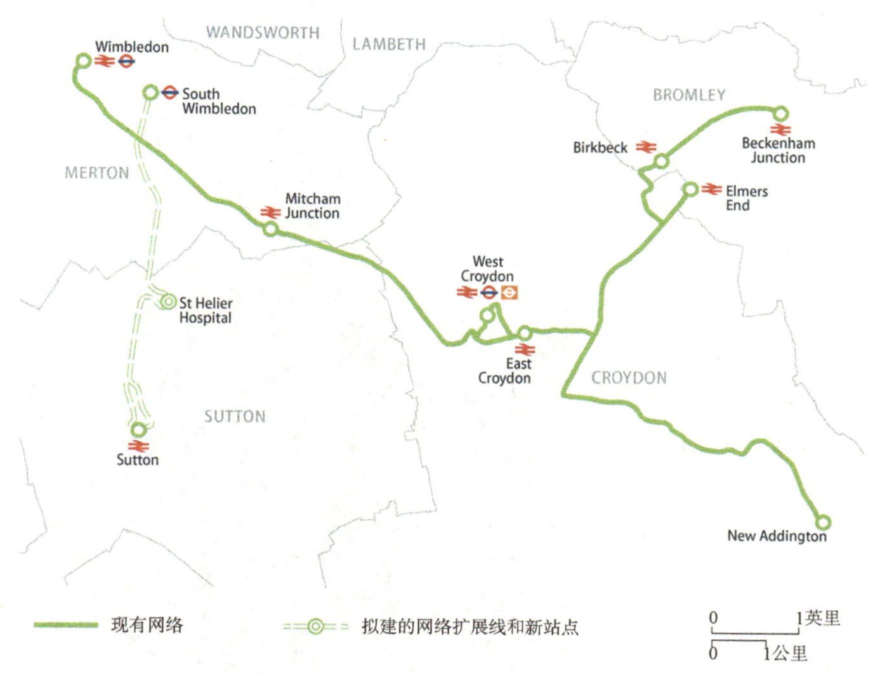

图 5-6　增加萨顿扩展线后的有轨电车网络

萨顿扩展线预计将为该地区提供 10000 余套新住房和 10000 余个新工作，符合良性发展的指导方针。萨顿镇中心是这些新住房的焦点。有轨电车扩展线路也将增加地方居民的就业机会，提供连接就业中心的更快、更高频率的运行服务。

扩展线路将遵守健康街道方案和零伤亡愿景政策，提供更好的步行和骑行环境，加强区域对于新开发项目的吸引力。

从长远来看，从萨顿镇中心进一步延伸到贝尔蒙特的拟建伦敦癌症中心可提供多达 10000 个工作岗位，也会支持地区的全面发展。有轨电车也可以直接从萨顿运行到温布尔顿，与 Crossrail 2 横贯城铁连接，更大程度上提高伦敦西南部地区的连接性。

提案 89

市长将通过伦敦交通局和各行政区，利用有轨电车网络实现良性发展：

（1）考虑网络扩展机会，以便提供新住房和工作。此类项目将得到地方计划支持，并通过地方衍生的来源进行融资；

（2）协同伦敦萨顿区和默顿区，探索在萨顿和以外地区增加扩展线路的机会，包括探索创新融资机制。

五、通过改善公交服务释放发展潜力

1. 提高整个伦敦的公共交通连接性

自 2000 年以来，伦敦公交网络的改进已经大大提高了伦敦很多地区的连接性，从而促进了城市人口增长。若公共交通网络没有广泛覆盖，很多开发区的住房密度将会降低。同样，若伦敦提供足够多的住房，则现有郊区住宅地区的集约化将有助于发展。因此，公交网络是发展的一个最大动力，对于远离铁路站点和公交站的地区来说，尤为如此。

提案 90

市长将通过与伦敦交通局以及各行政区合作，补充主要交通基础设施投资，旨在改善地方公交服务、公交优先权以及公交基础设施，在更大范围内启动高密度开发，从而推广基础设施投资带来的福利。

2. 高质量常规公交

包括高质量常规公交在内的新服务类型，可以促进新地区的发展（使其沿线的住房密度与轻轨沿线的住房密度相似）。高质量常规公交服务一般具有改善的公交车辆和基础设施，例如高载客量的公交车在专用车道上行驶，也可能采取连续的公交优先的形式。

常规公交的一个主要好处是，通过提供快速、可靠、可持续的交通连接，在该地区的轨道交通线路投资之前强力推动住房开发。这可能需要采用不同的方法规划连接性较差的地区，以使得投资人相信未来将具备其他公共交通形式。

提案 91

市长将通过伦敦交通局和各行政区，把外伦敦机会区域的常规公交网络作为试点，旨在促进在铁路投资之前或支持未规划铁路线路的区域的发展。可以考虑的试点包括贝克斯利 / 格林尼治（Bexley/Greenwich）、恩菲尔德（Enfield）、黑弗灵（Havering）和豪恩斯洛（Hounslow）。

3. 新公交连接

可以通过对现有网络进行较小范围的改进来支持较大范围的发展，包括提供新路线或加强公交优先权，同时改进步行和骑行条件。例如，锡尔弗敦隧道（Silvertown Tunnel）的优势将通过开通新的跨河公交服务而得到最大限度发挥，这将增加新住房的供应和改善工作地的可达性。

4. 新型需求响应式公交服务

探索新的“机动性”模式（详见第六章）是非常重要的，可以促进更大范围的发展，例如需求响应服务。这一政策以外伦敦为主，因为在该区域采用“传统”公交模式的经济效益较低，且该区域小汽车依赖性较高。图 5-7 中所示区域的公共交通可达性水平相对较低。大约 1/3 的伦敦市民生活在公共交通可达性水平较低的区域。

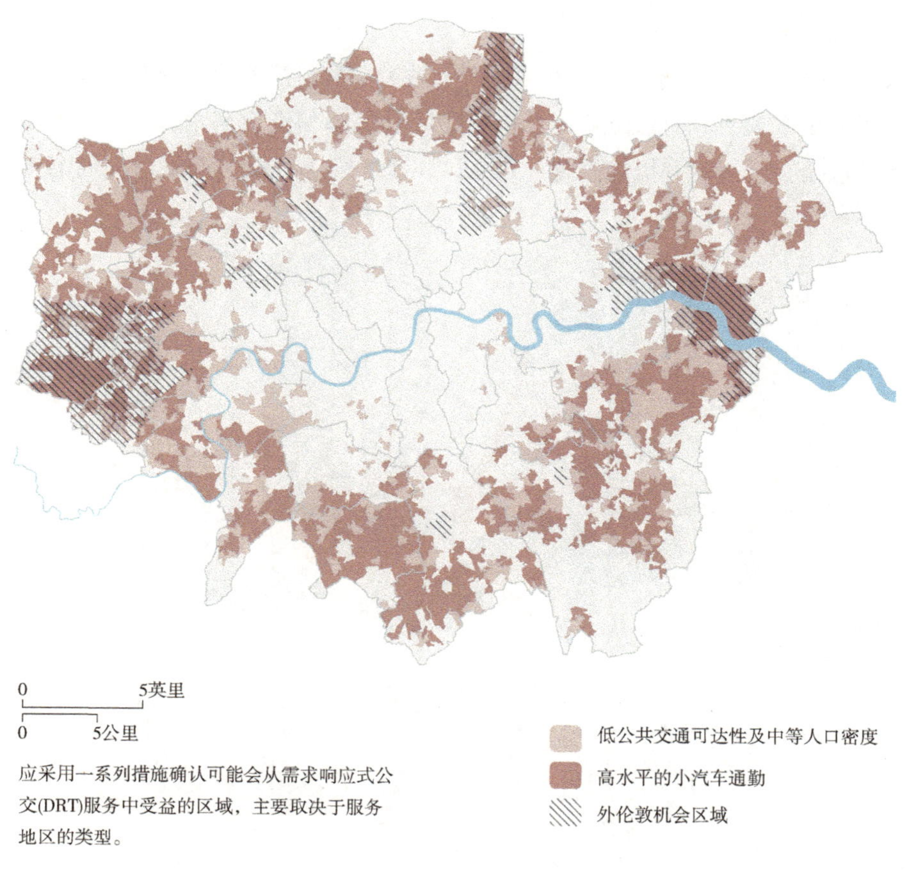

图 5-7　需求响应式公交服务的受益区域

在此类情况下，新服务可能会降低小汽车保有率，满足更多样的出行方式需求，与改变的生活方式相一致。在减少汽车停车位的同时，还可以支持在传统的提供高频次公交服务较为困难的地区进行更密集的开发。连同促进步行和骑行的措施，需求响应式公交服务应实现健康和环境的综合效益。这些服务的灵活性质也支持在新开发区提供更早的交通服务（在提供永久性基础设施或固定线路之前）。

提案 92

市长将通过伦敦交通局和各行政区，探索需求响应式公交服务对于促进良性发展的作用，尤其是很难利用传统公交服务的外伦敦区域。

六、通过提高跨河连接性释放发展潜力

提高交通网络效率以及释放发展潜力的一个重要方法是消除通行的物理障碍。泰晤士河对便利通行构成障碍，因此需要新的跨河通道连接泰晤士河两岸的社区。

在整个伦敦，提高跨越泰晤士河的公共交通线路的数量和载客量将有助于人口流动，并提升就业机会。伊丽莎白线将提供始于伦敦东南部地区的新跨河路线，而 Crossrail 2 横贯城铁将在伦敦西南部地区和伦敦中心区之间建立新的连接路线。

码头区轻轨（DLR）至泰晤士米德镇（Thamesmead）的扩展线路将支持在纽汉、格林尼治和贝克斯利开发数以万计的新住房，可以在十年内交付；其他考虑的方案包括从巴尔金河滨扩展伦敦地上铁，将在外伦敦提供铁路出行服务。

在伦敦东部，也有可能建设新的通道，减少伦敦东部和伦敦东南部地区之间的通行障碍。锡尔弗敦隧道将提供新的公交路线（图 5-8），并保证伦敦东部和伦敦东南部地区之间具备可靠且有弹性的道路连接。包括在新通道和黑墙隧道（Blackwall Tunnel）收费，以管理交通需求。

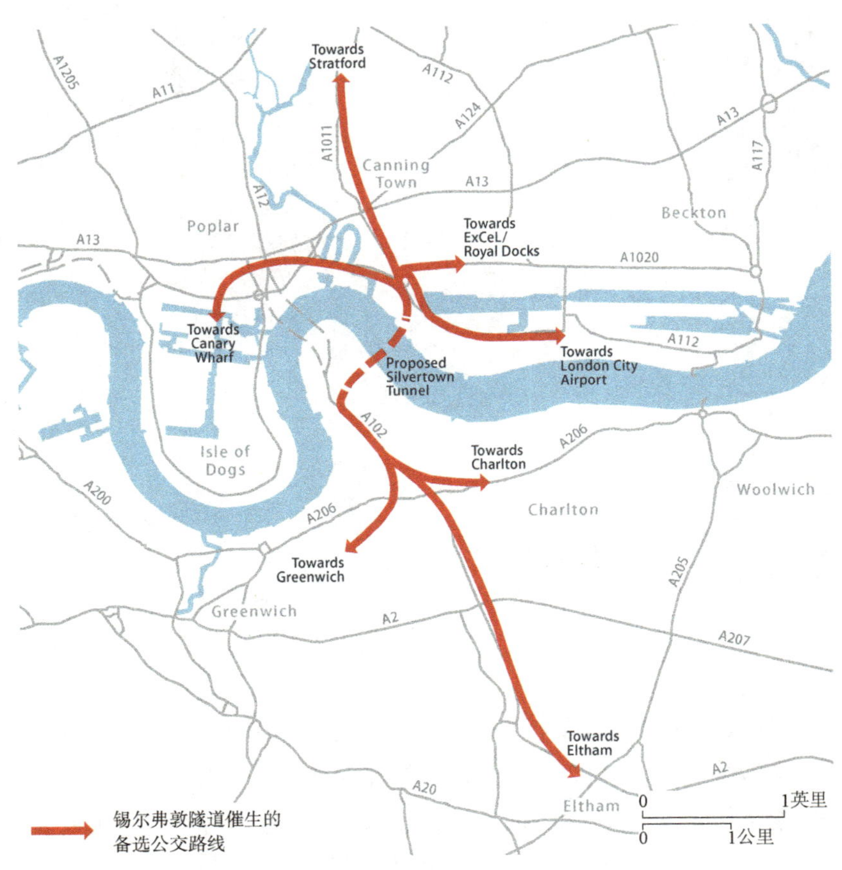

图 5-8　锡尔弗敦隧道催生的备选新公交路线

提案 93

市长将通过伦敦交通局，继续支持锡尔弗敦隧道的建设和运营，在黑墙隧道和锡尔弗敦隧道采取收费政策（一旦后者开通），来解决交通拥堵和相关空气污染、频繁关闭和间接延迟、黑墙隧道缺乏网络弹性和可靠性等问题。

在伦敦中心区和内伦敦，供步行和骑行的新通道将有助于连接当地社区，并鼓励更健康的生活方式。罗瑟希德（Rotherhithe）和金丝雀码头之间的新步行和骑行通道使数以万计的人可以直接往返于加拿大沃特和金丝雀码头，并支持该地区开发新工作和新住房。步行和骑行通道有助于支持伦敦其他区域的良性发展，并鼓励更积极的出行方式。市长鼓励各行政区引导的且具备地方融资的项目持续发展。

积极出行和公共交通通道是进一步建造桥梁和隧道的首选，因为他们支持健康、可持续的生活方式，尤其是公共交通通道在促进住房和工作岗位增长方面具有独特的优势。

提案 94

市长将通过伦敦交通局，促进新建符合本战略政策和提案的步行、骑行和公共交通跨河通道。

"鉴于本战略中规定的减少汽车使用以及改善伦敦空气质量的其他措施，任何新建通道需要包含浓重的公共交通元素。"

在 M25 环线上，达特福德大道（Dartford Crossing）承受着巨大压力，是外伦敦的居民和企业使用的一条主干路。政府计划新建的下泰晤士大道（Lower Thames Crossing）将有助于减轻该主干路的交通压力。

然而，外伦敦东部地区无公路桥或隧道。随着伦敦东部和伦敦东南部地区的发展，本区域的其他道路通道将在本战略执行期间逐渐获得优势。鉴于本战略中规定的减少汽车使用以及改善伦敦空气质量的其他措施，任何新建道路通道需要包含浓重的公交系统元素，以满足提案 95 中所列的更广的标准。只有在了解锡尔弗敦隧道、政府的下泰晤士大道、拟建的公共交通通道和其他区域改进项目以及市长的空气质量措施的影响之后方可决定是否新建通道。

提案 95

在锡尔弗敦隧道、政府的下泰晤士大道和码头区轻轨列车（DLR）至泰晤士米德的延长线交工后，若满足以下标准，则市长将考虑在伦敦东部建设跨河通道：

（1）提案表明仅提供公共交通专用通道无法满足发展和增长需求。

（2）提案经过所有相关各行政区协商，其位置和公共设施是参考需求和发展模型确定的。

（3）提案符合市长有关健康城市的整体愿景，包括提供一种确保可以将潜在交通量带来的负面影响管理在相关环境限制范围内的机制。

（4）结合锡尔弗敦隧道、政府的下泰晤士大道以及至泰晤士米德的轻轨列车，提案将支持良性发展，减少伦敦东部和伦敦东南部地区之间的通行和就业障碍。

（5）提案中包括适当提供居民步行、骑行和公共交通服务（除非已经在附近提供）。

（6）满足法律规定的空气质量要求，对敏感地区没有重大负面空气影响，包括学校。

（7）河流运输模式将得到维护和保护。

交通对区域变化的促成情况如图 5-9 所示。

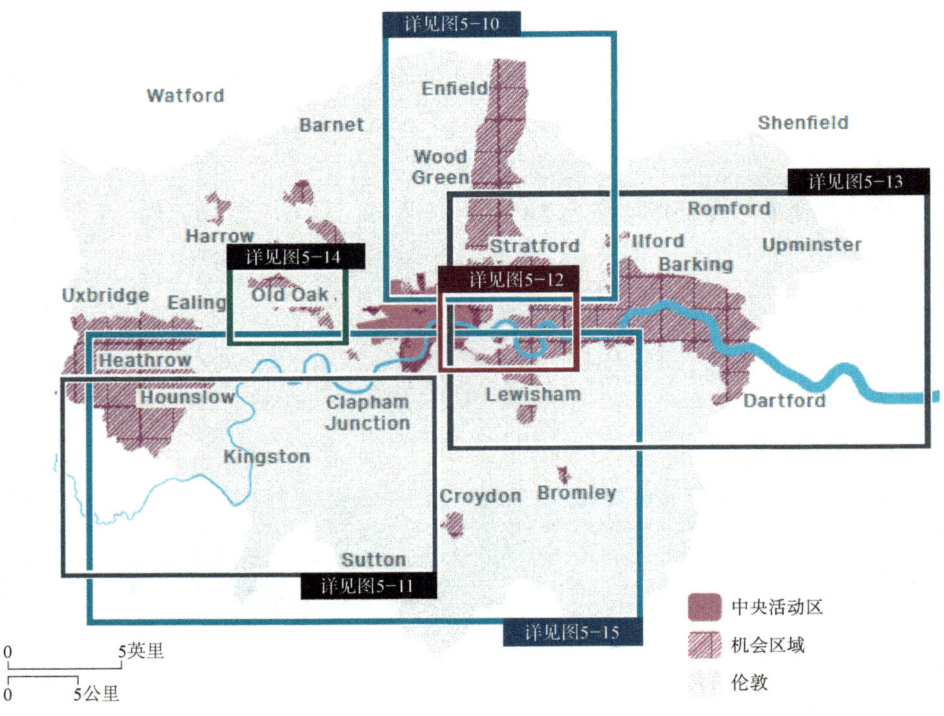

图 5-9 “重点领域”：交通是区域发生显著变化的促成者

聚焦 21：交通用地上的新住宅区和工作机会

1. 剩余土地

伦敦交通局是伦敦大量公共土地的所有者。为了促进建成满足需求的住房，市长计划利用伦敦交通局的剩余土地最大限度地建设经济适用房，减少低收入家庭、年轻人和残疾人住房供应相对不足的现象。

在 2020/2021 年之前，伦敦交通局将开始房产开发活动，并提供 10000 套住房。市长计划在伦敦交通局的土地上建设的，且在 2016 年 5 月之前投入市场的 50%（根据居室计量）的住房将为经济适用型。

伦敦交通局于 2016—2017 年提出 4 项方案（分别针对基布鲁克、芬威克、兰德马克考特和黑马路），计划提供超过 50% 的经济适用房。在接下来的 4 年内以及之后还会开发更多的剩余土地。鉴于其位置大多数位于机会区域、镇中心和郊区可达性较好的地区内，其开发目标是满足良性发展指导方针，产生的收入将重新投资交通网络，使所有伦敦市民受益。

伦敦交通局剩余土地的开发也将成为其他土地所有者的催化剂，尤其是公共区域，或有助于开发其所有区域。伦敦交通局将与邻近的公共领域土地所有者合作，争取最大化开发机会。

提案 96

市长将通过伦敦交通局，在剩余交通用地可用时，考虑其对于交通网络的可达性以及可持续、可负担得起的住房开发潜力。任何出售伦敦交通局剩余土地产生的资本收入将重新分配到伦敦交通局交通投资项目中。

2. 伦敦交通局车站和同地块其他功能的开发

也可以将交通、住房或工作岗位集成在同一地块，如已建成的哈默史密斯（Hammersmith）和威斯敏斯特（Westminster）地铁站。鉴于伦敦交通局拥有的运营土地的数量，未来可以提供充分数量的住房和工作，例如，在公交车和铁路车站（路段）之上或周围进行房地产开发。在采用创造性的方法进行混合用地重新开发时，市长和伦敦交通局可以向其他土地所有者和企业示范，在重新开发首都周围的地区时如何使住房和工作机会最大化。在低密度使用率的地区进行高密度重新开发（如商业区，包括超市），以支持伦敦可持续发展。

提案 97

市长将通过伦敦交通局，寻找混合用地开发和重新开发交通运行场所及其周围的地区，如铁路或公交车站，以满足住房和重建需求，与此同时，继续保护和加强交通运行（若合理可行）。

3. 道路和其他交通基础设施上的盖板（decking）

大型道路和其他交通基础设施会将社区分割，形成空气污染集中点，并占用大量本可以用于支持住房或工作发展的土地。“盖板”是穿过地下通道建造或在隧道中重建道路或其他交通基础设施的一种方式，使得上方的土地能够用于其他类型的开发。这种做法的成本很高，须谨慎管理。早期可行性研究表明，可以在巴尔金（Barking）A13 高速公路其中一段的上方建造盖板。这将使得受噪声和空气污染影响的区域变得更宜居，同时也促进了土地的进一步开发。本方案将得到已开发项目的资助。

提案 98

市长将通过伦敦交通局以及与相关各行政区合作，调查在巴尔金 A13 号高速公路上建造盖板的可行性，并评估其在支持新住房和新工作的潜力以及其在改善周边环境、有益现有社区方面的作用。

七、Crossrail 2 横贯城铁和李谷地区

要使李谷地区的住房、就业和出行方式转移的潜力最大化，需要进行大规模交通投入，包括建设通往更多目的地的更快、更高频次的公共交通连接，以及通过良好设计和场所建造在一开始就融入积极、高效、可持续的出行模式。

Crossrail 2 横贯城铁将在沿线创造 200000 套新住房和 200000 个工作机会，有机会转变李谷及其中心的可达性和发展潜力。西安格利亚干线在 Crossrail 2 横贯城铁之前升级可以加速这一发展进程。长期的良性发展规划是必要的，有助于在投资铁路建设的同时提供住房和工作。

为了发挥最大潜力以及优化其服务区域，Crossrail 2 横贯城铁需要辅以一个鼓励步行和骑行、能实现可靠且清洁的公交和货运网络的街道网络。

需要解决限制局部范围内的通行障碍（例如东西连接性）以支持发展，促使向更活跃的出行模式转变，同时支持地方经济发展。转变当地居民看待步行和骑行的方式，取决于是否可以通过改善公共场所和优化场所建造来提供新路线并提高步行或骑行体验。一个重点问题是提高 Meridian Water、Lea Bridge/ 雷敦和恩菲尔德东北部内连接性较差但新兴的居民区的连接性。

Crossrail 2 横贯城铁通道也提供了很好的机会，有助于在现有协同效应的基础上促进伦敦外围地区的发展，包括伦敦斯坦斯特德剑桥联盟（London Stansted Cambridge Consortium）。

图 5-10 展示了李谷地区拟定的可提供新工作和住房的主要交通提案。

八、伦敦西南部地区的 Crossrail 2 横贯城铁

Crossrail 2 横贯城铁带动发展的原则是，通过健康街道方案创建“宜居街区”。通过加大镇中心和周围车站的密度以及有针对性地改进步行、骑行和公共场所，将促进发展积极的出行模式。

通过协调伦敦西南部地区的土地使用、交通和重建活动，执行行政区级的交通量降低战略，以及改善现有的通往 Crossrail 2 横贯城铁车站的线路及“支线”公交车和有轨电车服务，将进一步促进开发。

Crossrail 2 横贯城铁将从根本上提高进入伦敦中心区的铁路线路载客量。这将缓解现有的西南铁路线路的拥堵情况，提供新的直接连接线路。

目前，在外伦敦的某些地区非高峰时间及周末公共交通服务较差，形成了对于小汽车的一种文化依赖。Crossrail 2 横贯城铁的补充措施将改善外伦敦城镇中心之间的公共交通连线，提供可达性良好的多方式换乘点，加强步行和骑行方式提升当地服务和目的地的可达性，以减少长距离出行很有必要，从而解决对于小汽车的依赖。这些干预将使更多的人将步行和骑行融入其日常生活，协助解决外伦敦对于汽车的依赖，通过鼓励积极出行、改善环境和支持地方社区来减少健康差异的情况。

图 5-11 展示了伦敦西南部地区拟定的可提供新工作和住房的主要交通提案。

九、内伦敦东部和道格斯岛

预计内伦敦东部到 2041 年会有显著发展，有可能提供超过 100000 套新住房和 170000 个新工作。同时，道格斯岛北部的金丝雀码头将继续作为一个全球就业枢纽。

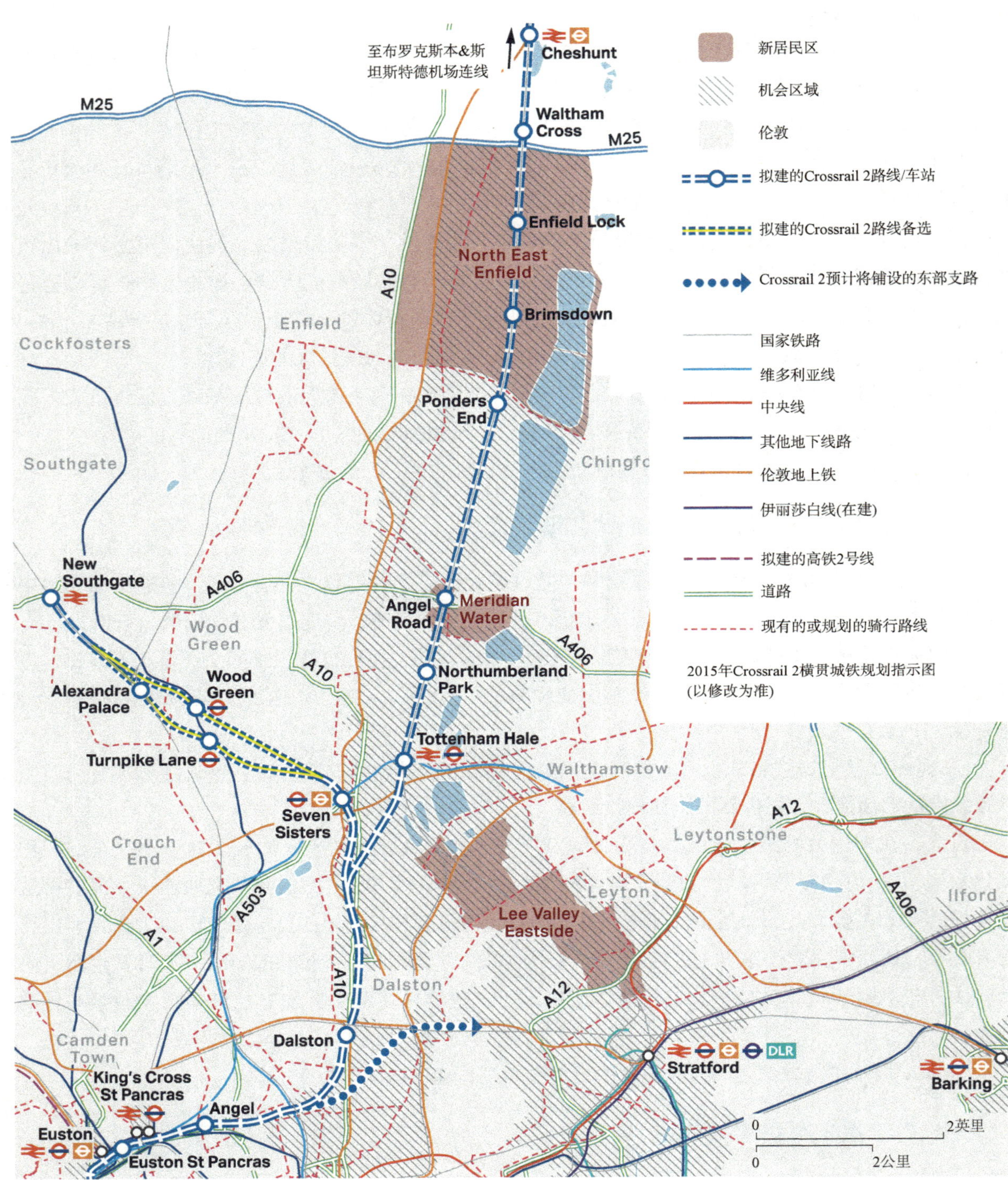

图 5-10　针对李谷内的住房和工作的交通提案

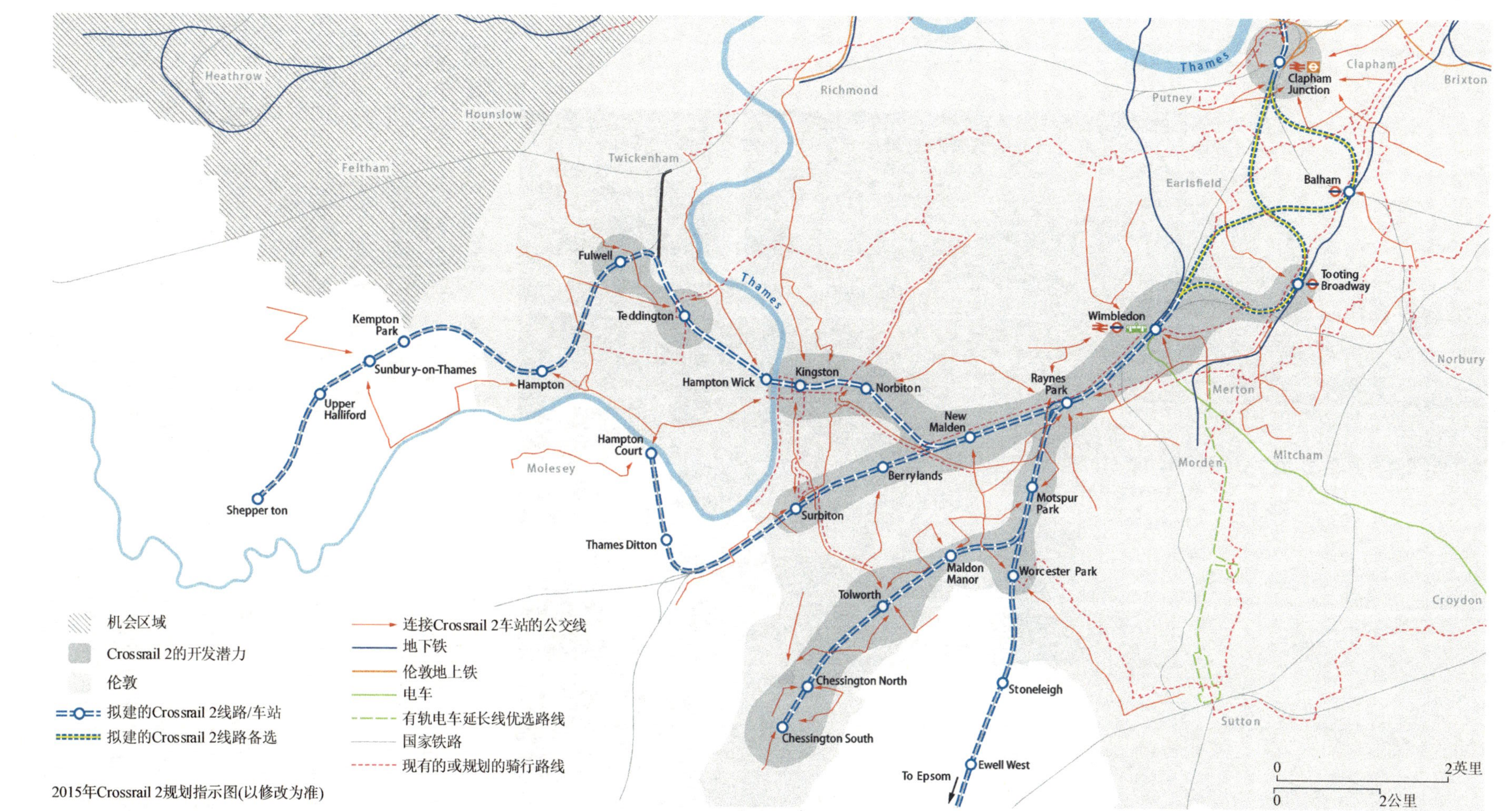

图 5-11 针对伦敦西南部地区的住房和工作的交通提案

尽管交通会有很大改进（如伊丽莎白线将于 2019 年开通），但预计进入该区域的所有线路的拥挤程度都将加重，需要进一步投资，以促进发展，并服务现有社区。这就要求考虑进一步强化网络以及建设新的连接方案。当前的提案包括码头区轻轨列车更换和服务改进、朱比利线升级、改善公交和骑行网络，以提供更多出行选择，加强公交车可靠性。然而，若不注重转变行为，鼓励人们选择步行和骑行的方式进行中短途出行，则无法缓解公共交通和街道网络拥挤的情况。

目前，泰晤士河构成了出行障碍，尤其是对于步行和骑行出行方式。在罗瑟希德（Rotherhithe）和金丝雀码头之间建设新的步行和骑行通道的计划，正在进行可行性研究。为了促进转变人们出行行为以及鼓励更积极的出行方式，在建设通道时应改进周围步行和骑行网络，以转变人们对于此类出行方式的态度。于北格林尼治的码头和跨河渡口新建和更新的通行意味着伦敦东部和伦敦中心区的水路运输增加了。锡尔弗敦隧道将从根本上改变跨河公交服务。

图 5-12 针对内伦敦东部和道格斯岛的住房和工作的交通提案。

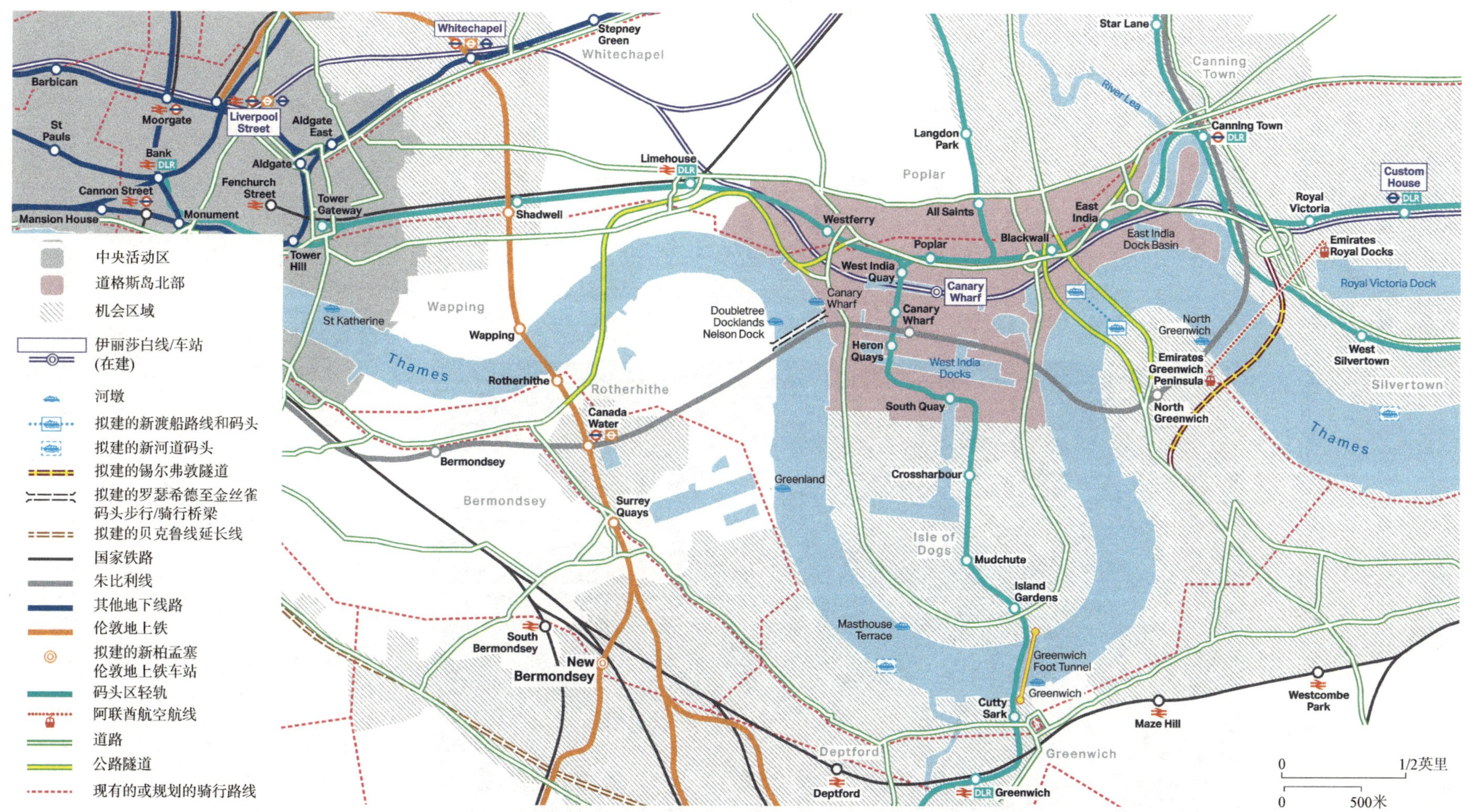

图 5-12 针对内伦敦东部和道格斯岛的住房和工作的交通提案

十、外伦敦东部和泰晤士通道

外伦敦东部和泰晤士通道很久以来就被视为存在大量住房和就业发展潜力，但由于公共交通连接性较差，开发进度受到限制。预计在未来 20 年内大伦敦政府所管辖的范围内将增加 250000 套新住房和 200000 个新工作岗位，交通连接性和载客量将得到改善，泰晤士河和地方水道对于出行造成的障碍将减少。

伦敦交通局计划的伦敦地铁至巴尔金河滨的扩展线路将开发 11000 套新住房，若没有此项目，则不可能实现。另外，计划沿伊丽莎白线在贝克斯利和北肯特的延长线的路线通道提供 55000 套住房和 50000 个工作（图 5-4），其中，20000 套住房将直接由本计划开启。

伊丽莎白线将提高区域连接性，已经开始对持续将老工业地段改革为新居民区进行投资，同时提供必要的辅助交通基础设施。

伦敦交通局已经进行投资，旨在提高载客量，如升级码头区轻轨列车，增加通往达克兰区线路的载客量。正在进一步了解需要哪些交通基础设施来促进泰晤士河的中长期发展。其包括步行和骑行优化项目、新铁路线连接和地方公交改进方案，也包括 A13 号线导致的隔离问题，主要措施是将其中的一段与隧道相连接。

重要的是，采用健康街道方案进行重建，支持这些地区从小汽车向步行、骑行和公共交通出行方式转变，并实现良性发展。应执行新开发项目，同时提供新交通连接。在建设新铁路线连接前，有必要提供和刺激重建高质量、可靠的公交连接。

市长认识到了伦敦东部的跨河通道对于支持一个具有重大发展潜力的地区的新住房和就业机会的重要性。正在调查新通道方案，首要目的是提高公共交通的跨河连接。

图 5-13 展示了支持外伦敦东部和泰晤士通道的新工作和住房的主要交通提案。

十一、Old Oak 和帕克诺雅（Park Royal）机会区域——高铁 2 号线、伊丽莎白线和大西部干线的交汇点

对 Old Oak 周围的地区进行重大交通基础设施投资将有助于开启发展机会。可以为伦敦市民创建 25500 套住房和 65000 个岗位，使其成为城市中最大的发展区之一以及英国最大的重建区。与

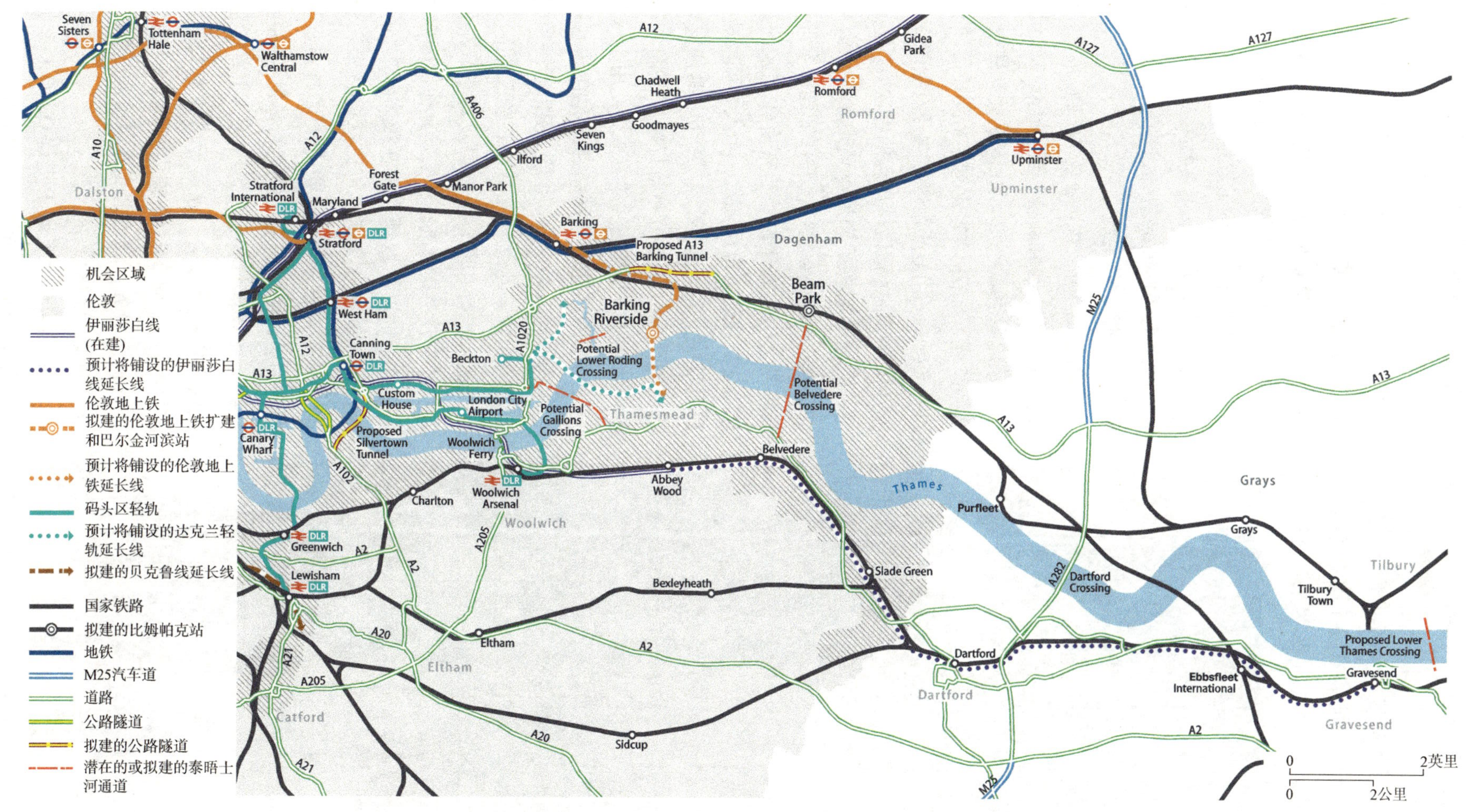

图 5-13　针对外伦敦东部和泰晤士通道的住房和工作的交通提案

Old Oak 发展区比邻的帕克诺雅，是欧洲最大的工业园区，需要通过良好交通基础设施得到保护、支持和强化。

处于高铁 2 号线、大西部干线、伊丽莎白线交汇处的新 Old Oak 车站将于 2026 年开通。这一重要的战略性交汇点将有助于解除尤斯顿（Euston）的压力，使人们在去往伦敦中心区的途中可以在这些线路之间切换，并作为来自高铁 2 号线和希思罗的乘客所使用的国内和国际通道。伦敦西部地区轨道线路将大大提高 Old Oak 与伦敦西北部地区和伦敦西南部地区之间的连接性。

Old Oak 开发区采用良性发展的指导方针作为积极、健康生活发展的基础，展示了支持和执行健康街道方案的独特机会。

目前，运河大联盟（Grand Union Canal）、铁路线路以及整个区域的变更给步行和骑行带来障碍，公共交通载客量不足，不具备安全且便利的步行和骑行路线，无法实施拟定的大量开发项目。很重要的一点是，采用健康街道方案开发新的街道网络，使步行和骑行成为该区域出行的首选方式。这将要求建设一系列的新桥梁和地下通道，并谨慎考虑如何完成拟建的 Old Oak 大街，并保证连接全部现有和拟建的车站。也需要建设始于现有住宅区的高品质和可靠的公交线路，以保证每一个人都可以从 Old Oak 提案项目中受益。高密度、混合用地开发意味着当地的便利设施位于步行和骑行距离范围内，针对长途旅行的特殊公共交通线路将减少使用小汽车的必要。

周围的高速公路网络已经存在拥塞现象，尤其是在 A40 和 A406 号线。需要积极管理道路网络，使开发的影响最小化，尤其是在施工期间。高质量公共交通、步行和骑行设施以及对于汽车停车位的限制有助于鼓励从小汽车转换到其他出行方式。

这一发展区域预计将在很多年后开始开发，交通提案需要足够灵活，可以适应技术和状况变化。还有很重要的一点是，帕克诺雅的企业和当地周围现有的居民区的需求在施工和开发期间应得到满足。伦敦交通局将与各参与方合作，考虑实施一个补充交通投资系列行动，包括与伦敦地上铁和地铁服务连接的机会，向 Old Oak 提供新的奇尔屯铁路（Chiltern Railway）服务，新的公交车、步行和骑行线路以及灵活的多功能街道。

图 5-14 展示了用于支持 Old Oak 和帕克诺雅的新住房和工作机会的主要交通提案。

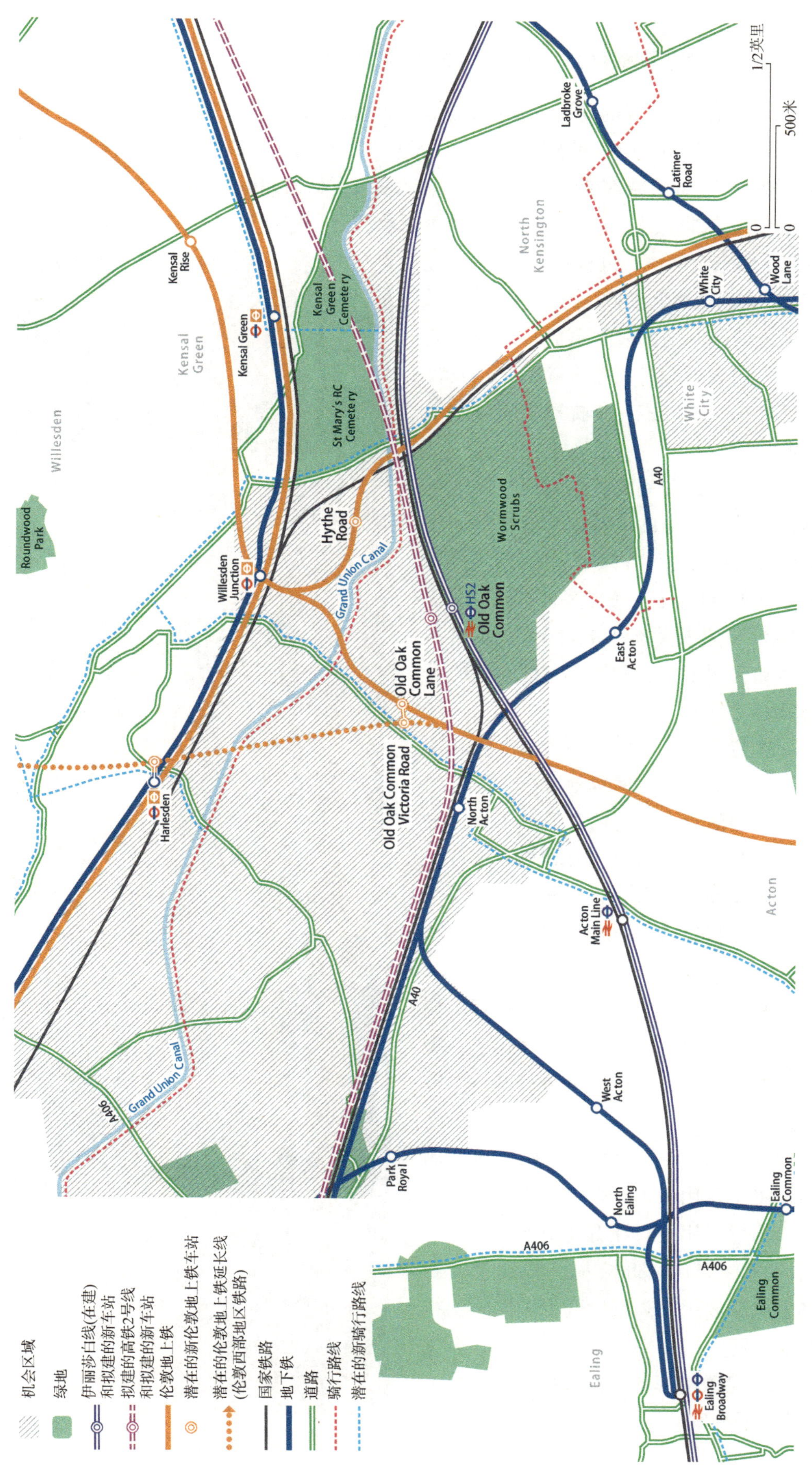

图 5-14　针对 Old Oak 和帕克诺雅的住房和工作的交通提案

十二、权力下放和伦敦南部地区的伦敦郊区地铁

从历史上看，伦敦南部地区的发展一直受铁路连接性的限制，很多区域的住房密度较低，有进一步集约化的空间。区域内地下铁网络有限，大部分过于拥挤。在存在较好的铁路连接的情况下，其涵盖的服务区域较广，导致乘客使用汽车到达车站，增加了街道拥挤程度。

Crossrail 2 横贯城铁将大大扩展网络容量，使金斯敦和温布尔顿等城镇中心密集化。拟建的贝克鲁线延长线使伦敦东南部地区也将具有铁路服务，有助于开发 25000 套新住房和 5000 个新工作。

伦敦南部地区铁路网络的权力下放将即刻改进整个区域的现有使用者的服务质量。随后，将升级信号设备、轨道和车站，以进一步提高发车频次，进而提高运载能力。

有轨电车在温布尔顿和克罗伊登之间提供了一条高质量线路，连接了现有的以及未来规划的通往伦敦中心区的铁路服务。预计在接下来的 20 年内，上座率将大幅度提高，目前正在考虑多种扩展方案，尤其是萨顿扩展线路，将提供至少 10000 套新住房，并改善公共交通到萨顿镇中心和圣艾利耶医院的可达性。

伦敦交通局将与大伦敦政府、各行政区和其他参与方合作，更好地协调伦敦南部地区车站周围的土地使用和交通规划活动，这将协助重建工作，增加新工作和住房机会，并将其与地方和更大区域范围更好地融合。通过改善步行、骑行和公共交通使用环境，步行、骑行和公共交通将成为替代小汽车出行的首选方式。

也将对“战略性枢纽”进行重点交通投资，如克拉珀姆路口和刘易舍姆，以最优化乘客体验，提高镇中心之间的连接性，通过扩展无障碍网络的范围改善可达性。

在大多数地点，重点在于增加现有土地使用的密度，而不是将工业用地（与其他城市部分相比较为匮乏）转换为房产用地。在有些情况下，可能会考虑工业活动合并（condolidation）和共置（co-location），将土地释放用于高密度开发，同时保持工业所需的占地面积。

图 5-15 展示了伦敦南部地区拟定的可提供新工作和住房的主要交通提案。

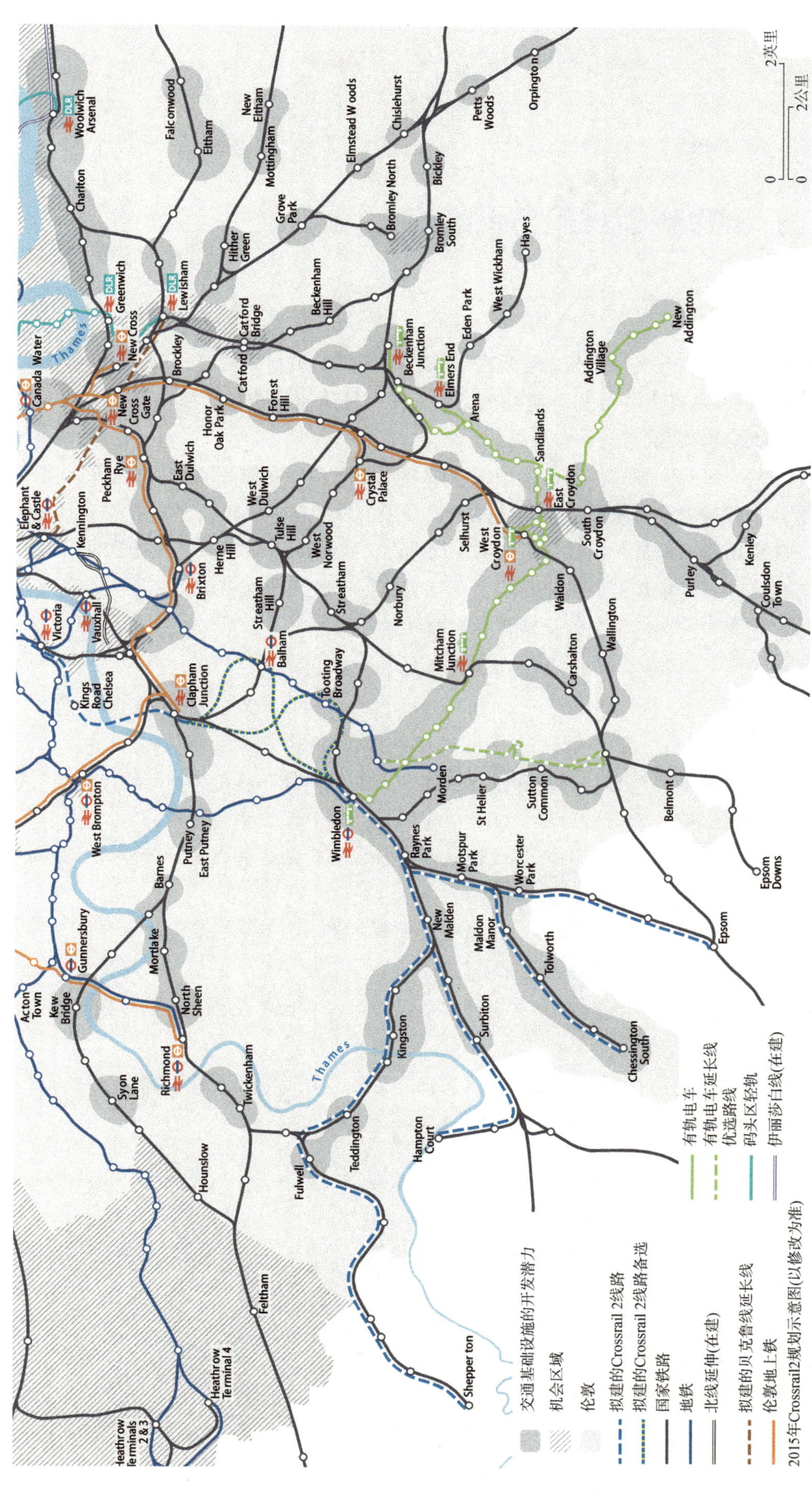

图 5-15　针对伦敦南部地区的住房和工作的交通提案

聚焦 22：确保规划过程是正确的

规划过程决定了能否实现良性增长。它需要各层次明确的政策，伴随着出行方式分担率（如通过机会区域规划框架，OAPF）和加强环境标准的目标，保证来自于土地价值增长的交通融资，并与内外伦敦的相关机构和社区合作。

《伦敦规划》是一种空间发展战略，其中的政策可以保证新开发项目带动良性发展。鉴于交通基础设施对于支持和促进发展的重要性，新开发项目必须为发展提供一定资金。公共部门基金可以促进发展并进一步利用私人投资。伦敦交通局的发展基金（Growth Fund）支持实施交通方案，加速伦敦发展区内的住房开发并增加开发和重建机会。基金使得伦敦交通局可以更好地进行项目开发。伦敦交通局与大伦敦政府合作将基金分配到适当的项目。

提案 99

市长将通过伦敦交通局、各行政区、伦敦以外的规划机构和其他执行部门：

（1）制定交通发展走廊的协作规划和投资机制，主要以伦敦斯坦斯特德剑桥走廊（London Stansted Cambridge Corridor）和老肯特路（Old Kent Road）等开发方法为基础。

（2）制定机会区域规划框架，旨在实现激进的步行、骑行和公共交通出行方式的分担率目标，最大化交通基础设施和服务的投资利用率。

（3）对于直接创造新住房和工作的小规模交通方案，使用公共部门资金（如伦敦交通局的发展基金），并在此类项目中利用其他来源的资金。

（4）在伦敦交通局开发提案评估和交通评估要求中引入良性发展指导方针（图 5-16），并实施。

（5）更新伦敦交通局的通勤规划指南，以保证开发项目可以鼓励积极、高效、可持续的出行方式，应用健康街道方案，并帮助实现零碳交通。

良好土地利用规划有助于提升公共交通，并促进积极出行的发展。而交通服务和基础设施反过来会通过促进高密度开发和宜居的街区来塑造城市。

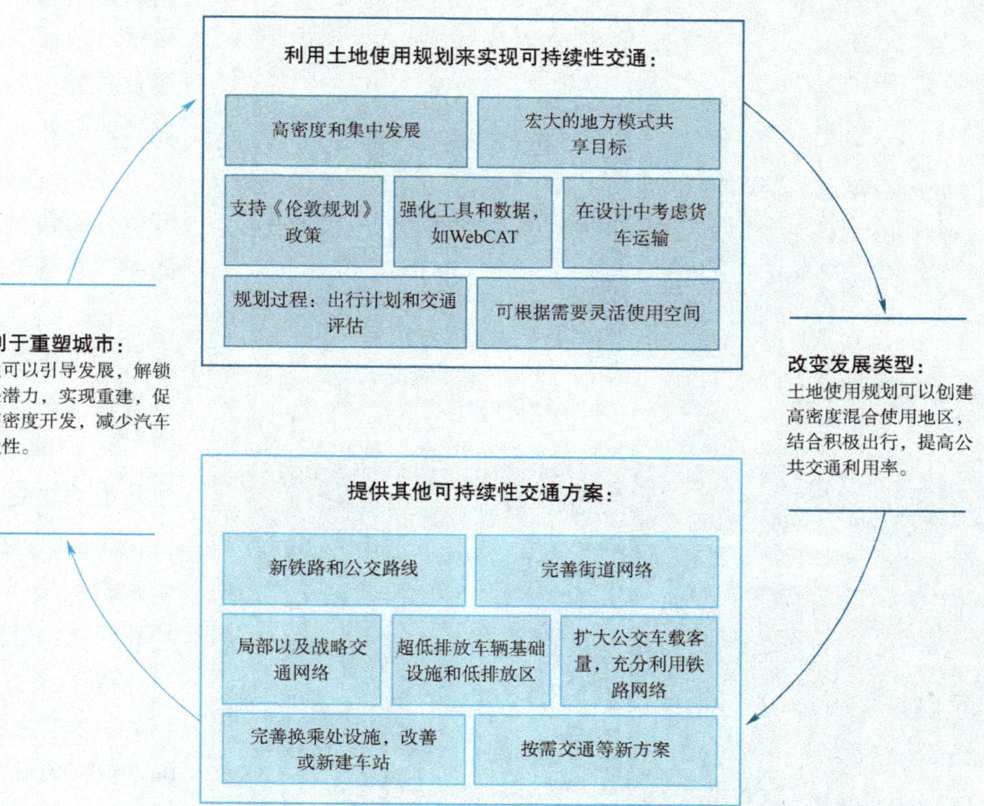

图 5-16　实施良性发展

十三、公共交通与机场的连接

伦敦机场在保持和加强其国际客运和货运连接性方面发挥着重要作用。改善公共交通连接，尤其是铁路，将有利于充分利用现有的容量，同时支持向更积极、高效、可持续的出行方式转换。

改进应包括：

（1）作为泰晤士连线项目和布莱顿干线升级项目的一部分，新购置和采用更长车体的盖特威克和卢顿机场列车，然后升级和再开发盖特威克机场车站。

（2）升级连接斯坦斯特德机场的西安格利亚干线，包括双复线，然后增加连接 Crossrail 2 横贯城铁的服务频率。

（3）新建通往希思罗机场的路线，增加通行频率，开通伊丽莎白线。

（4）进一步引进直达且车次更多的伦敦市机场轻轨列车服务。

（5）增加至绍希德机场的铁路服务车次。

（6）新建自动化大众运输工具，更好地连接卢顿机场与铁路网络。

除了这些主要的机制以外，改善公交车、客车、骑行和步行设施将有助于改善所有伦敦六个机场的可达性。这些强化项目将有助于将机场集成于更大范围的公共交通网络中，提高客运和通勤服务的利用率。所有地面通道改进都应根据机场运营商提出的公平份额的原则进行规划。

提案 100

市长将促进伦敦机场地面连接的改进，而机场运营商将提供公平份额的所需资金。

聚焦 23：希思罗机场扩建所带来的不可接受的影响

政府于 2016 年 10 月宣布了在希思罗机场新建西北跑道的意向。这会将机场当前的载客量增加 50%，从每年 480000 次航班增加到 740000 次。市长将参与希思罗机场扩建项目规划程序，以保证其担心的基本问题被提出并得到解决。

当前机场与地方交通连接产生的需求已经对连接机场的道路和铁路构成很大压力，导致二氧化氮排放水平远远超过法定限值。市长认为，增加额外的航班和相关交通以后，希思罗机场的任何扩展将大大影响伦敦在尽可能短的时间内满足国际空气质量义务的能力，使整体空气质量相对于不扩建条件下的空气质量进一步恶化。

希思罗机场已经使越来越多的人处于严重的机场噪声中，比其他五个主要欧洲机场加起来还要多，航班的增加无可避免地使更多的人承受噪声污染。

另外，市长保证的空气质量增益和新科技支持下的潜在噪声改进项目用于扩建希思罗机场，而非使地方社区改善公共健康，那将是不可接受的。

政策 22

市长将继续反对扩建希思罗机场，除非可以保证不会产生新噪声或空气质量损害，而且未来监管和技术改进的优势将由相关社区公平共享。任何此类扩展也须展示如何投资地面连接网络，以满足伴随机场扩建产生的额外地面交通需求。

与机场相关的额外增加的公路出行量将是空气质量的重要影响因素，是任何扩建项目需要解决的问题。若没有大型铁路投资，机场有关“高速公路交通无净增长”的愿望是不可信的，将进一步对已经拥挤的街道包括扩建项目施压，从而导致货运车辆增加。

若实现了关于不增加高速公路交通量的目标，则将导致公共交通出行量增长超过 250%。但若没有大规模的新基础设施投资，服务于机场的公共交通网络将面临巨大压力。现有的拟订方案（如伊丽莎白线和皮卡迪利线升级计划）在设计上可以支持伦敦人口增长，但无法解决此类增长带来的问题。公共交通转型需要政府制订进一步的方案，提供充分的额外容量和连接性，尤其是：

（1）西部轨道线路到希思罗机场——直接从泰晤士河谷开始：斯劳、梅登黑德和雷丁。

（2）南方轨道线路到希思罗机场——直接从伦敦中心区、伦敦南部地区和伦敦西南部地区以及萨里通过具有充足备用容量的路线通行。

所有提案须保证，可以提供大量额外容量和连接性，足以吸引充分的客运和通勤运输（是汽车和出租车无法实现的），并满足额外需求。但这不能以非机场运输和服务为代价，也不应影响交通网络促进发展的能力，包括已经规划的方案。

改善服务机场的公交车、骑行和步行基础设施具有重大意义，尤其是对于通勤出行。还有很重要的一点是，改善残疾人通往机场的可达性。

提案 101

市长将：

（1）与工业界的合作伙伴和各参与方合作，评估希思罗机场的地面交通出行方案；

（2）要求政府承诺在适当的时间期限内资助并提供大量交通改进措施，以满足希思罗机场的扩建需求。

第六章　实现愿景

在不断变化的条件下完成目标

本战略力图使市长的愿景成为现实，即未来的伦敦不仅能为不断增长的人口提供住房，而且将成为一个更为宜居的城市。从根本上，这意味着减少伦敦市民对于汽车的依赖，提高步行、骑行和公共交通的出行比例。

本章说明了如何在人口不断增长、技术快速变更、政府无力资助伦敦交通服务等不利条件下实现这一愿景。具体措施包括：

（1）保证科技进步对战略目标发挥积极作用。

（2）与伦敦交通局、各行政区、政府、铁路公司和其他方合作，通过更有效和更公平的方式资助交通改进项目。

（3）及时监控和汇报，保证按计划执行。

第一节　不断发展的技术

近年来，技术发生重大变革，包括移动通信技术快速崛起。信息共享能力的提高、新的支付方式的兴起以及互联网访问越来越便利已经改变了乘客对于交通系统互动及其运行机制的预期。技术将继续快速发展，全世界有数以亿计英镑将投资于“新出行服务”开发中。

有些预测的技术变更可能需要几年甚至十几年才会发生，有些可能很快就能发生，可以立刻用于改进人们的生活。这包括在人们计划出行以及在整个城市出行期间提供实时信息。这也意味着，通过可用的技术可以更便利地采用积极、高效、可持续的出行方案，包括保证支付平台不断更新并满足需求。通过追踪和引导新技术开发，伦敦将继续受益于世界领先的最全面和完整的交通网络。

提案 102

市长将通过伦敦交通局，努力保证信息系统和支付平台随着技术进步不断发展，使其继续满足人们的需要。

一、新交通服务和技术指导方针

技术的演化已经在伦敦产生了新的交通服务方式，而且这一趋势将持续发展。这些发展有可能帮助或阻碍实现战略目标。最好的一个例子是研究汽车的运行机制及其使用方式。

汽车依赖性和交通主导性对于城市及其居民有很大影响。这些因素包括对健康的影响，使人们缺乏运动和导致道路危险性、空气污染和噪声污染恶化、人与社区之间的交通拥堵。目前，很多新技术都旨在解决其中一些问题。电动车辆将减少某些类型的污染，无人驾驶汽车可减少道路危险，但没有一种基于汽车的交通方式可以解决全部问题。

如何有效利用道路空间进行客运为这一现象提供了一个生动例子。在移动过程中，无论所有人是谁、多么安全以及发动机多么环保，汽车都占用相同的物理空间。虽然未来可能会有一些改善空间利用率的方式（如增加乘坐人数，或通过技术调整车辆），但无法使汽车像公交车或骑自行车一样高效，如图 6-1 所示。汽车依赖性和交通主导性也存在同样的问题，新型汽车的服务和技术可能会解决一些问题，但其他问题还会存在。

解决所有与汽车依赖性和交通主导性相关问题的唯一方式是直接减少汽车使用，向步行、骑行和公共交通转换。虽然有关汽车运行方式及使用方式的某些技术变更可能会以某些方式改善伦敦生活的某些方面，但不可能成为长期解决伦敦问题的最佳方案。

最坏的情况下，新技术的采用会增加汽车依赖性和交通主导性，不利于提高步行、骑行和公共交通水平。若汽车共享服务在错误的区域得到推广，则人们将放弃骑行或乘坐公交车。若无人驾驶汽车使汽车的使用更具吸引力也更便利，则人们可能会减少步行。这将对伦敦市民的健康和城市运行造成严重的问题。

公交车

自行车

汽车(无论私有或共享，柴油或电动)

图 6-1 运送 67 个人所需的道路交通空间

来源：骑行推广基金

然而，若管理得当，一些新服务会有利于满足伦敦的必要出行要求，降低汽车持有率和使用率，帮助伦敦市民摆脱对汽车的依赖。

为了使所有伦敦市民都能够最大限度地利用新服务和新技术，需要谨慎管理。

目前尚不明确在 2041 年实施本战略的过程中需要采取哪些措施来实现适当管理。市长将依据健康街道方案政策 23 所规定的原则来制定这些措施。伦敦交通局将监督所有交通服务变动，监管可能影响到伦敦市民街道出行体验的技术。其中包括下列详述的技术和其他潜在的技术发展，例如无人机或快递机器人的使用，以及目前尚无法预测的技术应用。未来政策与建议的制定将通过本文告知，并以政策 23 为指导，以便伦敦交通局进行必要的调整，确保实现本战略目标，潜在地影响组织运营、乘客沟通、业务以及未来计划的制定方式。

政策 23

市长将通过伦敦交通局，遵循下列原则探索、影响、管理伦敦的新交通服务，确保这些服务可为健康街道方案的实现做出贡献：

（1）支持从汽车出行转向其他模式的出行：新交通服务不应该鼓励汽车出行，尤其是在有良好的步行、骑行或公共交通选择的地方。

（2）完善公共交通系统：新服务应有助于更多汽车使用者使用公共交通网络，同时不影响步行或骑行往返于站牌和车站。这些服务还应为公共交通连通性较差的地区（特别是外伦敦区）提供出行方式。

（3）面向所有人的开放出行：所有伦敦市民都应享受到新服务，这些新服务不应造成社会、经济或数字鸿沟，不应造成出行不平等。

（4）净化伦敦的空气，减少碳排放量：新服务应该达到最优排放标准，减少伦敦的二氧化碳、氮氧化物和颗粒物排放，更快地转向清洁技术。

（5）创造安全而迷人的街道环境：新服务和技术应有助于创造更安全、更具吸引力的伦敦街道环境，使步行或骑行更具吸引力，不应鼓励通过非积极模式进行现有的积极出行。必须始终重视乘客、行人和骑行者以及其他道路使用者的安全。在涉及将技术直接应用于街道的情况下，应该以协调一致的方式进行，增强街道的整体特征，减少混乱，并且不影响将来可能重新分配的步行、骑行和公共交通空间。

（6）有效利用空间：新服务必须有效利用道路和路旁空间，适合伦敦的运营区域，支持重新分配步行、骑行和公共交通空间的机会。

（7）共享数据和知识：在可能的情况下，伦敦交通局应与大伦敦政府共享数据和知识，改善对交通网络的监督、运营和规划。

二、共享汽车和其他低使用率服务

通过智能手机应用程序可轻松预定共享汽车、拼车、约租车等新出现的低使用率汽车服务，这些服务对于伦敦市民的出行愈发重要，并且在本战略周期内，这一情况将持续下去。如果管理不善，这些交通服务的增长可能减少乘坐公共交通、步行和骑行出行的人数，导致上述原则受到影响。但是，如果管理妥当，这些服务可通过服务公共交通不便的地区或满足步行或骑行不便乘客的需求，降低汽车的保有量。

提供步行和骑行环境以及公共交通服务，使积极、高效、可持续的出行选择比“汽车共享”服务更具吸引力，这一点十分重要。管理人们支付道路使用费的方式，对于确保这些服务在不会加剧拥堵或排放方面发挥关键作用。

限制停车位供应并收取停车费是管理私人汽车使用的有效手段，但是对于共享汽车服务而言，该措施的效率则不尽如人意。如果共享汽车越来越普遍，那么共享汽车应如何使用路内空间将成为一个需要着重考虑的问题。

提案 103

市长将通过伦敦交通局，探索并监督路边空间（包括停车区）与各类汽车使用需求之间的关系，从而评估应如何逐步发展需求管理措施。

三、新公共交通与更高使用率的服务

随着这些改造措施的实施，伦敦交通局将继续发挥其作用，提供公共交通网络来满足伦敦的经济、环境和社会需求。如果能够通过技术提高服务的使用率，例如使用规模大于出租车但小于常规公交车的车辆，伦敦交通局在需要时将利用这些技术，扩展其网络的覆盖范围。如果其他供应商希望提供类似服务，那么这些服务应能够完善该基本公共交通网络，提供可替代汽车出行的途径。这些服务不应削弱伦敦交通局实现本战略目标的能力，不得影响其网络管理职责，不应加剧交通拥堵情况，尤其是对于伦敦中心区和内伦敦区。

伦敦交通局将探索所有机会，寻找新方法，帮助减少汽车的使用，同时改善“传统”公交车和其他公共交通服务，以便提高道路空间的利用情况。需求响应型公交服务不一定需要固定线路或固定频次运行，这种特殊的应用方式可以为有需要的地方提供服务，填补空白。由此可能会带来诸多益处，特别对于外伦敦区，在这里往返起止点众多，因此传统的公共交通服务不太能够提供满足人们的需求。这些需求响应型服务还可以帮助解决需求不足的问题，为以汽车出行为主的地区提供替代出行方式。

伦敦交通局将详细评估不断发展以及新兴的交通业务模式，包括需求响应型公交方式，评估这些模式对于实现本战略政策和建议的潜在贡献，确定新需求响应公交服务可增强的方面，或完善现有的公共交通服务提供方式。伦敦交通局将与各行政区和参与方合作，商定如何确定哪些领域最适合实施此类服务。

提案 104

市长将通过伦敦交通局探索并试行需求响应型公交服务，补充伦敦“传统”公共交通服务。其中包括考虑通过试运行来满足外伦敦区其他方式难以服务的地区。

四、联网汽车与无人驾驶汽车

展望未来，联网汽车与无人驾驶汽车等汽车技术有可能彻底颠覆伦敦市民的出行方式。传统汽车制造商以及知名科技公司都计划在未来五年内推出更多“无人驾驶”技术，因此，必须从现在开始着手相关准备工作。许多变化，特别是在近期内的变化，是渐进式的，并不等同于完全自动驾驶。例如，先进的驾驶辅助技术可预防交通事故，保护乘客、行人和骑行者，从而减少伦敦的道路交通事故危险。车载软件将越来越多地实现车辆与路旁基础设施之间以及车辆与车辆之间的通信。这种能力可减少道路危险，改善交通管理。

这些技术的应用正在开发中。高度无人驾驶汽车已经开始在真实世界中试运行，类似的试运行次数近期可能会增加；自 21 世纪 20 年代开始，此类汽车有希望实现工业规模的量产。这项技术可能对各种类型的车辆产生重大影响，包括汽车、货运车辆和潜在的公共交通工具，以及新型车辆。

对于这些变化，市长的总体做法是在正确的地方使用合适的车辆，保证交通服务的正常运行。要做到这一点，应在短期内实现对试运行的安全管理，制定更具体的政策，影响联网汽车和无人驾驶汽车在伦敦的出现。采取政策 23 中提出的指导原则，确保新技术不会影响健康街道方案的实施，避免汽车使用的增长而导致步行、骑行和公共交通使用的减少。

应以正确的方式对待汽车，因为联网汽车和无人驾驶汽车可方便老年人和残疾人的出行，减少道路危险。这项技术还可以改善道路空间的使用效率，例如通过路线选择避开拥堵区域，优化车辆之间的间隔或在路口时同时加速通过。此类技术还可以增强高利用率服务（例如在正确的地点采用传统公交车或需求响应型服务）的新引力，促进人们摆脱对汽车的依赖。

此外，还应注意风险管理。增加汽车共享的可用性有很多好处，但是，如果没有汽车或没有驾照的伦敦市民也能够选择便宜方便的汽车出行，那么其造成的交通拥堵、排放和健康问题可能会大于其带来的好处。即使技术能够改善汽车的道路空间利用率，联网汽车和无人驾驶汽车也不能像步行、骑行或公共交通那样节省空间。联网汽车和无人驾驶汽车与行人、骑行者以及传统车辆之间的交互需要以安全、可预测、可管理的方式进行，同时联网汽车和自动驾驶汽车应能够防御“网络攻击”。

提案 105

市长将通过伦敦交通局参与新汽车技术的试运行，坚持安全第一，考虑通过应用新汽车技术来支持健康街道方案的实现。

提案 106

市长将通过伦敦交通局与交通部和其他参与方合作，采取适当的政策和法规，保证联网汽车和无人驾驶汽车的开发和应用符合本战略的政策与建议。

第二节　执行、经费和行政权力

一、执行过程

虽然本交通战略的目标部分是由伦敦交通局以市长的名义直接进行，但是，也需要伦敦各行政区《地方执行计划》（LIP）的参与，通过市长与铁路行业、伦敦港口管理局（PLA）、政府和其他参与方共同合作。这反映出伦敦市交通系统的运营和改善目前尚未统一由市长管理，只有伦敦交通局负责的这些计划直接归市长管理。该过程详见图 6-2。

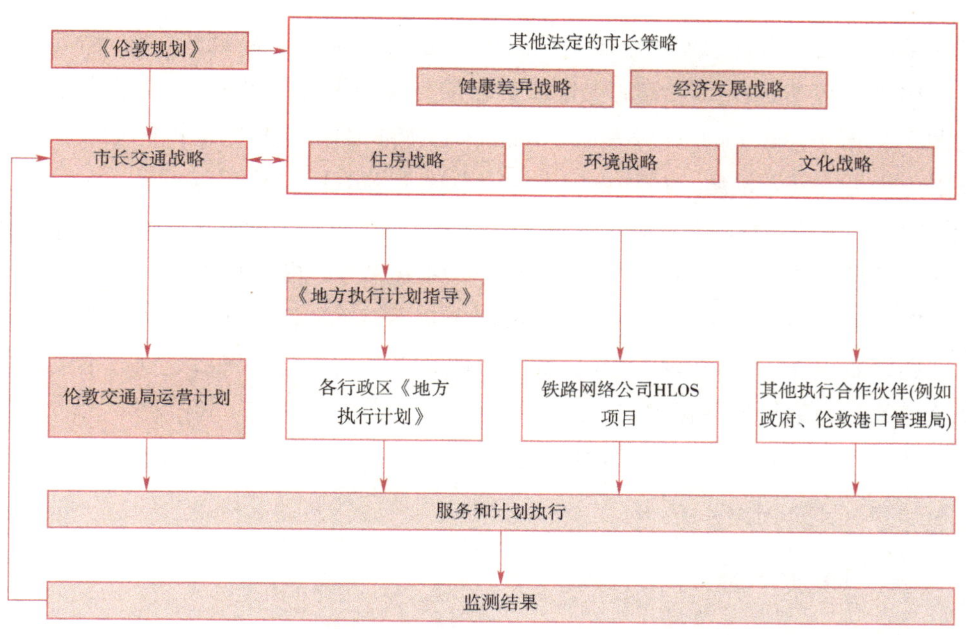

图 6-2 交通策略执行过程

二、资金和权力

为了使交通系统满足所有伦敦市民的需求，成功实现本战略的各项政策与建议，需要更多稳定且有保障的资金。如果没有足够的资金，生活质量、健康和社会融合将面临风险，伦敦的经济发展将受到损害，提供新住房的能力和抵御气候变化的能力都将受到影响。

本战略的实现需要解决若干资金挑战，其中包括：

（1）在伦敦市人口增长和政府补助减少的情况下，如何通过可用的收入来源来弥补伦敦的运输成本，同时继续提供高效、可靠和价格实惠的服务以及持续的资产更新和维护项目。

（2）如何通过现有来源最大限度地获取资金，开发新收入来源，继续进行重要的新资本投资。

（3）如何多样化资金来源——只有通过将额外权力下放给市场，才能创造更稳定、更安全的资金环境，满足伦敦的交通需求。

因此需要一个全新的交通网络融资和交付方法。其中必须包括解决在伦敦道路使用费用中存在的根本性不足和不公平，例如驾车收费过低，而实际上是由公共交通费支付者在为其进行补缴。道路使用收费（酌情）、土地增值费和财政权力下放到地方等措施对于提供高效和公平的融资体系至关重要。

政策 24

市长将努力确保伦敦交通系统的收费是足够且公平的，从而实现本交通战略的目标。应将额外权力下放给市长、大伦敦政府或伦敦交通局，使市长及其部门能够有效应对经济、社会和环境变化。这些权力应包括金融、监管以及其他权力，以便解决伦敦所面临的挑战，优化新机遇。

三、策略成本

为了满足伦敦的交通需要，成功实现本战略目标，从现在至2041年期间将需要大量的资本投资。要想实现本战略中确定的各项方案将需要伦敦交通局与其他方每年投资约33亿英镑。该数字相当于伦敦国内生产总值（GDP）的0.9%左右。这意味着本战略的预期支出水平大致符合国家基础设施委员会关于每年经济基础设施支出约占国内生产总值（GDP）1.2%的建议。

伦敦交通局目前的运营计划从2021—2022年，计划在该期间结束时实现净运营盈余，其得到了伦敦交通局的转型计划全面评估的支持，从而可以降低成本，提高效率。

运营计划时间后，应保持运营盈余，但是做起来并不简单。伦敦交通局的财务策略假设了经营运输服务（包括资本更新）的持续投资与新资本投资是平衡的。支出将满足伦敦市民的需求，并将保持收入持续增长，为后续投资提供资金。

这样艰巨的资本支出任务，只能通过伦敦的各交通部门之间的密切合作才能实现，包括政府、国家铁路、伦敦各行政区和私营部门。

四、本战略的资金来源

伦敦交通资金的来源包括：

（1）由市长控制的营业税留置（BRR），将取代政府的直接运营补助和2017—2018年的新资本投资。

（2）伦敦交通局用未来收入抵押的“审慎借贷”。

（3）从票价和其他“用户费用”获取的收入（例如交通拥堵费）。

（4）非票价来源（例如广告和地产）。

（5）伦敦各行政区和私营部门的捐款，例如开发商为相关交通投资所提供的资金。

（6）其他特定拨款。

此外，对于伊丽莎白线项目，专门设置了围栏策略来保证所有资金的安全［例如营业税补贴和社区基础设施税（CIL）等特定征税］。

伦敦交通局的资本更新等运营支出将主要依赖票价和营业税留置资金来源。

其他资金来源如资本赠款和审慎借贷等，在过去主要为新的资本投资提供资金，但是，这些资金来源很可能会缩减。在未来，只有当资本支出导致未来收入增加，足以支持运营和融资成本，额外借贷才能作为一项选择。

据预测，伦敦交通局的大部分资本支出将用于实现健康街道方案的目标，尽管此类计划通常比大型基础设施计划成本低得多，但是，通常无法提供必需的收入来支持后续借贷。需要额外的可持续资金来源和项目特定的拨款以及伦敦各行政区和私营部门的捐款来实现本战略目标。

“要想实现本战略中确定的各项方案，将需要伦敦交通局与其他方每年投资约33亿英镑”。

五、未来潜在的额外资金来源和项目特定拨款

市长必须拥有合适范围的权力，确保用于交通系统的更新和扩建的持续投资。如果不这样，则不可能实现人人都负担得起的交通系统，更不用谈提高生活质量。

成功的交通系统应使城市中的所有人都受益，因此，可以合理地说交通系统的资金来源不应仅仅是车票支付者。所有受益者，例如道路使用者和企业，都应根据他们通过系统获得的利益、因使用系统而产生的外部成本（例如拥堵和空气污染）及其支付能力为交通系统提供资金。

伦敦经济创造的财富与其资助重大投资的能力之间有巨大差距，而后者是其取得成功的基础。与全球其他城市相比，伦敦控制着相对较少的税收，这意味着这座城市可能过度依赖国家政府。

将金融权力转移给伦敦和其他英国城市可以让这些城市管理自身的发展。大多数伦敦市民在采访中都表示支持增加由伦敦控制的税收，同时伦敦金融委员会（LFC）通过审查发现，给予城市筹集税收的权力可以推广问责制，提高公平和经济效率。

有鉴于此以及伦敦交通局随后提出关于土地增值基础设施项目融资方案之后，政府同意成立一个联合工作组（包括大伦敦政府和伦敦交通局），探索关于伦敦重大基础设施项目的开发权拍卖模式（DRAM）试点。

这是一次可喜的进步，代表向着伦敦金融委员会报告中的财政权力下放诉求迈出了积极的一步。[1]其中建议全面下放财产税（包括议会税、营业税和印花税）以及开发新机制的权力，但是需要经过协商。将制定统一的方案来管理第 106 节中所述的支付款项、市长及各行政区社区基础设施税。伦敦金融委员会以此为基础进一步提出建议，帮助伦敦实现重大交通、住房和其他资本投资。

除了伦敦金融委员会的建议，还应将汽车消费税（VED）下放给伦敦交通局，以便为伦敦战略性道路的投资提供资金，其管理责任于 2000 年转移至伦敦交通局。这样可以使伦敦街道投资符合政府自 2020 年起将汽车消费税收入分配给英国战略道路网的计划。伦敦若有权改变汽车消费税的征收方式，则能够灵活地试行新道路支付方式，将更好地把车辆对伦敦街道以及整个伦敦的影响联系起来。还应审查税收规定，确保这些规定能激励积极、高效、可持续的往返出行和工作通勤。

提案 107

市长将通过伦敦交通局与政府合作，采取下列措施来资助本战略的实施：

（1）最大限度地提高任何可用效率，在适当的水平下提供服务补贴，确保现有以及计划的运输网络实现高性价比。

（2）保证可维持票价、营业税留置和其他现有收入来源。

（3）寻求额外的税收、财务权力或其他类似机制，包括伦敦的汽车消费税，为交通计划和服务提供更公平的资金支持方式，更好地捕捉并保留其创造的利益，实现本战略所追求的交通运输和社区收益，造福整个伦敦、广大东南部地区乃至全英国。

六、实施计划

1. 为期 25 年的出行方式转变计划

本节概述了如何实施第三、四、五、六章中列出的政策和建议，从而实现本战略的中心目标——在 2041 年之前使通过步行、骑行或公共交通方式的出行量占到所有出行量的 80%。

图 6-3 所示的实施计划包括一系列措施，从局部改造到大型基础设施计划以及超低排放区这样的地区性政策举措。其中一些计划将带来更大的改变，很多计划的完成需要经历一些时间，因此，在实际过程中，为了在伦敦实现积极、高效、可持续的出行方式，每年的占比目标都会有所不同。

[1] 权力下放：首都理念，伦敦财政委员会，2017 年 1 月 27 日。

政策 2——积极出行	成本	2017—2020	2020—2030	2030—2041
改善当地步行路线，包括前往学校的路线	L			
改造牛津街并调查议会广场的改造方案	L			
实现覆盖整个伦敦的战略骑行网络	M			
保护、改进和推广“漫步伦敦网”	L			
发展并支持自行车租赁	M			
支持并鼓励骑自行车和步行上学	L			
促进并支持骑自行车和步行上班以及出入当地社区	L			
改善步行和骑行导向标识系统	L			
改善伦敦交通局出行规划工具中提供的步行和骑行信息	L			
在健康街道的规划和设计中考虑可达性和包容性	L			
政策 3——通过零伤亡愿景政策来解决道路危险	**成本**	**2017—2020**	**2020—2030**	**2030—2041**
通过教育项目、参与和执行倡议，鼓励更安全的道路使用行为，实现零伤亡愿景	L			
通过提高车辆安全性（包括禁用危险的重型货车 / 重型货车直观视野）实现零伤亡愿景	L			
政策 4——安全性	**成本**	**2017—2020**	**2020—2030**	**2030—2041**
改善伦敦街道的人身安全保障	L			
确保公共交通网络的安全	L			
政策 5——高效街道	**成本**	**2017—2020**	**2020—2030**	**2030—2041**
鼓励更多货运整合	M			
减少运货次数、重新安排运货时间和重新规划运货模式	L			
与各行政区合作，制定交通量减少策略，包括工作场所的停车征费	L			
增强与道路使用者的沟通	L			

图 6-3 a)

政策 6——空气质量	成本	2017—2020	2020—2030	2030—2041
改造和采购更清洁的公交车	M			
减少货运车队的排放量	L			
提供更清洁的出租车	L			
在伦敦中心区引入超低排放区	M			
在内伦敦地区引入超低排放区	L			
强化全伦敦公交车、长途客车和重型货车的低排放区标准	L			
提供低排放公交车区域（包括公交车优先通行）	L			

政策 7——零碳排放	成本	2017—2020	2020—2030	2030—2041
引入零排放区域	L			
提供激励措施以支持向超低排放车辆的过渡	L			
优化铁路能效	L			
控制空气质量对地铁的影响	L			
游说增加低碳能源生成	M			
减少非道路移动机械的排放	L			
减少交通建设和运营排放	L			
减少河内排放	L			
确保充电基础设施到位，支持向超低排放车辆的过渡	M			

政策 8——当地环境	成本	2017—2020	2020—2030	2030—2041
实施街道生态排水	L			
增加行道树的数量	L			
减少降雨导致的铁路停运	L			

政策 9——气候变化	成本	2017—2020	2020—2030	2030—2041
制订气候变化应对计划	L			
在维护和升级计划中包含复原措施（正在进行）	L			
减少铁路的噪声和振动影响	L			

L 低（< £1 亿英镑）　M 中（£1 亿 - £10 亿英镑）　H 高（> £10 亿英镑）

图 6-3 a)　实施计划：健康街道和健康人民

政策 10——全出行方案	成本	2017—2020	2020—2030	2030—2041
参见政策 1~3 与 11~19				
政策 11——“零伤亡愿景”，实现安全公共交通	**成本**	**2017—2020**	**2020—2030**	**2030—2041**
努力消除公共交通服务造成的死亡和重伤	M			
政策 12——可负担性	**成本**	**2017—2020**	**2020—2030**	**2030—2041**
确保公共交通票价人人都负担得起	L			
政策 13——乘客体验	**成本**	**2017—2020**	**2020—2030**	**2030—2041**
改进信息提供和技术应用	L			
政策 14——可达性	**成本**	**2017—2020**	**2020—2030**	**2030—2041**
将全国铁路车站升级为无障碍模式	M			
提供无障碍地铁站和更多轮椅可及的车辆	M			
提供轮椅可及公交车站	L			
提高出租车停靠站的轮椅可达性	L			
推出针对辅助交通服务的“一站式服务”站台	L			
扩大辅助交通服务宣传	L			
改进信息获取和沟通方式	L			
政策 15——公交车	**成本**	**2017—2020**	**2020—2030**	**2030—2041**
开发公交网络，使其满足现有的及未来的需要	M			
构建公交车优先网络	M			
政策 16——铁路	**成本**	**2017—2020**	**2020—2030**	**2030—2041**
交付伊丽莎白线	H			
交付泰晤士河项目	H			
交付布莱顿干线升级项目（更高频次）	H			
将郊区铁路服务权力下放至市长控制	M			
建成伦敦郊区地铁	H			
增加铁路载客量（其他线路）	M			
交付 Crossrail 2 横贯城铁（包括交付 4 轨道的西安格利亚干线）	H			
调查 Crossrail 2 横贯城铁东线的可行性	H			
完成全国铁路车站容量升级项目	M			
游说升级铁路货运线路	L			
交付 4 条现代化线路项目——大都会、各行政区、哈默史密斯 & 城市及周边	H			

图　6-3 b)

政策 16——铁路（续）	成本	2017—2020	2020—2030	2030—2041
交付地铁升级项目计划——朱比莉线路、北部线路与维多利亚线路	H			
交付深层地铁项目——皮卡迪利线路、中心线路、贝克鲁线路和滑铁卢 & 城市线路	H			
交付伦敦地铁车站载客量升级项目	H			
交付伦敦地上铁频次升级项目（全网）	H			
交付克拉珀姆枢路口、刘易舍姆、斯特拉特福德和 Old Oak Common 的战略换乘处建设项目，改进穿过内外伦敦的轮椅可及的换乘处设施	L			
交付车站升级项目（伦敦地上铁）	M			
交付有轨电车升级项目	M			
交付轻轨列车升级项目	H			
交付车站升级项目（DLR）	L			
优化信息供给，协助乘客更好地规划出行，避免拥堵	L			

政策 17——河流	成本	2017—2020	2020—2030	2030—2041
发布伦敦港口管理局 / 伦敦交通局有关伦敦码头战略的联合公告	L			
调查向东延伸河道服务的可行性	L			
调查在北格林尼治和金丝雀码头之间建设步行 / 骑行码头的可行性	L			
鼓励使用河道进行货运	L			

政策 18——广大东南部及以外地区	成本	2017—2020	2020—2030	2030—2041
提供更多 12 节车厢编组的高铁 1 号线国内运行服务	L			
交付高铁 2 号线项目和相关的全国铁路变更，包括减轻对街道的影响	H			
建设新的客车枢纽	M			

政策 19——夜间交通	成本	2017—2020	2020—2030	2030—2041
扩展夜间地铁服务	L			
在伦敦地上铁推出夜间服务	L			
在轻轨列车上推出夜间服务	L			

政策 20——出租车和约租车	成本	2017—2020	2020—2030	2030—2041
以高效透明的监管和执法来提高所有出租车和约租车乘客的安全标准。	L			

L 低（< £1 亿英镑） M 中（£1 亿 ~ £10 亿英镑） H 高（> £10 亿英镑）

图 6-3 b) 实施计划：良好的公共交通体验

政策 21——良性发展	成本	2017—2020	2020—2030	2030—2041
调查交通改进，促进发展的可行性	M			
将贝克鲁线延长到刘易舍姆及以外的地区	H			
推出斯特拉特福德—安杰尔路的服务	M			
交付伊丽莎白线在阿比伍德东面的延长线	H			
交付北线延长线	H			
在机会区域试行公交车交通网络	L			
交付巴尔金河滨伦敦地上铁延长线	M			
调查其他伦敦地上铁延长线（包括伦敦西部地区铁路）的可行性	M			
交付有轨电车到萨顿及以外地区的延长线	M			
调查轻轨列车从加量斯河岸延长到泰晤士米德的可行性	M			
交付锡尔弗敦隧道项目和相关公交服务	M			
调查在加量斯河岸和 / 或贝尔韦代雷建设新的河流横道的可行性	M			
调查在伦敦东部建设新的公共交通河流横道的可行性	M			
在罗瑟希德和金丝雀码头之间建设一个新的步行和骑行通道	M			
调查进一步建设步行和骑行通道的可行性	L			
继续采用伦敦交通局发展基金执行小型项目	M			
政策 22——机场	成本	2017—2020	2020—2030	2030—2041
交付希思罗机场西部通道和南部通道项目（机场扩展需要）	M			

图 6-3 c)　实施计划：实现愿景

政策 23——新交通服务	成本	2017—2020	2020—2030	2030—2041
制定框架，确保联网、无人驾驶和共享车辆继续实现战略愿景	L			
调查需求响应式公交服务的可行性	M			
政策 24——投资和实施	成本	2017—2020	2020—2030	2030—2041
游说向市长移交额外的权力	L			
政策 25——《地方执行计划》	成本	2017—2020	2020—2030	2030—2041
实施《地方执行计划》	M			
政策 26——监控	成本	2017—2020	2020—2030	2030—2041
监控战略成果	L			

L 低（< £1 亿英镑）　M 中（£1 亿 ~ £10 亿英镑）　H 高（> £10 亿英镑）

图 6-3 d)　实施计划：新住房和工作机会

虽然本目标统一表达为在整个伦敦实现 80%这样一个单一指标，但是，伦敦不同地区有不同的特征，将以不同的方式为这一目标的实现做出贡献。在伦敦的一些地区，主动、高效和可持续出行方式的占比已经超过了 80%，而其他地区在未来 25 年内不可能在当地实现这一目标。为实现整个城市目标，伦敦不同地区的贡献会有所不同。

这意味着需要持续投资改善内外伦敦的步行和骑行环境以及公共交通服务，实现本战略中设想的长期出行行为变化。然而，在伦敦各地，目前有 3/4 的短途汽车出行是可以使用其他方式替代的，几乎有 20%伦敦市民希望缓解对小汽车的依赖，所以在短期内可以做的也很多。

2. 伦敦中心区

在伦敦中心区，步行、骑行或公共交通出行的比例已经达到了 95%。当前，几乎所有仅剩的汽车出行都可以切换到这些模式，铁路和地铁运力的改善、伊丽莎白线的开通以及 Crossrail 2 横贯城铁的规划都将进一步提高这一状况。牛津街的改造、公交网络的重塑、改善的骑行网络以及 Old Street 等关键路口采取更好的街道设计，将伴随着各项举措帮助企业整合和重新规划其货运及服务时间。这项计划将使更多人可前往伦敦中心区，将积极出行融入他们的生活，提高他们在伦敦中心区的出行体验。

3. 内伦敦

内伦敦区步行、骑行或使用公共交通工具的出行比例已达到 80%。这是因为内伦敦区有密集的公共交通网络，骑行和步行条件相对较好，出行距离较短，从而可以实现这一目标。然而，在该地区，90%以上的汽车出行时间都很短，均可切换到步行、骑行和公共交通，而伦敦交通局的伦敦交通分类研究显示，约 40%的内伦敦市民可减少对汽车使用。

许多内伦敦的街道已经具有相当的吸引力，使人们愿意在街道上步行、骑行和休闲，因此特定的短期措施可释放其中的一些潜力。在内伦敦的主要地区建设宜居街区，根据 4 号、9 号和 11 号自行车高速公路措施发展战略骑行网络，在罗瑟希德和金丝雀码头之间架设桥梁，供人们步行和骑行通过。所有这些改变将使得更多的本地出行通过步行和骑行来实现。

公共交通将得到显著改善，为长途旅行提供具有吸引力且方便的汽车出行替代方案，因为这些长途旅行不可能通过步行或骑行方式完成。对于繁忙路线，公交车优先权将得到改善，特别是为辐射路线提供高效的服务。地铁将得到升级，无障碍通道得到改善，并且开放伊丽莎白线。将延长夜间地铁、轻轨列车和地上轻轨服务，减少夜间出行对汽车的依赖。

随着内伦敦区的交通得到改善，应规划新建住房并提供就业机会，让步行、骑行和公共交通应用于经济增长区。这将是一个较长期的变化，道格斯岛、斯特拉特福德（与伊丽莎白线相关）、老肯特路（与贝克鲁线延长线相关）、巴特西线（与北部线延长线相关），以及包括克拉珀姆和哈克尼等地点（与 Crossrail 2 横贯城铁带来的多条轨道连通性实质性改善相关）都将得到改善。

4. 外伦敦

在外伦敦区，步行、骑行或公共交通出行仅占60%，其余40%为汽车出行。虽然这些汽车出行中，80% 的距离足够短，可以切实地转变为积极、高效和环保的出行模式，但与其他地区不同的是，这种转换依赖于提供全新或更具吸引力的替代方案。与生活在内伦敦区的居民相比，外伦敦区居民不太愿意减少他们的汽车使用率，因此提供替代出行方式对于改善人们的生活至关重要。特别是以前曾在外伦敦区推行过汽车使用计划，这将加剧这种转变的实现难度。

因为改变现有出行模式的潜力巨大，即使在外伦敦区，改善通往超市、休闲活动场所和学校的短途步行环境可以显著降低人们对汽车的依赖。同样，新建和改善后的骑行基础设施将使得更多人选择骑行通勤、购物或休闲。对于内伦敦区，宜居街区计划将支持这些变化。各行政区《地方执行计划》中的交通量减少策略将力求主动降低城镇中心、商业街和其他地区的交通量，包括减少分配给车辆行驶和停车的空间，创造适合步行、骑行和休闲的环境。

公共交通将得到改善，帮助人们不再使用汽车进行长途旅行，以及帮助那些无法步行或骑行的乘客。其中包括重塑公交服务，创建新的快速服务、公交车换乘路线和轻轨路线，以及在城镇中心实现公交车优先通行。改善包括轻轨服务在内的铁路服务，通过设立战略换乘处提高连通性，为伦敦周边的快速长途旅行提供选择。

继伊丽莎白线于 2019 年开通后，下一步公共交通改善措施将包括新建伦敦西部地区轨道线，将电车网络延长至萨顿，建立伦敦郊区地铁和 Crossrail 2 横贯城铁的交付使用，外伦敦区中心将形成高密度、多功能区域，以及在车站和换乘处附近形成住房密集区。新建公共交通、步行和自行车跨河桥，例如延长至 Thamesmead 的轻轨列车，将支持外伦敦东部的良性发展。通过这种方式规划步行、骑行和公共交通使用方面的新发展，对于实现外伦敦区改造所需的长期变化而使其居民受益十分重要。

在本策略实施过程中使用健康街道指标

使用这十项健康街道指标评估各项计划，确保这些计划能改善所有伦敦市民的街道体验。

伦敦交通局《健康街道指标使用指南》将成为确保政策和建议有助于实现伦敦市长愿景的出发点。《健康街道设计检查》将用于评估街道布局的重大变化，确保这些改造能够实现全面改善，满足人们的步行、骑行、公共交通使用以及休闲需求。

5. 实施计划汇总表

本战略中确定的各计划可分为三个实施时期：2017—2020 年、2020—2030 年和 2030—2041 年。

执行计划反映了当前的实施优先事项。应采用伦敦交通局运营计划定期审查实施计划，确保其符合市长的优先事项。

长期未获得资金的计划处于不同的发展阶段。定期审查这些计划，确保其符合政策优先事项，实现物有所值、保证交付能力、抓住资金机会。

6. 合作

这一项目非常宏大，尤其是在外伦敦地区，最需要也最有机会减少汽车依赖性。市长将通过伦敦交通局与所有伦敦各行政区、交通运营商、基础设施提供商、企业、社区和其他参与方以及公众合作，以实现战略目标。

此类合作将通过《地方执行计划》的程序与各行政区展开，通过现有论坛（如泰晤士河和伦敦水道论坛）以及货运论坛与参与方共同执行，还将制定新合作方式（如与铁路网络公司的合作方式），只要确定这种方式是实现战略目标的最有效的方式。

这种合作模式将（尽可能）有助于同时支持执行市长的其他法定战略，如图 6-2 所示。

7.《地方实施计划》指南

各行政区拥有公路管理局的权利，在管理和运营伦敦道路方面发挥重要作用，事实上，95% 的交通网络位于其控制下。他们还负责规划、停车控制、教育、联络或其他对交通有影响的活动，并吸引第三方投资。在本战略内，多项政策只能在各行政区的大力支持下才能执行。

在地方层面，战略执行是通过《地方执行计划》完成的，是由伦敦各行政区制定的。大伦敦政府法案规定了各行政区制定《地方执行计划》的要求，说明了如何在本地实现战略目标，并在发布战略后“尽快”完成。在本战略发表时，市长将发布后续《地方执行计划》的制定指南。

政策 25

各行政区将制定和执行《地方执行计划》（LIP），其中包含有关在其区域执行市长交通战略的提案。各个《地方执行计划》中还应包含一份实施计划和一份监督计划。

各行政区在其《地方执行计划》中需要优先解决的问题包括：

（1）到 2041 年时，采用积极、高效而环保的出行方式替代汽车出行，达到伦敦所有出行人次的 80% 采用步行、骑行或使用公共交通工具这一核心目标。

（2）在地方交通和公共政策的所有领域应用健康街道方案。

（3）改善步行、骑行和休闲所用的街道环境，包括引入缓解交通压力的战略。

（4）为在各行政区生活、工作或参观的人们提供良好的公共交通体验。

（5）使用良性发展交通指导方针引导新住房和工作机会的开发。

第三节　战略的预期结果

一、评估战略的影响

本战略是根据大量的证据制定的。在制定战略时，采用了伦敦交通局的可用数据和预测工具来了解过去的趋势、事件以及伦敦当前的交通和运输状况，并确定伦敦在未来十几年可能面临的机遇和挑战。分别对未来采取或不采取拟定交通措施的情况进行预测，根据伦敦未来人口、经济和交通网络进行一系列的测试。所有分析是在战略制定所依据的证据❶上进行的。

预计的战略结果如下所述。这些结果是基于有关未来的大量预测得出的，将根据证据详细说明。鉴于未来固有的不确定性，进行了一系列敏感性测试，以展示替代性假设的影响。如下文所示，这些数据在很大程度上反映了敏感测试的结果。除此之外，重大经济、技术或文化变更也会以无法预测的方式影响出行方式。

二、预期成果

战略规定了一系列政策和提案，旨在创造健康街道和健康人民，提供一个良好的公共交通体验，并提供新住房和工作机会。其目标是：截至 2041 年，80% 的出行采用积极、高效和环保的方式，即公共交通、步行和骑行方式，而当今这一数据为 63%。步行和骑行水平预计将从占出行总量的 27% 提高到 30%~40%，公共交通分担率从当前的 35% 提高到 40%~50%。本战略的预期成果如图 6-4~图 6-6 所示。

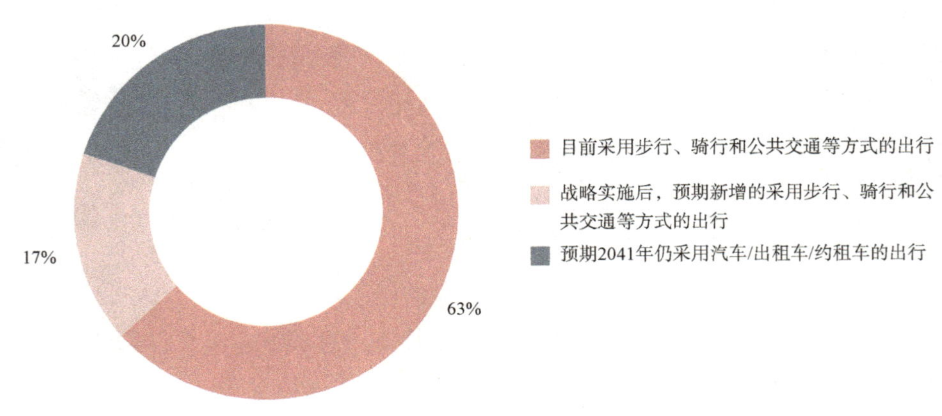

图 6-4　2041 年预期的出行方式分担率成果

❶ 挑战和机遇以及成果简报，伦敦交通局，https://consultations.tfl.gov.uk/policy/9b28c200/

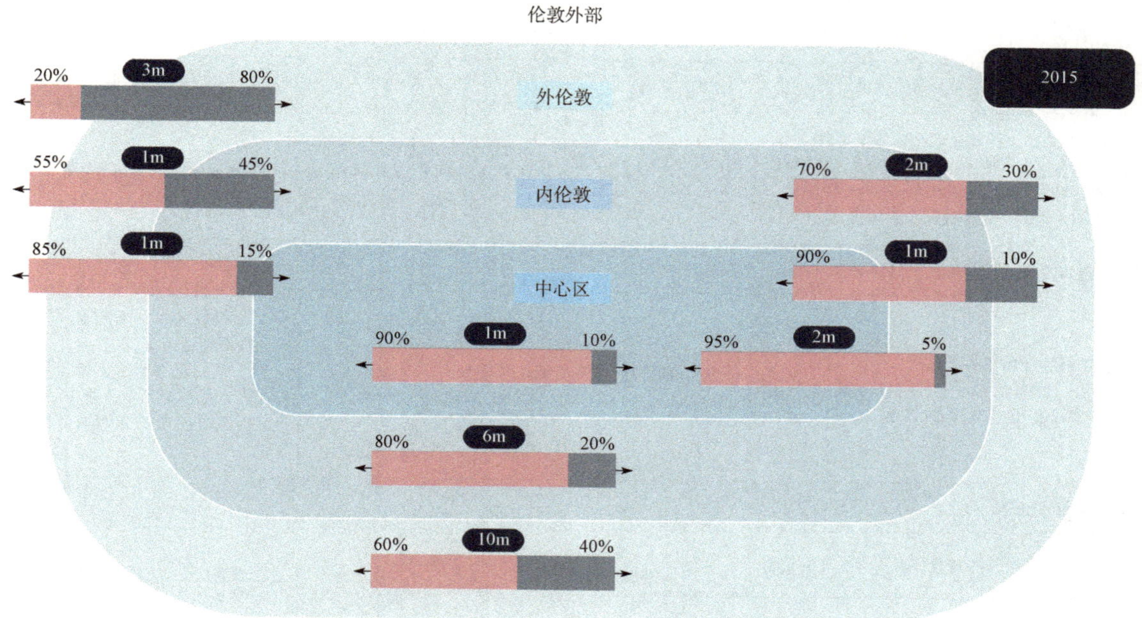

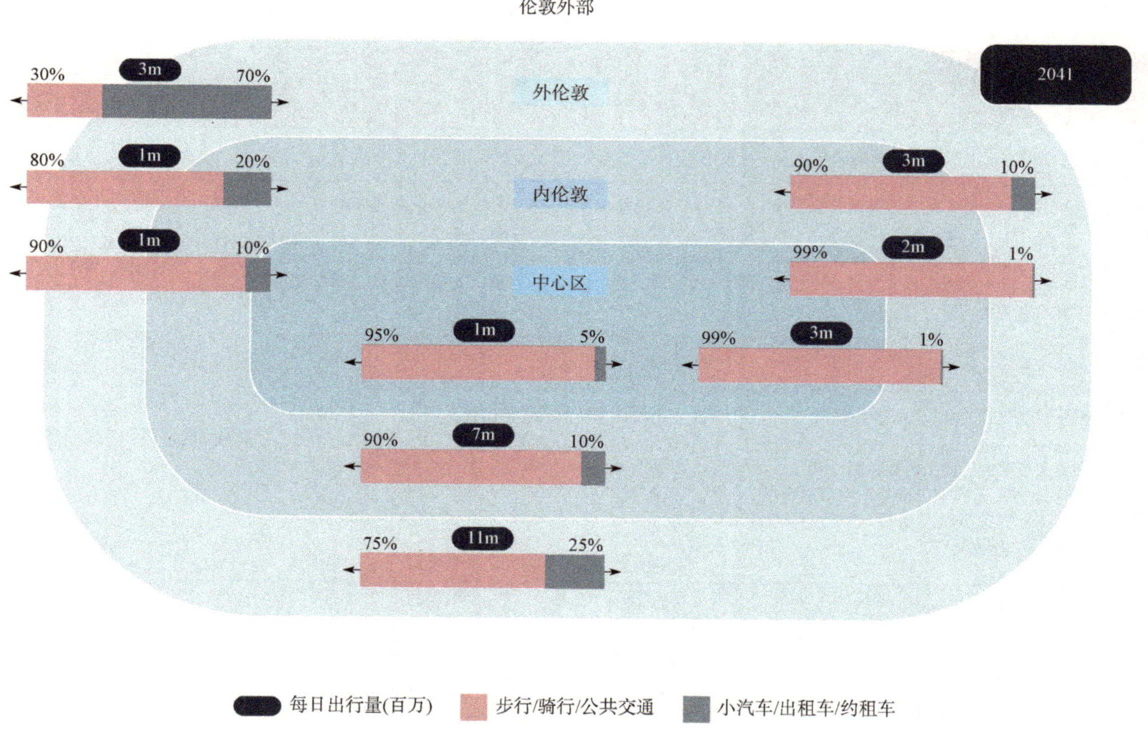

图 6-5 中心区、内外伦敦和外部区域之内和之间的出行方式分担率

健康街道和健康人民
截至 2041 年，战略预计会产生以下成果：

伦敦的街道将是健康的，越来越多的伦敦市民会选择积极的出行方式（参见政策 2）

所有伦敦市民将通过出行进行健康活动
任何正常人应通过定期出行保持健康，70% 的人每天会进行两次步行或骑行，每次 10 分钟。

骑行或步行是短途出行的最好选择
70% 的伦敦市民将生活在伦敦战略骑行网络的 400 米范围内。步行环境将非常具有吸引力，使每天采用积极方式的出行达到 300 万 ~500 万次。

伦敦的街道是安全的（参见政策 3 和政策 4）

目标是伦敦街道上不发生死亡或重伤事件
截至 2022 年，计划将伦敦街道上的死亡或重伤人数减少 65%（相比于 2005—2009 年的数据），在 2030 年减少 70%（相比于 2010—2014 年的数据）。截至 2030 年，伦敦公交车致死率将达到零。

每个人在街道上通行时将会感觉到安全
在当地区域独自步行却没有安全感的人的比例（目前 4 个人当中会有 1 个）将下降，越来越少的人会因安全顾虑而选择不出行。

伦敦街道的使用效率将提高，交通量将减少（参见政策 5）

汽车保有量和使用率将下降
汽车出行量将每天减少至少 300 万辆次，伦敦汽车保有量将减少 25 万辆。

伦敦中心区高峰时段的道路货运量将减少
截至 2026 年，伦敦中心区早高峰的货运量将减少 10%。

交通量将减少，拥堵现象将得到缓解，效率将得到提高
汽车使用量将下降，货运活动效率将提高，整体交通量将减少 10~15%。目前，高峰时段的交通拥堵情况仍很常见。

伦敦的街道将干净、绿色（参见政策 6、7、8、9）

截至 2050 年，伦敦的交通将步入零排放的轨道

伦敦交通产生的二氧化碳排放量将减少 72%（不包括航空，以 2013 年为基数），公路和铁路明确将在 2050 年实现零排放。

公路交通氮氧化物将减少 94%，符合伦敦街道二氧化氮排放水平的法律规定限值。

公路交通 PM2.5 排放量将减少 53%，公路交通 PM10 排放量将减少 45%。

街道将更环保，更安静
交通方案将对生态多样性带来正面影响。受交通噪声影响的人将越来越少。交通系统将更适应气候变化的影响。

a) 2041 年其他预期成果：健康街道和健康人民

良好的公共交通体验
截至 2041 年，战略预计会产生以下成果：

公共交通网络将满足不断发展的伦敦的需求（参见政策 10、17、18 和 19）

每天约 1400 万 ~ 1500 万的出行采用公共交通方式
从总体上看，采用常规公交的出行将增长约 55%，而采用地铁和轨道网络的出行量将增长近 100%（根据客运里程数测量）。

公共交通网络将提供新连接线路和更高频率的运行服务
铁路服务的总载客量（伦敦地上铁、轻轨列车、有轨电车和国家铁路）将增长约 90%，新增 8000 多万客运周转量。

泰晤士河也将提供更多客运和货运服务

公共交通将是安全、实惠、每个人都可以使用的（参见政策 11、12、14 和 20）

每个人都可以通过整个交通系统安全出行

市长已经固定了票价，使出行更实惠
市长应确保公共交通票价使所有伦敦市民都能支付得起，包括所有伦敦交通局的可支付票价承诺中涉及的被下放的铁路服务。

每个人都可以自主且独立地出行
平均来说，与通过整个网络相同出行路径相比，通过无障碍网络出行耗费的时间量将减少约 60%。出行时间、乘客关怀和网络的全面覆盖也将得到改善。

公共交通出行将是愉快、快捷、可靠的（参见政策 13、15 和 16）

公交出行将是快捷、可靠的，成为汽车出行的一种优选替代方式
整个伦敦的公交车速度将提升 5% ~ 15%，尤其是在内伦敦地区。

尽管客流量增加了，但铁路和地铁出行将不那么拥挤
铁路和地铁服务的拥挤情况与目前相比将减少 10%~20%，该结论是根据总拥堵里程与总运行里程的比例测量得出的。

b) 2041 年其他预期成果：良好的公共交通体验

图 6-6

<table>
<tr><td colspan="3">新住房和工作机会
截至 2041 年，战略预计会产生以下成果：</td></tr>
<tr><td colspan="3">积极、高效、可持续的出行将是新开发区的最佳选择［参见政策 21（1）］</td></tr>
<tr><td colspan="2">对汽车依赖性将降低，更多的人将生活在拥有良好连通性的地区
依赖汽车到达机遇区和服务区的伦敦市民将越来越少。住在交通连接性较好的地区的人将新增 100 多万。</td><td>在整个伦敦境内，优化的铁路和公交服务将提高连接性
总体来说，760 万人将生活在距离伦敦中心区 45 分钟内可达的地方，而当今的数据为 230 万人。在公共交通 45 分钟出行时间范围内的工作数量将增加 70%。</td></tr>
<tr><td colspan="3">交通投资将释放新住房和工作机会［参见政策 21（2）］</td></tr>
<tr><td colspan="3">达到伦敦中心区的铁路线路的载客量将增加 80% 以上，新的公共交通服务将提高连接性，减少拥堵情况，并在整个伦敦开发新住房</td></tr>
<tr><td>Crossrail 2 横贯城铁将提供通过伦敦中心区的直接路线，缓解拥堵情况，支持 200000 套新住房和 200000 个新工作。</td><td>贝克鲁线延长线将在老肯特路机会区域提供 25000 套新住房和 5000 个新工作。</td><td>轻轨列车至泰晤士米德的延长线将提供 17000 套新租房和约 3000 个新工作。</td></tr>
<tr><td colspan="3">公交服务改进也将支持开发。
将确定交通基础设施可带动更密集发展的新地区，利用交通土地提供更多住房（若可能）。在 2020/2021 年之前，伦敦交通局将开始房产开发活动，并提供 10000 套住房。</td></tr>
</table>

c)　2041 年其他预期成果：新住房和工作机会

图 6-6　2041 年其他预期成果

三、成果监督和报告

本战略规定了明确的截至 2041 年伦敦的发展愿景，承诺了一系列目标以及多项宏大的成果（作为衡量进程的依据）。

监督、评估和评价对于保证实现政策和战略提案来说至关重要。他们将报告资源利用规划和次序，以保证按计划执行战略，程序如图 6-7 所示。

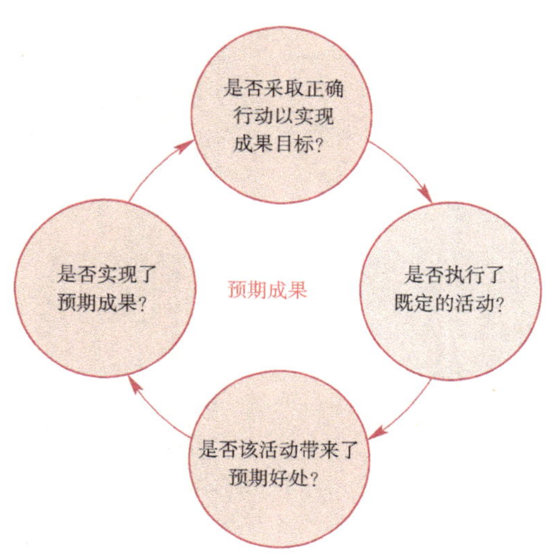

图 6-7　监督、评估和评价周期

对此，很重要的一点是，保证明确了解战略目标以及地方和项目目标。伦敦交通局、伦敦各行政区和其他执行本战略的组织将提出符合战略政策和提案的方案，并通过一个新的多标准框架工具评估。战略政策、提案和成果将用于伦敦交通局来决策并评估绩效，确保项目和计划可提供预期的好处，且有助于实现战略中规定的成果目标。

战略中确定的目标和挑战的实现进度将通过一个大范围的监督和评估计划来衡量，每年在伦敦交通局的伦敦出行统计报告中汇报交通趋势和成果。监督方法主要集中于交通成果，但会采用更广泛的社会、经济和环境背景。

政策 26

市长将通过伦敦交通局和各行政区以及与各参与方合作，审查他们的执行计划，以确保尽可能实现本战略预期的交通成果。

在持续进行全伦敦监督的同时，所有重大方案和提案将有一个监督计划，用于评估其对于实现战略目标和成果的作用。伦敦交通局将制订适当的监督计划，但其承认，各行政区可能不具备监督其负责的项目所需的资源。

提案 108

市长将通过伦敦交通局，提供支持和指导，以保证各行政区的《地方执行计划》中规定的地方交通项目和计划得到监督计划支持，证明可以执行本战略的政策、方案并实现预期成果。

术 语 表

A

可达性（Accessibility）：

在本战略背景下，可达性是指人们使用伦敦街道和公共交通工具到达既定地点、工作地点、住址和服务区的便利性，尤其是考虑老年人和残疾人的需求。

积极、高效和可持续的出行方式（Active, efficient and sustainable modes）：

本战略的主要目标是，截至 2041 年，80% 的出行采用步行、骑行或公共交通等方式。总的来说，可以称为“积极、高效和环保的出行方式”。

适应性（包容性）自行车（Adapted inclusive cycle）：

适用于残疾人的自行车，例如用手而不是脚骑自行车。

空气污染物（Air pollutants）：

针对空气中排放的对人类和生态环境造成不利影响的物质的通用名称。

无人驾驶汽车（Autonomous vehicles）：

自身至少执行一些“驾驶”操作的车辆。一个车辆的自动程度取决于自身可以完成的工作量（如转向、加速、制动）以及驾驶员保留多少责任（如执行某些驾驶职能、仅仅监督或可以做其他事情）。

B

伦敦自行车安全计划（BikeSafe London）：

对伦敦摩托车驾驶员进行技能培训，由都市区警察负责。

公交车安全标准（Bus Safety Standard）：

对 2018 年开始投入运行的新公交车应用的标准。标准将采用新技术提高伦敦公交车的安全性，包括智能变速，以限制公交车的运行速度。它将分析伦敦公交车碰撞事件，并在此基础上开发车辆设计和技术，在最大限度上降低伤亡率。

经济开发区（Business Improvement District, BID）：

一个指定区域，其内的所有企业税纳税人除了缴纳商业税法案中规定的税务以外，还要缴纳其他税。征税将用于开发使当地企业获益的项目。

商业税补充（Business Rate Supplement, BRS）：

商业税补充法案规定地方议会征收额外的国家非财产税（或商业税）。大伦敦政府已经引进商业税补充，来资助横贯城铁项目。

C

汽车俱乐部（Car club）：

短期汽车租赁服务将允许成员使用当地停泊的车辆，按分钟、小时或天计费。

汽车依赖性（Car dependency）：

因为街道环境是根据汽车出行需要设计的，或因为步行、骑行和公共交通的替代方案不可用或无吸引力，依赖使用汽车出行，无论是否出于习惯。

减少用车开发项目（Car-lite development）：

一种住房开发项目，在设计上减少人们对于汽车的依赖性，鼓励步行、骑行和公共交通出行。

汽车共享 / 共享汽车（Car sharing/shared cars）：

非由使用人拥有的汽车。这包括汽车俱乐部、出租车和约租车。

二氧化碳（Carbon dioxide, CO_2）：

与气候变化相关的主要温室气体。

中央活动区（Central Activities Zone, CAZ）：

伦敦中心区区域，规划政策促进其中的金融、专业零售、旅游和文化活动。

伦敦中心区、内伦敦和外伦敦（Central, Inner and Outer London）：

这些定义可能会有变化，取决于其使用的背景条件。在分析时（以及未来监督时），本战略采用以下定义：

（1）伦敦中心区：与中央活动区（CAZ）基本同等的区域，如《伦敦规划》中的定义。

（2）内伦敦（不含伦敦中心区，视情况而定）：卡姆登区、伦敦市、哈克尼区、哈默史密斯 & 富勒姆区、哈林盖区、伊斯灵顿区、肯辛顿 & 切尔西区、朗伯斯区、刘易舍姆区、纽汉区、萨瑟克区、陶尔哈姆莱茨区、旺兹沃斯以及威斯敏斯特市，如国家统计局的定义。

（3）外伦敦：巴尔金和达格南区、巴尼特区、贝克斯利区、布伦特区、布罗姆利区、克罗伊登区、伊灵区、恩菲尔德区、格林尼治区、哈罗区、黑弗灵区、希灵登区、豪恩斯洛区、泰晤士河畔金斯敦区、默顿区、雷德布里奇区、泰晤士河畔里士满区、萨顿区以及沃尔瑟姆福雷斯特区，如国家统计局的定义。

《伦敦规划》也规定了类似的内外伦敦定义，在一段时间后可能会更新。然而，在一些情况下，根据各行政区或中央活动区的界线并不合适，如内伦敦超低排放区是根据南北环路界定的，而拥堵收费区是根据内环路界定的。在其他情况下，伦敦中心区、内外伦敦的概念应更灵活地使用，例如在规划交通服务运行范围时，因为不可能只在边界的一侧运行。

循环经济（Circular economy）：

一种经济模式，其可最大限度地利用资源，以发挥资源的最大价值，减少浪费，从“制造、使用、处理”这条传统的线性经济模型中转型。

社区基本设施税（Community Infrastructure Levy, CIL）：

一种不可转让的收费，从而使得地方当局（包括市长）可根据地方开发计划投资开发某个地区所需的基础设施。

强制性基础培训（Compulsory Basic Training, CBT）：

一种课程，通常是在上路驾驶助动车或摩托车时须接受的课程。这种课程通过练习并进行完整的助动车或摩托车考试，教授学员如何独立安全驾驶。

拥堵费（Congestion charge, CC）：

车辆进入伦敦中心区指定区域需要缴纳的费用，旨在减少拥堵。目前有些车辆无须缴纳拥堵费。

联网汽车（Connected vehicles）：

可以与其他车辆和 / 或基础设施通信的车辆。

连通性（Connectivity）：

人们达到既定地点、工作地点、住址和服务区的便利性。

整合（Consolidation）：

重新安排和组合运输的过程，以减少伦敦厢式货车和重型货车出行。

集装中心（Consolidation centre）：

可以更便利地将货物运输到最终目的地的中心地区。它使得组织和规划机构可以提高运营效率、缓解拥堵、减少延迟、提高安全性。

施工废弃物和工地废渣料（Construction and demolition waste）：

施工、维修、维护和拆除建筑和结构（包括道路）产生的垃圾。包括砖石、混凝土、碎砖垫层、底层土和表层土，但可以包含一定数量的木材、金属、塑料，有时也包含一些特殊（危险）废物。

施工物流计划（Construction Logistics Plan, CLP）：

一种出行计划，旨在提高施工货运活动的可持续性，主要方式为创建现场管理和采购程序，减少施工运输对于街道网络的影响。

D

《配送与服务计划》（Delivery and Servicing Plan, DSP）：

一种出行计划，旨在提供货运和服务的可持续性。《配送与服务计划》由供应商、客户、货运行业联合制定，旨在减少所需的货运数量，同时保证剩余的货运采用尽可能安全且环保的方式配送。

开发权拍卖模式（Development Rights Auction Model, DRAM）：

一种新的土地价值确定机制，试图确定新开发土地产生的价值，用于资助未来基础设施建设。

拨号叫车服务（Dial-a-Ride）：

一种针对残疾人的上门交通服务，因为公共交通服务不适用于此类人群。

《直观视野标准》（Direct Vision Standard）：

一种评估方法，评估重型货车驾驶员直接从自身驾驶室而不是通过后视镜、摄像头或其他设备看到其他道路使用者的程度。

残疾人（Disability）：

如《2010平等法》中定义，残疾是指身体或智力伤残，对正常的日常活动能力造成“严重”和“长期”的不利影响。社会模式中将残疾定义为残疾人面对障碍、歧视和劣势的影响，而不是其特定伤残的影响。

E

电动汽车（Electric vehicle, EV）：

使用电动机为驱动力的车辆，包括单纯使用电池运行的车辆，以及附带汽油或柴油发动机为电池发动机供电的插电式混合动力车辆。

欧洲标准（Euro standards）：

规定欧洲成员国内出售的新车辆的最大空气污染物排放限值的欧洲标准。包括针对轻型车辆的

Euro 1-6 标准以及针对重型车辆的 Euro I-VI 标准。

晚高峰（Evening peak）：

下午和夜晚交通出行量最高的时段（下午 4 时至晚上 7 时）。

G

绿色基础设施（Green infrastructure）：

规划、设计和管理绿地网络（特点是行道树和绿色屋顶）以带来一系列好处，包括控制洪灾、使城市环境凉爽、加强生物多样性和生态适应力，以及为人们提供更多具有吸引力的地方。

绿色屋顶 / 墙壁（Green roofs/walls）：

在屋顶或墙壁上种植植物，使城市环境凉爽，提高空气质量，减缓雨水径流，创造野生动植物栖息地。

绿化（Greening）：

通过软景观美化改善城市环境的外观、功能和提高野生动植物数量。

国内生产总值（Gross Domestic Product, GDP）：

一个国家在一段时期内产生的所有最终产品和货物市场价值的货币度量。

总增加值（Gross Value Added, GVA）：

一个区域、一个行业或一个经济领域产生的货物和服务价值的货币度量。

增长区（Growth area）：

在政府可持续社区计划中被定义为用于新住宅开发以满足未来人口增长要求的特定区域。在伦敦内，包括泰晤士河通道和伦敦—斯坦斯特德—剑桥—彼得伯勒通道。

H

健康差异（Health inequalities）：

健康差异是指人群之间在心理或生理健康方面系统性的、不可避免的以及不公平的差异。这些差异将影响人们在良好的健康状态下生存的时长，主要是由人们的住房、教育和童年经历、环境、工作和就业前景、获得良好的公共服务的能力以及生活习惯等方面的差异导致的。

健康路线（Healthy routes）：

是伦敦交通局资助的一个街道改进项目，是由伦敦交通局和各行政区共同执行，旨在创建通往学校和当地具有吸引力地方的更好路线，包括自行车停车位以及 20 英里 / 小时限速和相关区域。

健康街道方案（Healthy Streets Approach）：

市长和伦敦交通局在决策过程中优先考虑人和人的健康，旨在创建一个面向所有人的健康的、包容的、安全的城市。这种方案使得伦敦更吸引人们进行步行、骑行和使用公共交通工具，降低了机动车辆的主导性。

重型货车（Heavy goods vehicle, HGV）：

最大重量超过 3.5 吨的机动车辆（如卡车或货车）。

混合动力汽车（Hybrid vehicle）：

利用电池和电力牵引电动机结合内燃机的车辆。

氢动力公交车（Hydrogen bus）：

以氢气燃料电池为驱动力的公交车。

氢燃料电池（Hydrogen fuel cell）：

一种像持续充电电池一样工作的电池，以电化学方式结合氢气和氧气来生成动力。受氢燃料电池驱动的车辆产生的副产品仅为水和热量。

I

包容性（Inclusion）：

扫除障碍，采取措施创造平等性，利用多样性，建造安全的、受欢迎的社区和文化，鼓励创造性和全新的思维方式，允许人们发表建议，尤其是改进建议。

包容性设计（Inclusive design）：

创建每个人可以（自信地、独立地、可选择、有尊严）使用全部可用的机会，并从中获益。包容性设计避免了分割或隔离，承认多样性和差异，满足社会中每个人的需求。

听觉感应线圈（Induction loop）：

一种系统，可以将信息传输到助听器，从而协助听力受损的人们。

内伦敦（Inner London）：

参见“伦敦中心区以及内外伦敦”。

综合影响评估（Integrated Impact Assessment, IIA）：

一种系统性的评估方法，评估战略的潜在可持续性影响，以确保在决策的尽早阶段完整考虑和解决此类影响。战略草案中规定的交通政策和提案将经过以下评估，评估结果已经编入整体IIA报告中：战略环境评价（SEA）；栖息地法规评估（HRA）；平等影响评估（EqIA）；健康影响评估（HIA）；经济影响评估（AEI）以及社区安全影响评估（CSIA）。

J

出行阶段（Journey Stage）：

采用一种交通方式完成的旅程的一部分（有时是整个部分）。例如居住地—工作地出行，可包括三段出行：步行到公交车站，乘坐公交车，从公交车站步行到工作地点。

K

死亡或重伤（Killed or Seriously Injured, KSI）：

一种用于衡量道路安全水平的标准度量。

L

Legible London：

一种基于地图的步行路径查找和信息系统，向人们提供明确且和实际情况一致的信息，促进并鼓励步行出行。由伦敦交通局管理，但第三方可用。

许可简化项目（Licence Lite）：

市长的计划，旨在激励分散的、低碳的能源市场，其中，大伦敦政府作为一个经授权的能源供应商，与合伙人合作向伦敦境内的非国内用户提供能源。

宜居街区（Liveable Neighbourhoods）：

伦敦交通局资助项目，由伦敦交通局和各行政区共同执行，旨在改善公共场所、步行、骑行和公共交通体验，同时增加街道作为公共空间的使用机会，减少汽车出行。

《地方执行计划》（Local Implementation Plan, LIP）：

一种法定交通计划，是由伦敦各行政区制定的，提出交通提案，在地方执行的战略。

LoCITY：

一种行业引导的项目，旨在协助货运和车队加入改善空气质量和减少碳排放的进程。

伦敦大气排放物详细目录（London Atmospheric Emissions Inventory, LAEI）：

有关伦敦市内和周围地区空气污染物排放来源和排放率的数据表。

伦敦议会（London Concils）：

代表伦敦 33 个地方当局并代表其进行游说工作的组织。伦敦议会也进行大量泛伦敦服务。

伦敦金融委员会（London Finance Commision, LFC）：

伦敦金融委员会协助市长和伦敦的地方当局改进出租车和城市公共花费安排，以促进工作、发展和平等性。伦敦市长萨迪克汗于2016年再次召集委员会，对财政权力进行审查（控制税收和花费）。伦敦应投资基础设施，提供公共服务，保持国际竞争力。

《伦敦规划》（London Plan）：

市长关于伦敦的空间发展规划。在出版之际，市长已经咨询了新的《伦敦规划》。

伦敦市民（Londoners）：

伦敦的永久和临时居民，也包括来自伦敦外部的通勤者、参观者和游客。

低排放区（Low Emission Zone, LEZ）：

在大伦敦地区的大部分地区，对不符合颗粒物排放标准的车辆设立的收费区。

M

最高票价（Maximum fare）：

如果您乘坐 Oyster 或采用非接触支付卡在使用伦敦地铁、轻轨列车、伦敦地上铁、伦敦交通局铁路、跨河公交车或国家铁路服务出行时仅在旅程的起点或终点付款所要缴纳的费用。

市长的空气质量基金（Mayor's Air Quality Fund）：

由大伦敦政府向伦敦各行政区发放的款项，用于支持旨在改善空气质量的项目。

混合用地开发（Mixed use development）：

在单独的地块或更广范围（如镇中心）进行多种活动的开发。

出行方式分担率（Mode share）：

使用各类交通方式的百分比。在本战略中，出行方式分担率主要基于出行量进行计算。

市长警务犯罪办公室（The Mayor's Office for Policing and Crime, MOPAC）：

负责伦敦市外部首都地区警务工作的市长办公室。

早高峰（Morning peak）：

交通出行需求量最高的早间时段（上午 7 时至 10 时）。

N

国家基础设施委员会（National Infrastructure Commision, NIC）：

一个向政府提供有关重大且长期的基础设施问题的，公正且专业建议的委员会。

铁路网络公司（Network Rail）：

英格兰、苏格兰和威尔士大多数铁路网的所有者和基础设施管理者。

二氧化氮（Nitrogen dioxide, NO_2）：

燃烧形成的气体，确认为对人类健康有害的空气污染物。测量空气中的二氧化氮浓度的法定限值。

氮氧化物（Nitrogen oxides, NO_x）：

二氧化氮（NO_2）和一氧化氮（NO）的通用名称，后者在空气中会形成二氧化氮。欧洲标准规定了车辆氮氧化物的排放限值。

非道路移动机械（Non-road Mobile Machinery, NRMM）：

任何具有内燃机但不用于在街道上运输乘客或货物的移动机器、可运输工业设备或车辆。

非道路移动机械低排放区（NRMM Low Emmision Zone）：

接受非道路移动机械排放监管的伦敦区域，如在大伦敦政府补充规划指南“施工和拆迁灰尘和排放物控制”中规定。

O

机会区域（Opportunity Areas）：

《伦敦规划》中确定的伦敦的主要机遇区，适合进行大规模开发，提供大量新工作和住房。一般每个机会区域具有 5000 个工作和 / 或 2500 套住房，混合且密集利用土地，具有良好的公共交通可达性。

机会区域规划框架（Opportunity Area Planning Framework, OAPF）：

有关伦敦机会区域的战略性空间计划，如《伦敦规划》中规定。

环形出行（Orbital Travel）：

伦敦各部分之间的非辐射状旅程，其中最终目的地不在伦敦中心区。

外伦敦（Outer London）：

参见“伦敦中心区以及内外伦敦”。

P

细颗粒物（Particulate matter, PM）：

悬浮在空气中的由多种化学成分组成的多种固体和液体颗粒的混合物。

PM2.5：

直径为 2.5 微米及以下的颗粒物质。这种粒度的颗粒足够小，可渗透到人的肺和其他器官中，导致大范围的健康影响，因此需要符合一定的法定限值。

PM10：

直径为 10 微米及以下的颗粒物质。对人类健康有害，需要符合一定的法定限值。

警务人员（Police）：

在战略中，是指伦敦负责交通基础设施执法的所有警力。主要包括伦敦大都会区警察厅、伦敦市警察局和英国交通警察厅的所有相关部门。

英国伦敦港口管理局（Port of London Authority, PLA）：

一种公共信托，用于管理、保护和改善伦敦港口。

英国伦敦港口管理局的 2035 年泰晤士河愿景（Port of London Authority's 2035 Thames Vision）：

英国伦敦港口管理局有关开发泰晤士河截至 2035 年的开发框架的一部分。

约租车（Private Hire Vehicle, PHV）：

任何 8 座以下、可雇佣驾驶员的车辆。这些车辆要求驾驶员具备伦敦约租车驾驶证。

公共场所（Public realm）：

建筑内和建筑之间公共可及的空间，包括街道、广场、前院、公园和开放空间。

公共交通可达性水平（Public transport accessibility level, PTAL）：

公共交通网络连接性度量。对于任何给定的伦敦中的地点，公共交通通行水平将结合通往交通网络（车站、公交车站）的步行时间以及在站点等待服务的时间，而确定一个整体可达性指数。一共有 6 种可达性等级（1= 较差，6= 极好）。

R

放射状出行（Radial travel）：

进出伦敦中心的旅程。

责任采购（Responsible Procurement）：

在社会、环境和经济方面可持续的采购，旨在提高生活质量和货币价值。它适用于整个伦敦工作范围，旨在提供可持续的就业机会、改善工作条件。这也意味着为伦敦的多元化企业、自愿组织和社区组织提供合作机会，鼓励改进与供应商的实践，提高环境可持续性，使伦敦成为一个更适合生活和工作的地方。

S

《伦敦滑板车安全计划》（ScooterSafe London）：

对伦敦滑板车骑手进行技能培训，由都市警察负责。

第 106 节（Section 106, s106）：

这些协议使对土地有兴趣的人承担规划义务，以执行《1990 年城镇及乡村规划法案》第 106 节规定的相关规划政策。

服务型出行（Servicing trips）：

为提供服务（如收集垃圾或进行维护或维修）而进行的出行。

共享出行（shared mobility）：

一种个人出行形式，其中用户将共享车辆，而不是私人拥有车辆。

社会融合（Social integration）：

建设强大的社区，使所有伦敦市民可以过上相互联系的生活，对他们所在城市以及影响他们的决策中发挥积极作用。为了实现这一点，需要预防、识别和去除阻碍人们参与其社区及更大社会范围的不平等性和障碍，同时承认互动和参与在克服障碍方面的重要作用。

无障碍网络（Step-free network）：

地铁、伦敦地上铁和/或国家铁路车站网络，可从街道无障碍进入站台或列车，如通过提供的电梯或坡道。

地表水（Surface water）：

地表或地表水下水道/排水沟中的雨水。

可持续排水系统（Sustainable Drainage System, SuDS）：

协助捕捉、利用、延缓地表水的扩散、排放或吸收的措施和技术。伦敦使用的相关方法在可持续排水计划中有规定。

T

泰晤士河通道（Thames Gateway）：

泰晤士河任一侧的地面通道，从伦敦东部到达北肯特和南埃塞克斯。从德特福德湾和皇家码头向东延伸的伦敦部分，包括斯特拉特福德周围的李谷的较低部分，也包括巴尔金和达格南区、贝克斯利区、格林尼治区、黑弗灵区、刘易舍姆区、纽汉和陶尔哈姆莱茨区的部分地区以及哈克尼和沃尔瑟姆福雷斯特的有限区域。

城镇中心（Town centers）：

伦敦内便于进行一系列商业、文化和市民活动的区域，包括购物、休闲、就业、娱乐、文化和社会社区设施。在《伦敦规划》中，城镇中心是根据其现有作用和功能划分的，主要考虑规模、混合使用、经济绩效和可达性等因素。

缓解交通压力的战略（Traffic reduction strategy）：

各行政区引导的旨在减少地方车辆和货运交通量的战略，是《地方执行计划》的一部分。

列车运营公司（Train operating company, TOC）：

列车运营公司（TOC）负责运行轨道客运服务，租赁和管理轨道网络公司车站。列车运营公司是轨道行业的乘客代表，一般从交通部申请运行特定路线的特许权。伦敦地上铁特许权由伦敦交通局管理。列车运营公司一般从轨道公司租赁列车。

交通评估（Transport assessment）：

规定与开发提案相关的交通问题的程序。

伦敦交通局（Transport for London, TfL）：

大伦敦政府集团中一个组织，主要对市长负责，职责包括提供执行综合的、可持续的伦敦交通战略。

伦敦交通发展基金（Transport for London Growth Fund）：

小规模交通项目基金，用于直接创造新住房和工作机会，并将其他来源的资金用于此类目的。

伦敦道路交通网络（Transport for London Road Network, TLRN）：

在《1999 年大伦敦政府法案》中规定为大伦敦政府公路网，目前称为伦敦道路交通网络。它包括 580 公里长的伦敦红色路线和其他重要街道。

出行计划（Travel Plan）：

长期管理战略，鼓励新的以及现有的开发区活跃、高效和可持续出行。它说明了交通影响，建立了目标，确定了一系列改进措施。

出行（Trip）：

一种为了实现一个主要目的而从一个地点向另一个地点的单程移动。出行将进一步分割为各个旅程阶段。

U

超低排放车辆（Ultra Low Emission Vehicle, ULEV）：

减少空气污染物和二氧化碳排放量的车辆，包括电池电动汽车、氢燃料电池电动车、插电式混合动力汽车和增程式电动汽车。

超低排放区（Ultra Low Emission Zone, ULEZ）：

不符合空气污染物排放标准的车辆缴纳日常费用的收费区。

城市范围（Urban Realm）：

建筑物之间的区域，包括街道旁边的公共空间。街道构成大多数城市中的城市范围的最大部分。

V

汽车消费税（Vehicle Excise Duty, VED）：

一种消费税税收（也称为“车辆税”“汽车税”和“道路税”）。在英国公共道路上使用的（或停放的）大多数类型的车辆需要缴纳车辆消费税。

零伤亡愿景（Vision Zero）：

一种降低危险的方法，旨在通过减少机动车在伦敦街道上的主导性而消除道路交通死亡和重伤。

交通弱势群体（Vulnerable road user）：

步行、骑行或骑摩托车出行的人，会不成比例地受伦敦道路危险影响。交通弱势群体占在伦敦街道上死亡或受重伤人数的 80%。

W

伦敦步行网络（Walk London Network）：

整个伦敦范围内 7 条路线构成的网络，是世界上最大的步行网络之一。路线在设计上应便于乘坐公共交通工具到达，且可以分多阶段步行。7 条路线包括：首都环线、格林联线、朱比利园林线、朱比利人行道、李谷、外伦敦环城路线（环线）以及泰晤士河路线。

广大东南部（Wider South East, WSE）：

广大东南部包括 156 个机构和 11 个地方合伙企业，位于英国东南部和东部。已完成合作安排，旨在协调战略政策和基础设施投资，以巩固区域内的经济前景。

工作场所停车费（Workplace Parking Levy）：

对提供工作场所停车位的雇主收费。获得的收入须重新投资到交通改进项目中。

Z

零碳（Zero carbon）：

不向大气中释放二氧化碳和其他温室气体的活动。

零排放车辆（Zero emission capable vehicle）：

在建造上可以至少在部分运行周期内以零排放模式运行的车辆。零排放模式可通过配置内燃机来增强，或通过驱动驱动轮或通过给车载发电机供电来扩展车辆的行驶范围。

零排放交通（Zero emission transport）：

零排放有害尾气的交通工具，包括 PM、NO_x、NO_2、CO 和 CO_2。

零排放区（Zero emission zone）：

在该区域，无法以零污染物尾气排放模式运行的车辆将缴纳道路使用费（类似于超低排放区或低排放区）和 / 或遵守其他车辆禁止或限制条件。